The LDP's Policy Change Mechanism:
The Dynamics of Reaction to Voters and Support Groups

자민당 정권의 정책 변경 메커니즘

일반 유권자와 지지층 대응의
두 가지 역학

The LDP's Policy Change Mechanism:
The Dynamics of Reaction to Voters and Support Groups

아연동북아 총서 _ 15

자민당 정권의 정책 변경 메커니즘

일반 유권자와 지지층 대응의 두 가지 역학

| 이주경 지음 |

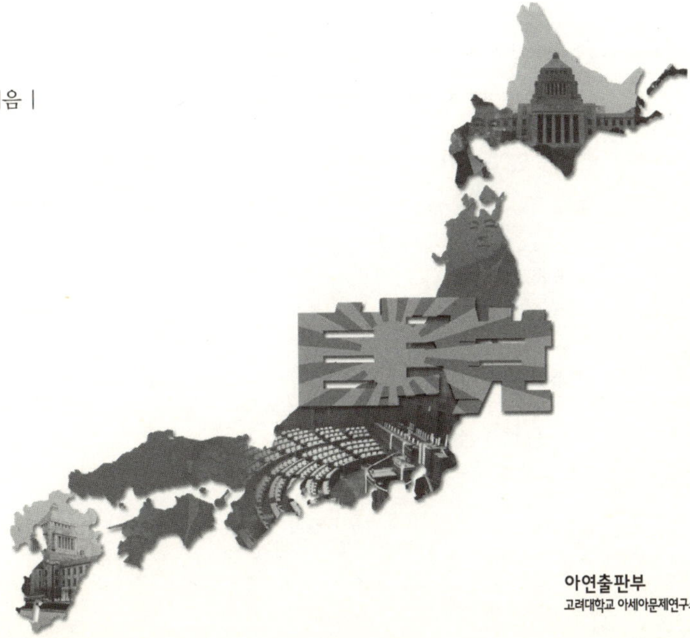

아연출판부
고려대학교 아세아문제연구소

Table of Contents

| 차 례 |

| 표 차례 |

| 그림 차례 |

아연동북아총서 발간에 부쳐

탈냉전 이후 동아시아의 역동적 발전은 역내의 정치-외교, 경제 질서뿐만 아니라 문화, 사상, 종교 등의 제 영역에서 새로운 변화를 추동하고 있다. 이런 변화는 일국적 차원의 고찰로는 해명될 수 없는 복잡하고도 민감한 초국가적(transnational) 현상을 낳고 있다. 특히 동북아시아는 지리적 인접성, 공통의 역사-문화적 경험, 협력과 공존의 필요성 등으로부터 연유하는 초국가적 사고와 움직임이 활성화되고 있다. 이런 동북아에 대한 이해를 심화, 확대하고 새로운 해석과 전망을 제공하기 위해서는 국가별 연구나 학문 분과의 분절적 연구를 넘어 동북아시아를 분석의 단위로 삼는 다학문적·학제적 연구가 요청된다.

동북아시아 연구가 갖는 실천적 의미는 매우 중요하다. 주지하듯이 동북아시아는 세계의 어느 지역보다도 급속한 변화와 발전상을 보여 주고 있음에도 불구하고, 여전히 근대성의 문제와 냉전의 구도에 얽매여 있는 곳이다. 20세기 전반기의 제국주의 침략과 식민 경험은 오늘에도 국가적·민중적 기억을 지배하고 있다. 냉전의 산물인 남북 분단과 북한의 핵 위협은 동북아시아의 커다란 불안 요소가 되고 있다. 국가 간 역사 및 영토 분쟁 또한 동북아의 평화로운 발전에 장애로 남아 있다. 그러나 우리는 불편한 역사적 경험과 현재의 불안정이 다른 한편으로 동북아시아의 여러 구성 요소들을 상호 긴밀히 연결시키고, 그로부터 문제 해결을 위한 공통의 기반이 마련될 수 있음에 주목한다. 동북아시아는 대립과 갈등의 무대이기도 하지만 평화와 공존의 모색을 위한 토대이기도 하다. 이제 동북아 연구는 동북아가 처한 현실을 객관적으로 진단하고, 평화로운 미래를 건설하는 시대의 요청에 부응하지 않으면 안 된다.

고려대학교 아세아문제연구소(이하 아연)는 대표적인 동북아시아 지역 종합 연구소로서 학제 간 연구를 통한 동북아 지역 연구를 이끌어 왔다. 1957년 설립된 이래 아연은 구한국 외교문서와 공산권 연구 총서 및 동아시아 연구 총서, 중국 연구 총서, 한일 공동 연구 총서, 민주주의 총서 등 연구 성과의 체계적 집성을 통해 학문적 차원에서 현실을 진단하고 바람직한 미래의 방향을 전망하는 대학 연구소의 역할을 충실히 수행해 왔다. 2008년부터는 한국연구재단의 '인문 한국'(HK) 사업 해외지역학 분야의 지원 기관으로 선정되어, '동북아시아의 초국가적 공간: 사상·사회·문화·제도의 교류와 재구성'이라는 연구 어젠다를 중심으로 10년 기간의 대규모 프로젝트를 진행하고 있다. 이제 아연은 지난 50여 년 동안 축적된 연구 경험과 현재 진행 중인 '인문 한국' 사업의 성과, 각종 동북아 지역 연구 지원, 국내외 소장 학자 교류 지원 프로그램 등을 기반으로 해 〈아연동북아총서〉를 발간한다. 이 총서의 성과가 동북아 공동의 문제를 해결하고 조율하며 바람직한 미래를 모색하는 장이 될 수 있기를 기대하면서, 관심 있는 분들의 격려와 질정을 바란다.

아세아문제연구소장 이종화

머리말

2009년, 자민당은 선거를 통해 정권을 양도하였다. 그러나 정당정치, 정책 결정 과정, 유권자 투표 행태에 이르기까지 자민당 정치의 영향력은 여전히 강하게 남아 있다. 자민당 정치가 전후 일본정치의 기축이라는 사실에 이론의 여지는 없을 것이다. 한편, 1990년대 이후 일본정치는 변화를 겪고 있다. 현실 정치 또한 앞을 내다볼 수 없는 상황이 이어지고 있다. 급변하는 선거결과와 정당정치, 중의원과 참의원의 분할정부 구성으로 국정난항이 지속되는 등 이례적인 사례가 속출하고 있다. 정치 향배의 불확실성을 마주하고 이를 어떻게 바라볼 것인가를 고민하는 이들도 많을 것이다. 하지만 일본이 지금 어디를 향해서 나아가고 있는가를 단언할 수는 없다. 일본정치를 관찰하더라도 보는 관점에 따라 개별적이고 산발적인 결과와 전망이 나올 수 있기 때문이다.

이 책은 자민당 정치로 대변되는 전후 일본의 정치체제를 분석한 것이다. 1980년대 말까지 지속된 자민당 일당우위 체제를 대상으로 일본정치의 큰 조류를 되돌아봄으로써, 일본정치의 과거-현재-미래를 잇는 변화의 근간을 확인하고자 한다.

그렇다면 변화를 어떻게 바라볼 것인가. 다른 민주주의 국가와 마찬가지로 일본 또한 대내외적 환경 변화에서 자유로울 수 없었다. 국제 환경의 변화, 경제 시스템의 전환, 사회적 가치관의 변화 등 정치적 변동을 유발한 요인은 다양하다. 자민당 일당우위 체제도 견고한 시스템은 아니었다. 그럼에도 불구하고 자민당이 다수 유권자의 지지를 지속적으로 획득하고 장기 집권에 성공한 것은 명백한 사실이다. 그런 의미에서 자민당 일당우위 체제의 핵심은 정당이 유권자의 위임을 받아 정권을 획득하고 정책을 추진하는 메커니즘 속에 나타나는 자민당의 대응 방식이다. 즉 변화하는 사회를 정치가 어떻게 반영했는가, 어떠한 방식으로 사회적 요구를 선택, 취합했는가에 초점을 두고 자민당 일당우위 체제를 되돌아보는 작업이 필요하다.

이 책의 핵심 개념은 '변화'와 '대응'이다. 정치세력은 사회적 변화에 어떻게 대응했으며, 이것이 왜 유효했는가. 그리고 한계를 노출하고 변화에 직면하게 된 이유는 무엇인가를 파악하기 위해서이다. 정치·사회적 역학은 시기에 따라 다르며 누가 어떻게 정치적 효과를 행사하느냐에 따라 달라진다. 이에 자민당 내부의 다양한 정치세력의 인식과 행동에 초점을 두고 자민당 정치의 대응을 파악함으로써 일당우위 체제 속에서 나타난 다이너미즘을 분석하고 있다.

그런 의미에서 이 책은 자민당 장기 집권을 안정적인 체제로 규정하지 않는다. 자민당 정치의 불안정성에 초점을 두고 전후 일본정치를 재조명한 것이다. 자민당 정치를 회고적으로 보면 정권이 지속된다는 보장은 없었다. 이것이 '특정 시점'을 거치면서 장기적으로 지속될 것이라는 인식이 보편화되는 과정을 밟았다. 자민당 정치는 세 번의 변환점을 거쳐 왔다. 첫 번째는 기시, 이케다 정권을 거치는 가운데 정권의 내구성을 형성하기 시작한 1955년 이후 1960년대 초반까지의 시기이다. 장기 집권이 통설로 여겨지지 않았던 시기에 자민당이 모색한 정권 유지 전략은 정권의 초석을 파악하는 중요한 분석 대상이다. 이에 대한 분석이 뒤따르지 않는다면 장기 집권으로서의 기반을 확립한 이후의 자민당 분석 또한 의미를 갖지 못한다. 두 번째는 야당의 당세 확대와 더불어 자민당의 정권 유지가 불투명해진 1970년대 보수·혁신 백중기이다. 자민당은 다나카, 미키 정권을 거치는 가운데 금권정치에 대한 여론의 비판에서 자유로울 수 없었으며, 한편으로는 고도 경제성장 이후 변화하는 사회적 요구에 대응하지 않을 수 없었다. 야당의 당세 확대와 파벌정치의 격화로 점철되는 1970년대를 거치면서 자민당은 자기 변화의 시기를 거치게 된다. 세 번째는 1980년대이다. 필자는 이 시기를 자민당 정권의 존속과 붕괴를 잇는 중요한 시기로 보고 있다. 일반적으로 1980년대는 자민당 정치의 절정기라 불리지만, 자민당 장기 집권이 완성된 시기이자 역으로 사회적 변화에 대한 대응 메커니즘이 무너지기 시작한 때이다. 자민당이 쌓아 온 정치적 기반이 무너지는 전조가 이미 나타나고 있었기 때문이다. 정당 간 경쟁에서 이데올로기적 대립축이 소멸되기 시작했고, 정권의 업적에 기초하여 투표하는 유권자가 늘어났다. 또한 재정적자와 세제개혁, 그리고 복지정책 축소에 직면한 일본정치의 과제는 현재까지 이어지고 있다. 1980년대에 나타난 정치사회적 변화와 당시 자민당의 대응에는 1990년대 자민당의 정권 이탈, 나아가 2009년 정권 교체, 그리고 현재 일본정치로 이어지는 복선이 깔려 있다.

이상과 현실의 괴리를 분석하고 나아가야 할 방향성을 제시하는 것이 정치학의 역할이다. 그런 면에서 이 책은 일본정치에 대한 관심을 일반적인 관점에서 논하는 개설서와는 거리를 두고 있다. 제도 및 구조 분석에 초점을 두고 일본의 특징을 관찰해 온 기존 연구와는 달리 정치 과정 속에서 나타나는 동학을 파악하고, 변화를 바라보는 잣대와 바람직한 방향성에 대한 고민을 제공하고자 하였다. 이에 변화를 설명하는 데 있어 필수적인 이론 틀을 먼저 제시한 다음, 그 개념을 적용한 구체적 사례를 분석하는 방식으로 글을 구성하였다.

정치의 모습을 있는 그대로 바라보는 것은 어려운 일이다. 하지만 원점에 서서 현재를 파악해 보면 새로운 미래를 구상할 수 있는 힘이 생긴다. 이 글은 과거 자민당 정치 속에서 나타난 변화와 대응의 원동력을 파악한 것이지만, 논의는 일당우위 체제에 국한되지 않는다. 필자는 동일한 관점에서 자민당 정권의 붕괴와 현재의 불안정성을 바라보고 그에 대한 논리적 해명을 제시하고자 하였다. 결과적으로, 자민당 정치는 당내 정치가들의 경쟁을 통한 정책 아이디어 제시와 간접적인 민의 집약 기능에 의존하고 있었다. 당내 경쟁의 둔화가 민의 반영 기능의 쇠퇴로 이어지면서 자민당은 사회적 변화에 대한 대응력을 상실하게 된 것이다.

아울러 이 책은 당내 민주주의와 정치가의 역할에 대한 물음을 던지고 있다. 현재 일본정치 속에서 유권자-정당 관계는 수상 및 정치 리더의 영향력에 의해 크게 좌우된다. 정치 주도가 중요한 정치 과제의 하나로 자리매김하면서 수상의 리더십이 강조되고 있다. 그러나 강한 리더십을 추종하는 정치는 한편으로 당내 민주주의와 대립되는 상황을 연출하기도 한다. 정당정치, 특히 당내 결정 과정에서 정당이 가장 합리적인 전략을 도출하기 위해서는 당내 비판이 필요하다. 다양한 정책 아이디어를 개진하고 상호 경쟁하는 가운데 민주적 절차에 입각한 당내 합의를 도출할 수 있을 때 정당의 상황 대응력이 향상될 수 있기 때문이다. 1990년대 이후 급변하는 대내외 환경 변화 속에서 일본은 민첩한 대응이 가능한 정치를 추구해 왔다. 정치 주도, 정책을 중심으로 한 정당 간 경쟁, 유권자의 정권 선택이 가능한 체제가 바로 그것이라면, 글에서 전개한 당 지도부의 리더십과 당내 비판은 사회 변화에 대응하는 정당, 그리고 정치가가 나아가야 할 방향성에 대한 함의를 제공한다.

이 책이 일본정치의 전체상을 조망하고 변화하는 현재에 대한 실마리를 찾는 데에 미력하나마 조력할 수 있기를 바란다. 또한 아낌없는 질책과 조언을 부탁드린다. 끝으로 출판을 지원해 주신 고려대학교 아세아문제연구소에 감사드린다. 더불어 글을 완성하기까지 지적 자극과 도움을 주신 모든 분들께 감사의 마음을 전한다.

2014년 3월

저자 이주경

1장

서론: 자민당의 비상시형 정책 변경

2009년 8월의 중의원 선거를 통해 자유민주당(이하 자민당) 장기 집권은 사실상 종식되었다. 선거를 통한 정당 간 정권 교체가 가능해진 지금, 정당 간 경쟁구도 속에서도 자민당의 독보적인 우위는 와해되었고, 과거와 같은 일당우위 체제로의 회귀도 어렵기 때문이다. 그러나 자민당 장기 집권이 와해된 지금도 일본정치의 동향을 자민당 정치의 실패에서 찾으려는 시도는 끊이지 않고 있다. 개혁의 대상인 구체제를 규명하는 것이 제 논의의 출발점이기 때문이다. 이에 일본정치의 과거, 현재, 그리고 향후를 조명하는 기축으로서 자민당 정권의 재분석이 필요하다.

이 책은 선거·정당·정책을 연계한 정치 과정 속에서 자민당 일당우위 체제의 존속을 규명한 것이다. 선거결과 및 지지층·지지단체와의 관계 변화에 직면한 자민당, 특히 당내 그룹(factions)의 상호작용을 중심으로 장기 집권을 가능하게 한 자민당 특유의 정책 변경 메커니즘을 알아볼 것이다.

주된 분석 시각은 다음과 같다. 첫째, 정책 변경 사례를 중심으로 자민당의 대응을 살펴본다. 일반적으로 정당의 목표는 선거 승리를 통한 정권 획득에 있으며, 이는 정책 설정을 통한 유권자의 의식 변화를 통해 달성된다. 이에 유권자 의식 변화에 대한 자민당의 대응을 살피고, 정치 과정에서 자민당 장기 집권의 논리를 파악한다. 둘째, 자민당의 정책 변경을 설명할 때 당내 그룹의 행동에 주목한다. 상이한 정책 성향과 지지기반을 지닌 당내 그룹 간 경쟁과 정책 변경과의 관련성을 분석하고 자민당 정책 변경의 돌발성과 가변성을 논리적으로 규명한다. 셋째, 자민당이 다양한 유권자 집단을 어떻게 포괄해 갔는가를 정책 변경과 연계시켜 파악한다. 구체적으로는 일반 유권자에 대한 대응 정책과 재계·대기업계, 농업계, 상공·중소기업계, 건설업계, 운수업계 등의 특정 지지층 및 지지단체에 대한 대응 정책이 당내에서 어떻게 인식되고 정책 결정에 반영되었는가를 알아본다. 이러한 작업은 선거결과에 편향하여 자민당의 정책을 파악해 온 기존 연구의 한계를 극복하고 자민당 정책의 다인성(多因性)을 해명하는 계기가 될 것이다.

1. 문제의식: 일본 정치 과정의 재분석

1) 선행 연구를 통해서 본 자민당 장기 집권

전후 일본정치 연구는 자민당 정권의 장기 지속을 해명하는 데 큰 관심을 기울여 왔다. 분야별로 나누어 살펴보면, 먼저 투표 행태 연구에서는 사회구조의 변화, 정치상황 변화에 따른 유권자 의식 변화를 해명하기 위해 사회집단 모델, 이데올로기 투표 행동, 생활 투표, 업적 투표 등 다양한 설명 모델을 적용하는 가운데, 유권자의 투표 행태에서 나타나는 자민당의 우위를 증명해 왔다. 그리고 정치 과정 연구에서는 파워엘리트론, 관료지배론, 그리고 정치적 다원주의론에 입각하여 관료, 정치가, 이익단체라는 세 행위자의 행동과 상호작용이 정책 결정 과정에 투입되는 과정을 설명하고 있다. 또한, 이러한 삼자의 역학관계와 상호작용 속에서 자민당 정권의 안정 메커니즘을 평가해 왔다. 한편, 정당 연구 분야에서는 자민당의 조직 구도에 주목하여 당내의 수평적 권력구도와 분권적 조직 형태가 이익배분형 정치로 대표되는 표와 이익의 교환 메커니즘을 형성시켜 결과적으로 유권자의 지지를 포괄하는 자민당 일당우위 체제를 지속시켰다고 해석하고 있다.

이렇듯 기존 연구는 자민당 장기 집권에 관한 중요한 논의와 틀을 제시하고 있으나, 동시에 다음과 같은 한계를 가지고 있다. 먼저 투표 행태에서는 다양한 분석 모델을 적용하고 있으나 자민당 일당우위 체제를 포괄하는 일관된 분석 기준을 찾기는 어렵다. 우선 1960년대까지는 계층별·직업별로 유권자 집단을 구별하여 농업·상공업자는 자민당을, 그리고 노동자층은 사회당을 지지한다고 하는 이른바 '사회집단 모델'을 적용하여 유권자의 자민당 지지를 설명하였다(三宅 1989). 그리고 1970~80년대에는 정부 업적에 대한 유권자의 평가와 선거결과와의 관련성을 분석한 이른바 '업적 투표'로 자민당 지지를 설명하고 있다(平野 1993; 2007). 한편, 유권자의 이데올로기 성향과 정당 지지 패턴과의 관련성을 통해 일본 유권자의 정당 지지를 설명하는 연구 또한 1960년대 이후 지속적으로 나타나고 있다(猪口 1983; 蒲島 1988). 이후 1980년대에 들어서는 유권자의 생활 만족도 혹은 생활 관련 분야 정책에 대한 평가와 선거결과와의 관련성을 분석하는 '생활투표' 행태가 더해져 자민당 정권에 대한 유권자의 지지를 설명하기도 한다(三宅 1989; 平野 1993). 각 모델은 특정 시기의 선거결과 및 투표 행태의 특징을 파악하는 데에는 유효하더라도 장기간에 걸친 변화를 설명하기에는 한계가 있다. 즉 선거결과에 편향한 해석이 될 우려가 있으며, 자민당 일당우위 체제 전반을 설명하는 유효한 분석 모델을 찾아보기 어렵다.

다음으로 파워엘리트론, 관료지배론, 정치적 다원주의론 등에 기초한 정치 과정 연구는 정치적 요구 또는 지지가 정책으로 전환되는 과정에 관심을 두고 행위자의 상호작용이 정책 속에 투입되는 과정을 상세히 추적한다는 점에서 동일한 분석 시각을 가진다. 하지만 파워엘리트론과 관료지배론은 타 행위자보다 관료의 영향력이 강하게 작용했다는 사실을 전제로, 관료제를 중심으로 한 행정 조직 속에서 정책 형성을 파악하는 경향이 강하다. 그러나 이러한 시각은 다양한 정책 결정 영역을 간과하고 있다는 비판을 받아 왔다. 한편, 관료지배론에 대한 대안으로 제시된 것이 바로 다원주의론이다. 이 연구들은 1970~80년대의 정책 결정 과정에서 주요 행위자(관료, 정치가, 이익집단)의 영향력을 비교하는 데 주안을 둔 것이다.[1] 그로 인해 특정 시기의 정태 분석에 치우쳐 이를 일반화하는 경향이 강하다는 점에서 자민당 일당우위 체제 하의 전체 상을 조명하는 유효한 분석 기준을 제시한다고 보기는 어렵다.

한편, 정당 연구 특히 자민당을 대상으로 한 연구에서는 자민당의 분권적 조직 형태에 주목하여 일당우위 체제를 설명한다. 이는 자민당 파벌 연

1_이 접근법은 자민당과 관료와의 관계뿐만 아니라 정치가의 역할과 자민당과 이익단체와의 관계에도 주목하여 일본 정책 결정 과정을 이른바 '일본형 다원주의'로 특징짓는다.

구 또는 당내 정책 결정 과정 연구 등으로 이어지는데, 우선 파벌에 관한 연구들은 당내 충돌을 최소화하는 권력자원 배분 방식의 제도화에 집중하여 파벌을 조명해 왔다. 포스트 배분, 자금 및 선거관리, 정책 결정의 관행화에 주목하여 자민당의 분권화된 조직 구도의 특징으로 파벌을 위치시키거나(佐藤·松崎 1986; 野中 1995), 수평적 권력구도 속에서 파벌 영수 간 총재 교체를 통해 유사 정권 교체 효과를 가져 왔다는 점에서 자민당의 존속에 대한 파벌의 효용을 평가하기도 한다(内田 1983; 西川 외 1996). 자민당 정책 결정에 관한 연구에서도 분권적 조직 형태의 특성을 전제로 개별 정치가의 영향력 확대에 대한 논의가 지배적이다. 족의원 연구, 자민당 정무조사회에 관한 연구 등이 이에 해당한다(猪口·岩井 1986; 佐藤·松崎 1986). 관련 연구들은 정책 분야별 전문지식을 쌓은 정치가의 영향력이 증대하여 기존의 관료 주도형 정책 결정 과정이 변화되었음을 검증함으로써 그 동안 일본정치 속에서 한정적으로 논의되었던 정책에 대한 정치가의 영향력에 대한 중요한 시사점을 제기하였다. 정책에 관한 자민당 정치가의 영향력에 대한 또 나른 논의로 다테바야시 마사히코(建林正彦)의 연구도 주목할 만하다. 그는 합리적 선택이론에 입각하여 중선거구제 하에서 후보자 본위의 투표 행태가 강하게 나타나는 것을 전제로 개개의 정치가가 선거 전략상 지역 이익 유도를 중심으로 정책적 관여를 증대하였음을 입증함으로써 선거와 정당, 그리고 정책을 연계시켜 일본정치 과정의 특성을 파악하고 있다(建林 2004).

그러나 위 연구들은 자민당의 분권적 조직 구도를 포스트 배분의 정형화로 설명하거나, 혹은 분권적 성향을 전제로 개개 정치가 레벨의 정책 활동을 자민당 전체의 정책 도출로 일반화함으로써, 정당 레벨의 응집력과 조절 기제, 조절 기제의 동적 변화 등을 유기적으로 파악하고 있지는 못하다. 즉, 자민당이 당 전체의 정책기조를 무엇에 두고 당내의 정책적 충돌을 어떠한 방식으로 규제하였는가, 그 결과 자민당은 어떠한 정책 노선을 유권자에게 제시하였으며, 이러한 조직 운영 및 정책 제시는 유권자의 지지를 흡수하는 데에 어느 정도 유효하였는가에 대해 명확한 답을 제시하고 있지는 못하다.

2) 정권의 불안정성과 유권자-정당 간 관계 변화

이처럼 기존 연구에서는 자민당 정권 운영에 관한 제 행위자의 상호관계가 결과적으로 자민당 정권의 안정을 지탱했다고 파악한다는 점에서 논점의 일치가 보인다. 그러나 자민당 정권의 장기적 지속이라는 정치 상황을 전제로 그 안정 메커니즘을 해명하는데 편향되어 있다는 점, 자민당 정치의 동태를 분석하기보다는 특정 시기나 대상에 중점을 둔 정태 분석에 치우쳐 이를 자민당 정치의 전형으로 일반화하는 경향이 강하다는 점에서 분석 시각의 한계가 지적된다.

여기서 주목할 것은 자민당 정권의 불안정성, 그리고 유권자-정당 간 관계의 변화이다. 자민당이 항시 안정된 정권 운영을 보장받지 못했다는 점에 착안한다면, 유권자 의식 변화에 따른 지지 하락에 직면한 시기에 자민당의 대응을 분석해 내는 것이 궁극적으로는 자민당 정권의 존속에 대한 논리적 해명에 직결된다. 칼더(Kent Calder)가 주장하듯이, 38년간 지속된 일당우위 체제 하에서 자민당이 안정된 정권 운영을 보장받았던 것은 아니었다. 오히려 이들이 경제·사회적 환경 변화에 따른 유권자 의식 변화, 지지율 하락과 같은 정권 유지의 위기 시에 자민당의 정책적 대응, 또는 선거전략 등이 결과적으로 자민당 정권의 존속을 가져 왔다(Calder 1989, 14-27).[2]

따라서 장기 집권을 가져 온 자민당의 대응을 파악하기 위해서는 유권자-정당 간 관계 변화에 주목할 필요가 있다. 사회 변화에 따른 일반 유권자 또는 지지층 및 특정 지지단체와의 관계 변화는 기존의 자민당 정치에 변화를 불러일으키는 주요인으로 작용한다. 그렇다면 자민당의 정책이 유권자와의 관계 변화와 어떻게 연계되었는가. 이 때 정당(정부) 레벨의 정책 제시와 같은 거시적 맥락에서 정당의 대응을 뒷받침 하는 동태적인 유권자와 정당과의 관계, 정책을 매개로 한 정치적 대표 메커니즘에 대한 고려가 전제될 때, 비로소 일본정치 과정 속에서 자민당 정치의 전체 상을 재조명할 수 있을 것이다.

2. 비상시형 정책 변경 메커니즘

1) 자민당의 비상시형 정책 변경

자민당 정권의 불안정성과 유권자와의 관계 변화에 주목하면, 자민당

2_칼더는 농촌, 중소기업, 지역주민 등을 대상으로 한 자민당의 보조·보호 정책을 중심으로 자민당이 정권 운영의 위기기와 안정기에 각기 다른 정책을 펼쳤음을 입증하였다. 이는 자민당의 불안정성과 정책과의 관련성을 분석한 대표적 연구 중에 하나이다. 그러나 한편으로 정당의 이익 표출 과정을 경시한다는 점에서 한계가 지적된다. 이 책은 위기 시에 나타난 자민당의 정책적 대응을 분석하므로 칼더의 입장과 유사하나, 당내 상호작용을 중심으로 정책 도출 과정을 구체화한다는 점에서 분석 시각의 차이를 가진다.

의 정책 결정 방식은 크게 두 가지 형태로 나누어 생각해 볼 수 있다. 하나는, 국정선거에서 안정적으로 과반수 확보에 성공하고 정당 및 내각 지지율도 상대적으로 높은 경우에 나타나는 '상시형' 정책 결정(ordinary types of policy making) 방식이며, 다른 하나는 중의원 및 참의원 선거에서 과반수 확보가 어렵거나, 정당 및 내각 지지율이 급감한 경우에 나타나는 '비상시형' 정책 결정(extraordinary types of policy making) 방식이다. 일반적으로 자민당은 당 집행부와 관료에게 정책 결정을 사실상 위임하였다. 즉 예산 방침이 결정되는 7월까지 자민당 정무조사회는 각 성(省)에서 제시하는 원안을 심의하고 필요한 경우 총무회가 이를 승인한다. 그러나 조정 및 승인 과정을 거친다 하더라도 자민당, 특히 당 리더가 정책에 직접 관여하는 일은 드물었다. 이것이 바로 상시형 정책 결정 방식이다.

이에 반해, 선거에서 안정적 과반수 확보가 곤란하다고 예상되거나 정당 지지율 및 내각 지지율이 급감하는 경우에 자민당, 특히 당 리더들은 정책 결정 과정에 적극적으로 관여하였다. 리더들은 정책 결정 과정의 제도 변경 혹은 참여자 변경 등을 통해 정치적 리더십을 발휘하였으며, 상황에 따라 관료 집단과 충돌하면서 관료에게 일임하던 종래 방식에서 벗어나 정책을 형성하고, 이를 추진하기 위한 예산 편성을 실현시켰다. 예컨대, 이케다 하야토(池田勇人) 정권에서는 기존의 긴축예산 방침을 고수하던 대장성의 저항을 불식시키고 경제, 산업 분야와 관련한 예산 규모를 확대함으로써 경제성장을 촉진하는 방향으로 적극적인 예산 확대를 추진하였다(牧原 2003, 239-244; 大蔵省 1994, 499-508). 그리고 다나카 가쿠에이(田中角栄) 정권 성립 직후인 1973년도 예산 결정 과정에서도 다나카의 정치적 입장을 반영하는 형태로 대형 인프라 건설 및 지방 공공사업 관련 예산의 확대가 나타났다(真渕 1994, 240-242). 그리고 재정재건·행정개혁을 추진한 스즈키 젠코(鈴木善幸), 나카소네 야스히로(中曾根康弘) 정권에서도 관료에게 일임하던 정책 결정 방식을 철회하고, 제2차 임시행정조사회를 활용하여 정책적 가이드라인을 제시함으로써 대대적인 예산 축소 및 행정개혁을 실현할 수 있었다. 이러한 방식은 정권 유지의 위기 속에서 당 리더가 적극적으로 정책 형성에 대한 관여도를 높였다는 점에서 기존의 정책 결정 방식과는 대비되는 비상시형 정책 결정이라 할 수 있다.

이에 사회 변화에 대한 정당(정치가)의 대응의 유효성에 초점을 두고 자민당 정권의 다이너미즘을 해명하고자 한다. 정치가가 유권자 의식 변화를 어떻게 인식하고 어떠한 정책적 대응을 했는가를 파악하는 비상시형 정책 변경의 다이너미즘 규명 작업을 통해 자민당 일당우위 체제를 재분석하는 것이다. 구체적으로는, ① 사회 변화 및 유권자 의식 변화에 대한 정치 리더의 역할 증대 및 정책 결정 과정에서 나타나는 정당정치의 영향력, ② 정책 형성과 지지기반 구축의 역동성과 그 동인으로 작용한 정치 리더의 정책 성향, ③ 귀결로서의 정당이 제시하는 정책의 가변성과 다인성을 논의할 것이다. 이는 지금까지 정설로 자리매김해 온 ① 정책 결정 과정에서 나타나는 관료의 상대적 자율성과 정(政)-관(官)-경(經) 상호관계, ② 분권적 권력구도 속에서 정치가 개인의 조직에 의존함으로써 가능했던 자민당의 정책 포괄과 지지 확대, ③ 그 귀결로서 나타난 이익배분형 정책에 대한 재고의 계기가 될 것이다.

2) 자민당 정권의 유지 구조

자민당 정권의 존폐는 국제적 상황, 관료와의 관계 등 다양한 요소들이 복합적으로 작용한 결과이다. 그러나 정치 과정에서 보면 자민당 정권의 존속은 선거를 통한 유권자의 지지에 의한 것이며, 그 외의 국내외적 요소들은 자민당을 둘러싼 환경적 조건으로 작용한다. 자민당 정권의 유지 구조를 도식화하면 〈그림 1-1〉과 같다. 우선, 자민당 정권의 유지에 관한 직접적 요인은 일반 유권자와 조직된 유권자(지지층·지지단체)의 지지이다. 그리고 정책 변경의 주체는 자민당이 된다.

국제정치의 동향 또는 외국의 경제 압력 등의 외압은 자민당 정권의 내정 운영에 영향을 미치는 간접적 요인으로 작용하고 있으며, 이는 자민당 정권의 유지 구조의 외부에 존재하는 것이 된다. 따라서 외압은 이와 연동하여 나타나는 국내의 사회·경제 상황의 변화로 치환하여 설명할 수 있을 것이다. 예를 들면, 경기침체, 인플레이션, 실업률 증가, 시장 개방 등이 이에 해당한다.

관료의 경우 또한 자민당의 직접적 관계자로 볼 수 없다. 지금까지 자민당 정권의 유지를 논할 때 관료는 전문지식의 보유, 혹은 조직력이라는 측면에서 자민당 정권에 대해 압도적 영향력을 행사하는 행위자로 여겨져 왔다. 그러나 선거-정당-정책을 둘러싼 정치 과정의 투입·도출 과정에 초점을 맞춘다면, 관료의 영향력에 대한 논의는 유의미한 분석 기준이 되지 못한다. 관료는 지지(투표)를 행사하는 직접적 관계자라 할 수 없으며, 자민당 정권의 조력자로서 지지의 외부에 위치하기 때문이다.[3]

3_주인-대리인 이론(principal-agent theory)에 입각한 연구에서 나타듯이, 일본의 정책 결정 과정 속에는 정치가, 유권자, 이익단체, 관료 등 다양한 행위자가 나타난다. 정치 현상은 이들 행위자가 각자의 이익을 기준으로 합리적 행위를 한 결과로 파악할 수 있다. 여기서 정치가는 유권자의 대리인이면, 관료는 정당(정치가)의 대리인이 된다. 일본에서 관료가 정책을 주도하는 것처럼 보이는 것은 그러한 행위가 자민당의 이익에 부합했기 때문이다

그림 1-1 | 자민당 정권의 유지 구조

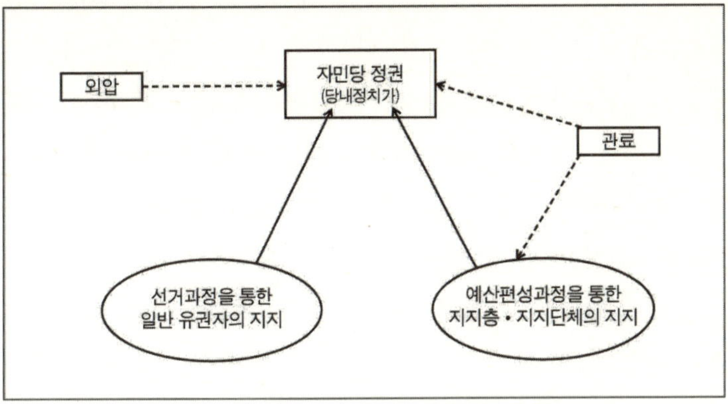

출처: 필자 작성

자민당 정권의 존속은 선거를 통한 유권자의 지지에서 비롯된다. 유권자는 몇 가지 유형으로 나누어 볼 수 있는데, 우선 제1 유형은 개개 정치가의 고객인 지방 유권자이다. 그 중심에 정치가의 후원회(後援會)가 자리하고 있다. 제2 유형은 재계 및 대기업계, 농업계, 중소기업 및 상공업계, 그리고 노동단체 등의 지지단체이다. 마지막으로 제3 유형은 조직화되지 않은 일반 유권자이다. 여기서 제3 유형인 일반 유권자는 가장 넓게 분포하는 유권자 집단이지만 이들의 지지는 불안정한 반면, 제1·제2 유형의 유권자는 규모 면에서는 한정적이나 비교적 안정적인 지지층으로 분류할 수 있

(Ramseyer & Rosenbluth 1995, 196-197). 이러한 관점은 정책을 중심으로 유권자-정당 관계를 파악하는 데 유효하다. 이 책은 관료를 자민당과 긴밀한 관계를 유지하면서도 정권 유지 구조의 외부에 위치하는 간접적 관계자, 즉 조력자로서 관료를 파악하고자 한다.

다. 이들이 정당에게 있어 중요한 자금원이자 지지기반이었다는 것, 그리고 자민당의 정책 결정 과정 속에서 이들에 대한 조직화, 제도화가 진행되었다는 것은 이미 잘 알려진 사실이다. 그렇다면 자민당과 지지층·지지단체와의 관계 변화가 정책 변경을 유발할 가능성 또한 높다. 하지만 자민당과 지지층·지지단체와의 관계 변화는 여전히 명확하게 해명되지 못하고 있다. 자민당 일당우위 체제를 규명하기 위해서는 일반 유권자와의 관계뿐만 아니라, 지지층·지지단체와의 관계에도 주목해야 한다.[4]

요컨대, 선거-정책-정당을 연계한 정치 과정 속에서 자민당의 존속은 주어진 환경 속에서 지지 획득을 위한 자민당의 대응의 결과이다. 따라서 그 대응을 도출한 직접적인 행위자인 당내 정치가의 행동에 초점을 맞춰 논의를 전개할 것이다.[5] 구체적으로는 당내 그룹의 정책 성향 및 선호하는 사회적 집단의 상이를 살피고, 이들의 협력, 경쟁, 대립구도의 변화에서 비롯되는 당내 역학구도의 변화가 어떠한 방식으로 유권자의 지지조달 전략과 연계되어 있는가를 파악할 것이다. 이를 통해 일반 유권자와 다양한 지지층에 대한 자민당의 정책적 대응이 어떻게 도출되었는가를 밝히고자 한다.

4_이 책에서는 조직화된 유권자와 비조직된 유권자를 구분하여 다양한 유권자 집단을 상정한다. 우선, 선거권을 가진 광의의 유권자를 가리키는 경우는 '유권자'로 표기하며, 조직화되지 않은 유권자의 경우는 '일반 유권자'로, 조직화된 유권자는 '지지층'으로, 특정 지지층이나 직업군과 연계된 집단은 '지지단체'로 한다. 또한 자민당의 지지층은 조직화되는 시기의 차이가 있으므로 이미 조직된 유권자는 '고정지지층'으로, 그리고 새로이 편입된 유권자는 '신지지층'으로 구별하며, 이들 중 자민당이 가장 중시하는 유권자 집단은 '중핵지지층'(core constituencies)로 구분한다.

5_당내 그룹에 대한 구체적인 검토 내용에 관해서는 2장 2절을 참조.

3) 분석 대상: 정책 변경 사례 소개

위와 같은 문제의식 및 분석 시각을 토대로 자민당 일당우위 체제기 중 정책이 변화한 시기를 선별하고, 각 시기에 대한 사례 분석에 들어간다. 주지하듯이 자민당 일당우위 체제는 1980년대 말까지 지속되었으며, 1989년 참의원 선거 나아가 1993년 중의원 선거를 통해 자민당 일당우위 체제는 와해되었다고 평가받고 있다. 따라서 일당우위 체제의 규명은 궁극적으로는 1955년 자민당 결성 이후 1980년대 사이에 나타난 자민당 정권의 존속 메커니즘 분석으로 집약된다.

〈표 1-1〉에 정리한 것처럼 자민당 정치가 지속되는 가운데 일본의 ① 경제 상황, ② 선거결과, ③ 유권자 의식, ④ 지지단체[6]의 네 가지 분야에서 다음과 같은 변화가 관찰되었다. 각 분야의 변화를 간단히 살펴보면, 우선 경제 상황의 변화는 다음의 세 시기로 구별된다. 첫 번째 시기는 1950년대 후반에서 1960년대까지의 경제성장기이다. 패전 이후 일본경제는 1950년대 중반까지 경제부흥기를 맞이하였고, 1950년대 후반을 즈음하여 가파른 경제성장의 징조를 보이기 시작하였다. 이 시기를 경계로 경제성장의 궤도에 오른 일본은 1960년대 후반까지 연평균 10%대의 고도 경제성장을 이루었다. 두 번째 시기는 1970년대이다. 1970년대에 들어서면서부터 일본경제는 저성장기에 들어섰다. 더욱이 1973년과 1979년에 걸쳐 발생한 두

6_경제단체, 농업단체, 중소기업단체, 노동조합 등의 각종 사회단체를 칭하는 용어는 단체의 성격 및 특성을 무엇에 기준하여 파악하느냐에 따라 이익단체, 압력단체, 지지단체 등 다양한 표현이 존재한다. 이 책에서는 정당을 기준으로 이들에게 지지를 보내는 특정 집단을 파악하는 것을 목적으로 하고 있으므로 위 단체에 대한 통칭으로서 지지단체라는 용어를 채택한다.

표 1-1 | 연구 분야별 자민당 정권의 시기 구분

구분 \ 시기	1955년	1960년대	1970년대	1980년대
① 경제 상황	전후 부흥기	고도 경제성장기	저성장기 1973년, 1978~79년 오일 쇼크	버블 호황기 1986~91년
② 선거결과 중의원 선거	과반수 획득기		불안정기 1976년, 1979년 과반수 비획득	과반수 회복기
참의원 선거			1974년, 1977년	
③ 유권자 의식	자민당 지지 우위		자·사 지지 이탈 (무당파층 증가)	보수 회귀
④ 지지단체 동향	전후 부흥기		고도성장형 공업화기	소프트형 (국제관계형)

출처: 필자 작성

번의 오일 쇼크의 영향으로 이 시기에 일본경제의 불안정한 상황이 지속되었다. 세 번째 시기는 1980년대이다. 이 시기는 일본경제의 국제화·글로벌화가 진전되는 가운데 1980년대 중반부터 1991년까지 경제호황기(버블 호황기)가 지속되었다.

다음으로 선거결과를 기준으로 할 경우, 첫 번째 시기는 자민당 결당 이후 1972년까지의 시기이다. 이 시기는 자민당이 안정적으로 득표에 성공한 '과반수 획득기'로 칭할 수 있다. 두 번째 시기는 득표율 및 의석 감소로 당세가 축소된 1972년~70년대 말까지의 시기이다.[7] 이 시기에 자민당

7_자민당은 1972년 중의원 선거에서 272석(득표율 46.8%)을 차지하였으며 이 선거는 자민당 정권 하에서 안정적으로 과반수 의석을 차지한 마지막 선거라 할 수 있다. 이후 자민당은 국정선거에서 도시 유권자의 지지를 획득하지 못하게 된다(河野 2002, 167).

은 1976년과 79년 두 차례의 중의원 선거에서 과반수를 획득하지 못하는 현상이 일어난다. 또한 참의원 선거에서도 1974년과 77년 두 차례의 선거에서 어렵게 과반수를 확보하는 등 중의원과 참의원 모두 과반수 확보가 불투명한 불안정기가 지속되었다. 마지막으로 세 번째 시기는 선거결과 부진을 만회하고 당세를 회복한 1980년대이다. 자민당의 당세 회복이 실제 선거에서 관찰된 것은 1980년 중의원·참의원 동시 선거를 통해서이다. 이 선거 이후, 자민당이 큰 폭으로 당세를 확대하는 과반수 회복기가 1980년대 후반까지 이어졌다.

투표 행태를 통해서 본 유권자 의식 변화 또한 1960년대, 70년대, 그리고 80년대가 분기점이 된다. 앞서 언급한 것처럼 이 분야의 연구들은 변화하는 유권자 의식에 따른 투표 행태의 변화를 설명하는 가운데 적용 모델의 변화를 보이고 있다. 우선, 1960년대 말까지는 도시 유권자가 기성 정당에 대한 지지 철회 현상을 보이기 시작하여 자민당과 사회당으로 대표되는 2대 정당의 당세 정체가 심화되었다. 이러한 현상에 대해서는 사회집단·계급투표 모델이 적용되었다(三宅·木下·間場 1985). 다음으로 1970년대 중반부터는 무당파층이 급격하게 증가하기 시작했는데, 이에 관해서는 정권담당자로서 자민당을 인정하고 있으면서도 동시에 자민당의 독주를 바라지 않는 유권자의 존재를 상정하고, 자민당 정권의 존속을 설명하였다(蒲島 1988, 171; 田中 1995, 57).[8] 마지막으로 1980년대에는 자민당에 대한

8_가바시마 이쿠오(蒲島郁夫)는 1970년대의 유권자의 투표 성향에 대하여 '버퍼 플레이어'(buffer player)라는 개념을 제기하고, 자민당 일당우위 체제의 지속을 설명한다. 버퍼 플레이어는 기본적으로 자민당 정권을 바라고 있지만, 동시에 여·야당 백중(伯仲)세라는 불안정한 상황에 있기를 바라는 균형 감각에 기초하여 투표를 행하는 유권자이다. 또한 다나카 아이지(田中愛治)는 '시스템 서포터'(system supporter) 가설을 제안하고 일본의 정책 형성

유권자의 지지가 상승하는 이른바 보수 회귀 현상이 나타났는데, 이는 자민당 정부에 대한 업적 투표 현상, 경제 상황 또는 생활 만족도에 의거한 생활 투표 모델을 적용하여 입증하고 있다.[9]

마지막으로 지지단체의 동향에도 변화기가 있었다. 이익단체 관련 선행 연구를 빌어 설명하면 세 시기로 구분된다. 제1기는 1945년부터 1957년경까지의 전후 부흥기로서, 이익단체의 분출과 정리 통합이 이루어졌다. 제2기는 1950년대 후반부터 1970년대 전반까지의 고도성장형 공업화 시기이다. 이 시기에는 일본경제의 고도성장에 발맞추어 공업화형 단체가 정비되고 발전해 갔다. 마지막으로 제3기는 1975년 이후 80년대에 걸친 시기다. 이 시기는 소프트형 또는 국제관계형 형태가 나타난 시기로, 단체의 증가율은 점차로 감소하고 있지만 정보화 사회에의 변용에 대응한 단체가 분출하였다(辻中 1988, 73-79). 이렇듯 이익단체의 동향은 1950년대 후반과 1970년대 중엽을 중요한 분기점으로 하고 있다.

이처럼 경제 상황, 선거결과, 유권자 의식, 그리고 지지단체의 동향은 1960년대, 1970년대, 그리고 1980년대를 기점으로 큰 변화가 나타났다. 이에 각 분야별 동향과 자민당의 정책 변경이 일치하는 분기점이 된 ① 1955년 결당 초기, ② 1960년대 초, ③ 1972~76년, ④ 1980년대 네 시기

의 메커니즘으로서 정치경제 시스템의 존속을 기대하는 유권자로서 무당파층의 실태를 밝히고 있다.

9_예를 들면, 미야케 이치로(三宅一郎)는 1980년대의 일본의 투표 행태를 '정당의 정책 이미지'로 설명한다. 이는 1980년대에 나타난 보수 회귀 현상이 자민당의 통치 능력 또는 경제 컨트롤 능력이 우월하다는 유권자의 평가에서 비롯된 결과로 파악하고 있다(三宅 1989). 한편, 히라노 히로시(平野 浩)는 같은 시기의 유권자의 투표 행태를 경제 상황 인식, 정부 업적 평가 및 기대에 따른 효과로 보고, 유권자의 투표 행태에서 개개인의 생활을 중시하는 '업적평가'가 작용하여 이것이 자민당 지지에 연결되었다고 본다(平野 1993).

를 대상으로 자민당의 정책 변경 메커니즘을 분석할 것이다. 첫 번째는 보수계 정당이 합당하여 자민당이 결성된 1955년부터 50년대 후반까지의 결당 초기이다. 두 번째는 국민소득 배증계획으로 상징되는 경제성장 확대 노선으로 정책의 비중이 옮겨 간 1960년대 초기, 이케다 정권기이다. 세 번째는 도시지역 및 공해문제 해소와 사회 개발의 양립을 주창한 일본열도 개조론의 추진과 복지정책의 증진을 거쳐 광범위한 이익배분형 정책이 정착한 1970년대 초중반의 다나카·미키 다케오(三木武夫) 정권기이다. 마지막으로 네 번째는 재정재건 및 행정개혁 노선 하에 대대적인 예산 동결 및 삭감으로 기존의 복지 및 보조금 정책의 철회가 일어나기 시작한 1980년대의 스즈키·나카소네 정권기이다.

각 사례의 주된 분석 내용은 다음과 같다. 첫째, 자민당이 제시한 정책 노선의 상세를 살피고, 만약 정책기조의 전환이 일어났다면 그 시기와 방향성은 무엇이며, 그것이 어떠한 변화로 연결되었는가를 검토한다. 둘째, 제시된 정책이 어떠한 유권자 집단을 공략한 것인가를 살펴본다. 즉, 일반 유권자에 대한 대응이었는지, 지지층·지지단체 대응이었는지, 또는 일반 유권자와 지지층·지지단체에 대한 양면 대응이었는지를 검토하여 자민당의 정책을 다양한 유권자 집단과의 관계에서 검증할 것이다. 마지막으로, 자민당의 정책 결정이 당내 집단 간 경쟁과 어떠한 관련성을 가지는가를 검토한다. 이 과정에서 당내 집단의 여론 인식과 정책 성향, 그리고 당내 주도권 경쟁의 변화가 자민당 정책 변경과 어떠한 관계가 있는지를 구체화할 것이다. 이러한 세 가지 분석을 통해, 일반 유권자 및 지지층·지지단체와의 관계 변화와 당내 경쟁이 자민당의 정책을 어떠한 방향으로 규정했는가, 각 사례의 정책적 귀결이 무엇에 기인하는가를 밝히고자 한다.

2장

자민당 정책 변경 대체 모델

1. 정당의 정책에 관한 이론 검토

구체적인 분석에 앞서 정당의 정책과 유권자의 지지에 대한 기존 이론의 적용 가능성이 선행되어야 한다. 아래에서는 기존 이론의 적용 가능성을 비판적으로 검토한 후, 분석 기준이 되는 대안 모델을 제시해 보도록 하겠다.

1) 공간이론과 사회균열론의 충돌

지금까지 정당의 정책은 유권자와 정당의 관계를 중심으로 크게 두 가지 이론적 접근법에 기초하여 논의되었다. 그 하나는 다운스(Anthony

표 2-1 | 정당의 정책에 관한 이론적 시각의 비교

구분	기존 이론의 접근법	
	공간이론(spatial theory)	사회균열론(social cleavage theory)
주된 관점	· 합리적 행위자로서 유권자 설정 · 유권자의 선호는 이익의 극대화를 도모하는 고정적인 것	· 사회학 이론에 기초하여 사회구성원 간에 형성된 균열 축을 중심으로 유권자가 배열된다고 봄 · 유권자의 정당 지지는 고정적인 것
정책에 대한 접근법	· 정당은 득표 최대화를 목표로 중위 투표자의 선호를 좇아 정책 위치를 이동	· 정당은 지지층을 대변하며, 이들의 선호에 부합하는 정책 설정으로 지지세력 흡수
정책의 방향성	· 중위자의 선호를 반영함	· 지지층의 선호를 반영함

출처: 필자 작성

Downs)의 공간이론(spatial theory)에 기초하여 일반 유권자의 선호와 정당의 정책과의 관계에 주목하는 접근법이며,[1] 다른 하나는 사회균열론(social cleavage theory)에 입각하여 사회 지지층·지지기반과의 관계에 중점을 두고 정당 내지는 정치가의 정책을 파악하는 접근법이다.[2] 〈표 2-1〉에 정리한 것처럼 두 이론은 정당의 정책과 집표 전략을 도출할 때 상정하는 유권자 집단에 차이를 보이고 있다는 점에서 상호 배타적이며, 그로 인해 두 이론의 양립은 불가능하다.

1_이 접근법은 합리적 선택이론에 근거한 검증 모델을 토대로 투표 행태, 선거공약 연구 등의 실증 분석 결과를 축적함으로써 정당의 정책 분석 모델의 주류를 점하고 있다. 그로 인해 일본 연구에서도 정당의 정책은 여론, 또는 선거결과와 연계시켜 설명하는 경향이 강하다.

2_이 접근법은 지지층·지지기반을 고정하여 정당의 정책을 파악하므로 특정 시기 또는 지역에 국한된 검증에서 활용되기는 하나 통시적 문맥에서 정당의 정책의 동향을 파악하는 데에는 한계를 가진다. 이 때문에 지지층·지지기반과의 관계 변화와 정당의 정책 유동성은 명확히 검증되지 않고 있다.

그러나 자민당의 정책은 어느 쪽을 선택하더라도 논리적인 설명이 어렵다. 자민당이 농업 및 중소기업 등 후진 산업 보호 정책과 지역 육성 정책을 중요하게 여겼던 데에는 고정지지층인 농업종사자와 자영·상공업자의 이익 반영이 작용하였다.[3] 자민당이 소비자로 대표되는 도시지역의 다수 유권자의 선호와 상반하는 경우에도 기존의 보호·육성 정책 철회에 대해 신중한 입장을 유지해 왔던 점(Ramseyer & Rosenbluth 1995, 196-197), 그리고 해당 정책들이 오랜 기간 표와 이익의 교환을 낳는 자민당의 집표 메커니즘으로 작용했던 점 등을 고려해 볼 때, 공간이론은 일본의 사례를 설명하는 데에는 논리적 한계를 가진다. 그러나 사회균열론적 접근 또한 신중할 필요가 있다. 자민당이 실시한 경제계획, 계획적인 산업 육성, 복지 확대 등은 노동자층의 지지를 의식한 부분 또한 적지 않다(河野 2002, 166-177). 자민당의 정책은 노동자층의 이해관계에 어긋나는 정책으로 보기는 어려우며 다각적인 정책 추진을 통해 다양한 사회집단의 지지를 포괄하게 되었기 때문이다.

요컨대, 자민당의 정책은 후진 산업 종사자로 대표되는 고정지지층에 대한 보호를 우선하는 경향이 있으되, 노동자 및 도시 유권자에 반응하는 경우 또한 적지 않았다. 즉, 중위자와 고정지지층 중 어떤 측을 우선하는 정책을 제시하는가에 따라 자민당의 정책기조는 변화를 거듭해 왔다. 따라서 정책의 우선순위가 변화한 시기와 그 이유를 해명하는 것이 무엇보다

3_일본에서는 보수와 혁신을 대표하는 자민당과 사회당의 대립구도가 형성되었다. 두 정당은 이데올로기적 노선의 양축을 담당하며 상이한 지지구조를 구축하였다. 자민당의 주된 지지층은 자영업자와 상공업자, 농업종사자이며, 사회당의 지지층은 산업노동자 및 사무노동자층이다(三宅 1989, 85).

중요하다.

이처럼 유권자 집단의 다양성, 그리고 정당의 정책 선택에서 보이는 다인성을 고려한다면 두 이론은 자민당의 정책적 귀결을 설명하는 데에 논리적 한계를 가진다. 그러나 두 이론의 한계는 단순히 일본정치의 특수성에 기인하는 것은 아니다. 보다 근본적인 이유는 현실 정치에서 나타나는 정당의 정책적 귀결과 두 이론의 논리 사이에 존재하는 부정합성, 즉 현실과 이론의 괴리에 기인한다. 이와 관련하여, 최근 학계에서는 기존 이론의 한계를 지적하고 이를 보완하는 새로운 접근법에 대한 논의가 전개되고 있다. 관련 논의들을 간단히 살펴보면, 정당이 중위투표자와 선거구 당파성의 어느 쪽에 반응하는가(Ezrow ed. 2011), 일반 유권자, 지지기반 대응에 대한 정당의 당세 변화의 영향력(Barrilleaux 2000), 정당과 이익단체와의 연계도 변화(Flemming 2012) 등이 대표적이다. 이 연구들은 현실 정치 속에서 유권자-정당 관계가 기존의 공간이론 또는 사회균열론에서 상정하는 것처럼 단순화 할 수 없다고 지적하면서, 양 이론의 상호 보완성의 여지를 시사한다. 유권자-정당 간 관계 설정은 시간적 공간적 유동성을 가지며 그 다양성에 대한 규명이 필요하다(Kitschelt 2000, 845-847). 더불어 자율적인 조정 기제로서 정당(정치가)의 영향력, 정당 내부의 조율 과정에 대한 보다 심화된 분석이 요구된다(Curtis 1999, 4; Mair 1997, 9-17; Kitchelt 1994, 93).[4]

4_기존 논의들이 사회적 요구가 정치에 직접 반영된다고 이해하는 데 반해, 커티스는 사회적 요구가 무시되지는 않지만 정치의 이해를 반영하여 굴절적으로 반영된다고 본다(Curtis 1999, 4). 마이어 또한 정당이 사회 변화에 적응하고, 아젠다의 설정을 통해서 정치적 이슈와 갈등을 적절히 통제하는 능력을 가진다고 보고, 이러한 정당의 대응 능력이 기존 정당의 존폐를 좌우한다고 주장하였다(Mair 1997, 9-17). 내부의 정책 결정이 가지는 전략성이 중요하다고 보는 키첼트의 주장 또한 이 논의들과 맥락을 같이 한다(Kitchelt 1994, 93).

2) 당내 경쟁 어프로치의 적용 가능성

그렇다면 논의의 핵심은 사회적 요구에 대한 정당의 반응이 어떠한 정책적 귀결로 도출되며, 정당의 정책이 유권자-정당 관계를 어떻게 재정립하는가를 파악해 내는 것으로 집약된다. 이와 관련하여 유권자-정당 관계 분석에서 정책 도출 과정의 불명확성을 보완하는 기제로서 당내 정책 결정(internal policy making process)혹은 당내 정치의 다이너미즘(intraparty dynamics)에 주목하는 논의들은 유효한 이론적 실마리를 제공한다(Mule 2001; Boucek 2009; Loxbo forthcoming).[5]

〈표 2-2〉에 정리한 것처럼, 기존 접근법의 한계를 극복하기 위해서는 정당을 복수 그룹으로 구성된 복합 조직체로 파악할 필요가 있다. 뮬(Rosa Mule)에 따르면 당 리더는 유권자의 요구를 단순히 반영하는 것이 아니라 사회 설계와 여론 형성에 적극적으로 관여함으로써, 지지층의 재설정(changing boundaries of social groups)을 도모한다. 이러한 재설정 과정은 당내 경쟁(intraparty competition)을 매개로 하고 있으며, 서로 다른 정책 성향을 가진 리더들이 경쟁한 결과, 즉 균형점으로써 정당의 정책을 파악할

5_뮬은 게임이론(game theory)에 기초하여 정당의 정책을 당내 집단 간 전략적 균형점으로 보고, 캐나다, 영국, 오스트레일리아, 미국의 재배분 정책(redistribution policy) 사례를 들어 이를 입증하였다(Mule 2001). 그리고 보섹(Françoise Boucek)은 이탈리아 기독민주당의 사례를 들어 파벌(factions)을 당 조직이 아닌 당내 다이너미즘으로 파악하고, 협동, 경쟁, 변화의 기제로서 파벌을 위치시켜 당내 민주주주의(intraparty democracy)의 영향력에 대한 함의를 제공하고 있다(Boucek 2009). 또한 락스보(Karl Loxbo)는 대중 정당이 보편화되는 가운데 당내 정치의 영향력이 쇠퇴하였는가에 대한 논의를 제기하고, 스웨덴의 사회민주당을 대상으로 당 리더 및 활동가(activists)의 영향력 증대를 검증하였다(Loxbo forthcoming).

표 2-2 | 분석 시각

구분	당내 경쟁 어프로치(intraparty competition approach)
주된 관점	· 합리적 행위자로서 정치가 설정 · 정당의 정책은 복수의 당내 그룹 간 전략적 상호작용의 결과물
정책에 대한 접근법	· 당내 주도권을 둘러싼 그룹 간 경쟁과 타협의 균형점으로 정책 방향 결정
정책의 방향성	· 신리더가 지지 확대를 도모하는 특정 유권자 집단(또는 그 조합)의 지지 유도

수 있다(Mule 2001, 23-24; 38-40; 182-185). 뮬의 주장은 기존 이론에서 해명할 수 없었던 다양한 유권자의 선호와 정당의 정책 선택을 체계적으로 이론화할 수 있다는 점에서 주목된다. 그녀는 당내 집단의 다양한 정책 성향과 전략이라는 관점(이하 당내 경쟁 어프로치)에 입각하여, 정치가의 정책 선택의 자율성과 전략성에 주목하여 정당의 정책적 귀결을 논리적으로 설명해 내고 있다. 만약 정당의 정책이 당내 그룹 간 전략적 상호작용의 결과로 파악이 가능하다면, 명확한 파벌 구조를 띠는 자민당의 경우에도 같은 도식이 성립한다고 볼 수 있다.

뮬의 연구를 보면 각국의 정권여당이 정책 변경을 추진하는 배경에는 경제 상황, 여론, 경쟁 정당과의 정책적 거리, 당내 반대파 및 경쟁 정당 등 반대세력의 영향력(opposition effects) 등이 존재한다. 이 때 각 사례에서 작용하는 제 요인의 강도는 다르다 할지라도 정치 환경의 변화가 당내에 파급되어 정책 변경을 유도한 점, 정책 변경이 당내 역학구도 변화와 연계되어 있다는 점, 그리고 유권자(일반 유권자·지지단체)와의 관계 설정과 밀접하게 연결되어 진행된다는 점에서 공통된다. 즉, 유권자의 지지 철회로 정권 유지가 보장되지 않는 상황에서 당 리더들은 이를 어떻게 인식하고 어떠한 대응책을 제시했는가, 결과적으로 도출된 정책 변경은 기존의 정책과 어떠한 차이를 보이는가, 그리고 이러한 정책 변경이 유권자-정당 간 관계 변화와 어떻게 결부되어 있는가에 대한 검토가 필요하다.

2. 대체 모델과 시나리오

1) 비상시형 정책 변경 모델

(1) 정책 변경 모델의 제시

그렇다면 자민당의 정책 변경은 어떻게 설명해야 할 것인가. 이에 정책적 귀결의 이면에 숨어 있는 인과적 구조, 즉 정당이 유권자의 요구를 수렴하고 정책을 도출하는 이른바 전환 과정(conversion process)에 대한 분석이 필요하리라 여겨진다. 이에 자민당의 정책 변경을 분석함에 있어 다음과 같은 대안 모델을 제시하고자 한다.

〈그림 2-1〉에 도식화한 것처럼, 이 분석법의 특징은 유권자 의식과 정당의 정책이라는 기존의 투입-산출도식 사이에 매개변수(mediation variable)로서 당내 그룹의 상호작용을 상정하고 있다는 점이다.[6] 여기서 제시하

6_매개변수는 독립변수와 종속변수의 연결고리 역할을 하는 변수이다. 매개변수는 독립변수의 결과이면서 동시에 종속변수의 원인이 되는 변수로서, 독립변수와 종속변수의 관계 이면에 숨어 있는 인과적 구조를 이해하고자 할 때 이용된다.

그림 2-1 | 비상시형 정책 변경 모델의 기본 구조

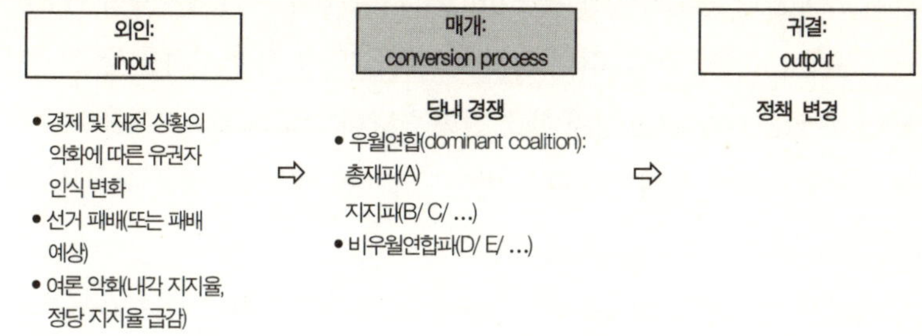

출처: 필자 작성

는 '비상시형 정책 결정 모델' 이란, 뮬의 가설을 토대로 정권 유지를 곤란하게 하는 위기가 도래하면, 당내 역학구도가 변동하여 정책이 변경된다는 가설 하에, 유권자 의식 변화 혹은 지지 변화, 당내 그룹 간 경쟁, 정책 변경을 각각 외인, 매개, 귀결로 정리한 것이다. 즉, 유권자의 급격한 인식 변화 또는 지지 변화가 발생하면(외인; input), 정책 변경이 일어나는데(귀결; output), 그 가운데 당내 그룹 간 경쟁이 매개로 작용하고 있는 것이다. 이러한 인과도식을 통해 정당이 유권자의 요구를 수렴하고 정책을 도출하는 과정을 고려함으로써 기존 연구에서 결여되었던 정책의 전환 과정(conversion process)을 구체적으로 검토하고자 한다.

(2) 외인(外因)으로서의 '위기'

우선, 이 모델이 설정한 외인은 자민당 정권의 위기 즉, 유권자의 지지가 변화하여 과반수 획득이 어려워진 상황을 설정하고 있다. 구체적으로는 경제 및 재정 상황의 악화에 따른 유권자 의식 변화, 국정선거에서 과반수 획득 실패(또는 실패 예상), 그리고 내각 지지율 또는 정당 지지율 급감이 이에 해당한다.[7] 이와 같은 정치 환경 변화는 당내 그룹의 위기의식을 고조시키는 계기가 되며, 현재의 상황을 변화시켜 이를 극복하고자 하는 행동 변화를 불러일으키는 외인으로 작용한다.

이러한 정치 환경 변화를 '위기'(crisis)로 칭하고자 한다. 위기라는 개념을 구체화한 연구자로 칼더를 꼽을 수 있는데, 그는 전후 일본의 보수진영이 정권 운용의 위기 시에 이를 극복하고자 끊임없이 대응하는 가운데 자민당 장기 집권이 완성되었다는 논의를 전개한 바 있다. 그가 말하는 위기란, 보수정권의 지속, 또는 보수정당의 우위를 위협하는 상황으로서, ① 보수진영 내부의 큰 대립에서 비롯되는 '내부 위기', ② 국내 정세에 영향을 주는 국제정치 및 시장경제의 압력에서 비롯되는 '외부 위기', ③ 내부 위기와 외부 위기가 연동하여 상승효과를 일으킨 경우의 세 가지를 위기 패턴으로 상정하고 있다(Calder 1989, 14-16). 여기서 말하는 위기 또한 자민당이 정권 유지를 보장받기 어려운 시기를 가리키는 바, 칼더가 지칭하는 위기와 유사한 면이 있다. 단, 이 책에서는 선거-정당-정책으로 순환되는 정치 과정 속에서 논의를 전개하므로 유권자의 지지 철회로 인한 정권 유지의 가능성 여부가 위기를 판단하는 주된 기준이 되었다는 점을 부언해 둔다.

7_자민당 정권에서 위기가 일어난 구체적인 시기에 관해서는 서론 제3절을 참조. 해당 시기는 ① 경제 상황, ② 선거결과, ③ 유권자 의식, ④ 지지단체 관련 선행 연구를 바탕으로 변화가 지적되는 공통된 시기를 선별한 것이다.

(3) 매개

다음으로 매개로 작용하는 당내 경쟁이란 유권자의 지지 철회에 대한 당내 그룹의 인식과 행동을 의미한다. 일반적으로 정권 유지가 불투명한 상황은 당 지도부에 대한 반대파의 공격에 정당성(legitimacy)을 부여해 우월연합(dominant coalition)의 리더십을 실추시키는 요인으로 작용한다(Panebianco 2005, 51-53).[8] 이 때 당 지도부의 (일부 또는 전면) 교체, 정책 방향의 수정 등을 통해서 당 이미지를 쇄신하라는 반대파의 요구는 권력을 둘러싼 내부 균열을 불러일으키고 지도부의 당내 리더십 약화로 이어진다. 당 지도부는 당 이미지를 쇄신하고 지지 회복을 도모함과 동시에, 새로운 지지구조를 모색하고자 한다. 이를 달성하기 위해서는 정책 변경을 통해 특정 유권자 집단과 연계를 강화하는 새로운 선거 동맹을 형성할 필요가 있다. 이는 당내 그룹의 인식 및 행동의 차이가 정책 변경을 야기함을 상정하고 있는 것인데, 이 가설이 의거하는 기본적 전제는 당내 그룹의 두 가지 행동 양식이다. 당내 그룹은 정당의 정권 획득을 제1 목표로 행동하며, 동시에 당내 주도권 획득을 목표로 행동한다. 즉, 이들은 정책 획득을 대전제

8_다수 정당 연구자의 지적처럼, 당내 주도권은 소수집단에 집중하는 경향이 있다. 미헬스의 과두제, 듀베르제의 '내부 서클'(inner circle), 베버의 '시저적·인민투표적 독재'(ceasaristic-plebiscitarian dictatorship) 등이 대표적인 표현이다. 한편, 파네비앙코(A. Panebianco)는 당내 조직 구도 하에서 권력을 행사하는 것은 단일 인물이 아니라 더욱 복잡한 권력구조를 가진다는 점에 착안하여 이를 당내 우위를 점하는 특정 집단 연합으로 보고 '우월연합'이라는 용어로 정의하고 있다(Panebianco 2005, 46). 일본정치 속에서는 이 집단을 통상 '주류파'로 칭하여 왔으나 이에 관한 구체적인 정의가 존재하지 않으며 저널리즘적인 성격을 가지는 불명확한 용어임을 고려하여, 당내 주도권을 점한 특정 집단을 지칭하는 학술용어로서 파네비앙코가 정의 내린 우월연합을 채택한다.

로 상호 협력을 도모하되, 당내 주도권을 둘러싸고 경쟁하는 존재이므로 반드시 상호 협력적인 것은 아니며, 이들이 지향하는 정책 방향 또한 다르게 나타난다(Mule 2001, 45-46).

여기서 당내 그룹이 서로 대립·경쟁하는 이유는 각 그룹이 보유한 권력자원의 차이로 인해 그들의 추구하는 권력기반 확대 전략이 상이하기 때문이다. 이에 각파의 입지를 당내 주도권의 유무와 발휘 능력 정도에 따라 구분하여 분석을 진행고자 한다. 우선, 당내 역학구도 속에서 당내 그룹의 인식과 행동을 파악하기 위해서는 주도권의 소유자와 경쟁자, 대항자에 대한 구별이 필요하며 이에 관해서는 우월연합 소속 여부로 판단할 수 있을 것이다. 다음으로, 발휘 능력 정도는 우월연합 내부의 권력 차이, 즉 중핵인 총재파와 이들의 조력자인 지지파 사이에 차이를 두어 생각해 볼 수 있다. 이 기준에 따라 당내 그룹을 구분하면, 다음의 세 가지 유형으로 나누어 볼 수 있다. 우선, 제1 그룹은 당을 대표하는 리더인 총재가 이끄는 총재파, 제2 그룹은 총재파와 협력하여 당내 주류를 형성하는 지지파가 된다. 더불어 양자는 당내 주도권을 관장하는 우월연합이 된다. 그리고 제3 그룹은 주도권 발휘 영역에서 벗어나 당내 권력관계에서 비교적 열세에 놓여 있는 비우월연합이다. 삼자의 행동은 당내 역학구도의 제약 속에서 이들이 처한 당내 입지에서 자파의 이익을 최대화할 수 있는 방향으로 나아가고자 할 것이며, 여기서 이들의 행동은 외인의 강도, 경쟁(협력) 대상의 차이, 상대파의 전략에 따라 다르게 나타난다.

(4) 귀결로서의 정책 변경

그렇다면, 당내 그룹 간 경쟁이 매개가 된 결과로서의 정책 변경은 어떻게 파악할 수 있을까? 일반적으로 정치 환경 변화에 따른 유권자의 지지 철회는 필연적으로 정당의 정책 변경을 유도한다. 환경 변화를 극복하고 정권을 획득(유지)하기 위해서는 새로운 정책 아이디어를 제시하고 지지를 만회할 필요가 있기 때문이다. 그런 의미에서 선거를 통한 정권 획득을 제1 목표로 하는 정당의 대응이란 주어진 환경 속에서 득표를 위한 유연한 정책적 대응으로 볼 수 있다. 그러나 현실 정치 속에서 나타나는 정당의 정책이 득표 최대화 전략(vote-maximizing devices)에 부합하는 것은 아니다. 실제 정책이 도출되기까지는 복잡한 당내 교섭이 행해지기 때문이다. 당내 경쟁 어프로치의 관점에서 보자면, 결과적으로 도출된 정책은 유권자의 지지 획득을 목표로 하는 것이되, 새로운 정책 제시를 통해 유권자의 지지를 얻을 것이라는 당 내부의 기대와 지지를 바탕으로 한다. 바꿔 말하면, 정당의 정책은 당 외부(유권자)의 지지를 목표로 하되, 새로운 정책 방향에 대한 당 내부의 지지가 동인으로 작용한 당 내부의 전략적 상호작용(strategic interaction)의 결과로 파악할 수 있다.

여기서 주목할 것은, 정책 변화의 기저에 존재하는 당내 그룹 간 정책 성향의 불일치이다. 자금, 지지 동원, 정책 형성 등 권력자원(power resources)을 둘러싼 당내 경쟁은 선거·포스트·정책 추구 등의 여러 가지 목적을 동시에 추구하는 전략적 행동이라 할 수 있다. 또한 이들 간 교섭은 당내 역학구도와 연동하여 각 분야에서 연계된 결과를 도출한다(Narud 1996, 499-525; Mule 2001, 50-51). 바꿔 말하면, 각파가 목표로 하는 이상적인 정책 방향 또한 권력구도의 제약 속에서 다르게 나타나며, 결과적으로 도출된 정책 또한 당내 역학에 기초한 당내 그룹 간 전략적 상호작용에 의해 유도된 교섭 결과, 즉 효과적인 균형점(equilibrium solution)이 된다.

2) 정책 변경 시나리오

이 책이 주목하는 자민당의 정책 변경은 정당 지지율 및 내각 지지율의 급감, 국정선거에 과반수 확보가 보장되지 않는 정권 유지의 위기 시에 자민당이 내린 비상시형 정책 변경이다. 이를 검증하기 위해서는 정책 변경이 일어났을 때에 어떤 이유로 당내의 우월연합의 구성에 변화가 일어나고, 그것이 어떻게 정책 변경에 결부되는 것인가를 논리화 할 필요가 있다. 아래에서는 이에 관한 몇 가지의 시나리오를 도출해 보도록 하자.

(1) 각파의 전략

자민당의 정책 변경 메커니즘을 검토하기 위해서는 매개가 되는 당내 그룹의 행동과 당내 역학구도의 변동을 명확히 해야 할 것이다. 먼저 각 그룹의 당내 입지에 근거하여 이들이 위기 시에의 취할 수 있는 전략의 경우의 수를 생각해 보자.

1. 총재파

① 당내 다수의 지지를 모아 리더십을 유지하는 것을 최우선 목표로 한다. 이를 위해 자파와 협조적 관계를 구축해 온 우월연합 내부의 협력을 강화하여 당내 안정을 회복하고자 한다(이하 행동방향 1-①).

② 우월연합의 존립이 어렵다고 판단되는 경우, 새로운 연합 파트너를 구성하여 당내 다수를 획득하고자 한다(이하 행동방향 1-②).

③ 선거 패배의 책임 등으로 총재 퇴진이 불가피할 경우, 우월연합 내에서 신총재를 추대하고 이를 지지함으로써 우월연합 내에 잔류하고자 한다(이하 행동방향 1-③).

2. 지지파

① 우월연합이 당내 다수를 차지하고 있어 연합 내 협력을 도모하고 잔류하는 편이 차기 우월연합 구성으로 연결될 가능성이 높다고 판단될 경우, 우월연합 구성 그룹 간 협력을 우선한다(이하 행동방향 2-①).

② 우월연합 세력이 약화되거나 연합 내에서 얻어지는 대가(선거·포스트·정책)가 적다고 판단될 경우, 새로운 연합 구성 참가 가능성을 열어 두어 연합 구성의 중추 행위자(pivotal player)가 되고자 한다(이하 행동방향 2-②).

3. 비우월연합파

① 선거·포스트·정책에 관한 교섭을 통해 우월연합에 참가하고자 한다(이하 행동방향 3-①).

② 우월연합에 소속하지 않는 중소 규모 그룹 간 연대를 강화하여 우월연합에 대항하는 전략적 연합을 형성하고자 한다(이하 행동방향 3-②).

각 그룹의 목표는 자파의 권력기반 최대화를 추구한다는 점에서 동일하다. 그러나 이를 달성하기 위한 전략은 당내 입지에 따라 다르게 나타난다. 따라서 당내 그룹 간에는 영구적인 파트너도 경쟁 상대도 존재하지 않으며, 상대방의 행동에 따라 다양한 가능성을 열어 두고 행동을 결정한다. 즉, 각 그룹이 어떠한 행동을 취하느냐는 경쟁(또는 협력) 상대의 행동에 따라 유동적이며, 이들 간 상호작용 속에서 각자가 선택 가능한 전략(purposeful choices) 또한 달라진다.

(2) 당내 역학구도의 변화 방향

리더 교체 과정을 통해서 당내 역학구도의 변화를 검토할 수 있다(Mule

2001, 46-47). 위기 시에 리더 교체 및 내각 개조 등의 인사 변경은 내부적으로는 당내 역학구도가 동요하고 대표직 혹은 우월연합의 구성에 변화가 생기는 것을 의미하며, 대외적으로는 당의 이미지 쇄신을 의미한다. 이에 선거 혹은 당내 합의를 통한 총재 교체, 우월연합 내부의 구성 변화, 내각 개조를 통한 포스트 배분 변화 등을 근거로 당내 역학구도의 변화를 살펴볼 수 있다.[9] 이를 통해 유추할 수 있는 당내 그룹의 행동과 당내 역학구도의 변화는 다음과 같다.

1. 총재·우월연합이 유지될 경우

총재파가 지지파와 교섭을 추진하는 가운데 지지파의 협조를 약속 받아 당내 다수를 획득할 경우, 총재는 교체되지 않고 우월연합의 지지를 강화하는 형태로 내각 개편이 단행된다(행동방향 1-①+2-①).

2. 총재 교체 없이 지지파의 구성 멤버가 일부 변경될 경우

총재파가 우월연합 내부의 지지를 얻지는 못하였으나, 타 그룹과의 교섭 속에서 기존 지지파를 대신할 새로운 그룹을 영입하여 당내 다수를 확보한 경우, 총재는 교체되지 않고 신 멤버에게 대가(선거·포스트·정책)를 지불하는 형태로 내각 개편이 단행된다(행동방향 1-②+3-①).

3. 총재가 교체되고 기존 우월연합이 유지될 경우

9_자민당의 총재 선출은 만장일치형(합의형)과 선거형의 두 가지 방식이 존재하며, 두 방식 모두 당의 결속을 상징하는 의례적 기능을 지니는 과정이라는 점에서 공통된다. 즉, 총재 선거의 유무라고 하는 관점에서 자민당의 총재 선출을 검토하는 것은 반드시 유의미하지 못하며 합의의 형식을 띠는 추대 또한 비공식적인 선출 방식으로 볼 수 없다(田中 1986, 66-70).

총재의 사임이 결정되었으나 우월연합 간 유대가 지속되어 이들이 당내에서 우위를 차지하고 있을 경우, 우월연합은 변경되지 않고 기존 우월연합 내에서 새 총재가 탄생하며, 이들을 중심으로 한 내각 개편이 단행된다(행동방향 1-③+2-①).

4. 총재가 교체되고 신우월연합이 발족될 경우

새로운 연합세력이 기존 우월연합의 세력을 상회할 경우, 신우월연합이 형성되고 총재가 교체된다. 또한 신우월연합 내부의 교섭이 반영된 내각 개편이 단행된다(행동방향 3-② 또는 3-②+2-②).

이러한 일련의 현상들과 정책 변경 사이에 성립하는 인과관계에는 몇 가지 경우의 수를 상정할 수 있다. 아래에 제시하는 네 개의 시나리오는 각 그룹이 당내에서 유리한 입지를 차지하기 위해서 어떠한 교섭을 행하며, 그것이 정책 변경으로 이어졌을 경우 어떠한 영향을 미치는가를 논리화할 경우 도출 가능한 정책 변경의 패턴이다. ① 당내 그룹의 협력(경쟁)양상, ② 정책 변경의 경위, ③ 정책 변경 방향을 짚어가면서 시나리오를 소개한다.

시나리오 1: 우월연합 주도형 정책 변경

위기가 도래하면, 지지파가 총재파에게 정책을 변경할 것을 설득하고 총재파가 이를 수용함으로써 정책 변경이 일어나는 경우이다.

이 경우, 위기라는 외인이 작용하여 당내 충돌 및 의견 대립이 발생하더라도 총재파가 정책 변경을 설득하는 지지파의 요청을 받아들임으로써 동요하던 우월연합 내의 협조 관계는 다시 강화된다. 기본적으로 총재파는 협력 관계를 구축해 온 우월연합 내부의 결속을 강화하여 당내 안정을 되

찾고자 한다. 한편, 지지파는 당 내외의 지지를 만회할 수 있을 수 있는 정책을 제시하도록 총재를 설득한다. 이에 대해 총재파는 수용 정도의 차이는 있지만 그 요청을 받아들이지 않을 수 없다.

두 그룹은 새로운 연합을 구성하는 것보다 양자 간 협력을 도모하는 편이 당내 주도권을 유지할 수 있는 최적의 전략이라는 인식을 공유함으로써 정책 변경에서도 기존 우월연합의 이해관계를 거스르지 않는 방향으로 정책 변경을 추진하게 된다. 이 경우의 정책 변경은 기존 지지층 관련 정책이 여론의 공격 등으로 전면적인 추진이 어려울 경우, 이에 대한 대응책을 마련하여 고정지지층을 외연에 위치시키고 당면 과제에 대한 대안을 제시함으로써 유연한 지지기반 재편을 모색하는 형태, 혹은 기존의 지지기반을 우선하되, 이들과 이해관계가 상반되지 않는 유권자 집단을 대상으로 새로운 지지기반을 모색하는 형태의 정책 변경이 추진된다.

총재파의 입장에서 보면 지지파가 요청하는 정책 변경은 기존의 당내 권력구도를 유지할 수 있다는 점에서, 비우월연합파에서 주장하는 정책 변경의 요구보다는 유연한 권력 재배분 방식이 될 수 있다. 지지파의 요청은 기존 연합의 유지를 전제로 한 제안이므로 우월연합 내의 이해관계를 무시하지 못하기 때문이다. 즉 정책 결정 과정에서 총재파가 중요시 하는 지지기반 및 정책 방향에 대한 전면적 수정이 불가피한 것이 아니므로 총재파로서도 정책 변경에 따른 주도권 전복이라는 위험 부담 껴안지 않아도 된다.

이러한 우월연합 존속형 정책 변경 패턴의 흥미로운 점은 정당의 정책 변경이 기존의 당내 역학구도 및 지지기반과의 연계를 완전히 뒤집는 전면적 변경만이 존재하는 것이 아니라, 기존 우월연합이 주축이 됨으로써 유연하고 전략적 형태의 정책 변경이 추진될 가능성이 있음을 보여 주고 있다는 점이라 할 수 있다. 즉 연합 내 구성원들의 권력자원과 직결된 선거·

자금·포스트 등의 배분에서 암묵적 메커니즘이 작동하고 있다고 보아야 한다.

시나리오 2: 우월연합 내 균형점 조절형 정책 변경

위기가 도래하면, 당면 과제로 떠오른 정책 분야에서 독자적인 정책 대안을 지닌 중추 행위자를 우월연합 내에 영입함으로써 우월연합의 구성이 바뀌고, 정책 변경이 일어나는 경우이다.

예를 들어 특정 정책의 실패가 지지율 하락의 원인이라는 인식이 당내에 확산된 경우, 총재파는 기존 정책을 재고하지 않을 수 없다. 이 때 관련 정책에 대한 전문지식 및 대안을 가진 특정 그룹이 존재한다면, 이들에게 정책에 대한 조언을 구하고 협력을 요청하는 것은 위기를 극복하는 타개책의 하나가 될 수 있다. 즉, 위기를 계기로 기존 우월연합 내에 협력을 기대할 수 없다면 총재는 당내의 안정적 지지를 확보하기 어렵지만, 중추 행위자 그룹을 지지파로 영입함으로써 이들과의 연대를 통해 당내의 안정적 우위를 재확립할 수 있다.

이 때, 정책 변경은 총재파와 새로운 파트너와의 협력 과정 속에서 도출되는데 이는 우월연합의 구성 멤버가 변하면서 연합 내부에 새로운 균형점이 요구되기 때문이다. 이러한 논리는 연립이론에서 그 실마리를 찾을 수 있다. 일반적으로 연립이론은 포스트 지향형 혹은 정책 지향형 등의 다양한 방법론을 통해 정당 간 연립을 설명하고 있는데,[10] 이를 정당 단위에

10_연립이론 모델은 크게 정권 추구 모델과 정책 추구 모델의 두 가지로 나누어 볼 수 있다. 정권 추구 모델에서는 정당이 정권 획득을 제1 목표로 한다는 가정 하에 연립을 형성할 때

서 당내 그룹 단위로 치환하면 당내 그룹 간 연합 또한 이와 유사한 연립 동인이 작용할 수 있을 것이다.[11] 각 그룹은 연합을 구성할 때 다수 확보를 위한 그룹의 규모뿐만 아니라, 상호간 정책적 거리 및 주요 정책에 대한 관할 능력 등을 고려하여 자파에 유리하게 작용하는 연합 구성을 선호한다. 이들은 각자 중요시 하는 정책 분야를 가지며 연합을 구상하는 단계에서 이를 반영한 포스트 배분이 이루어진다. 이 때 할당된 포스트의 배치는 해당 연합에서 추진하는 정책에 관한 상호 신뢰 메커니즘으로 작용한다.[12]

정당의 정책은 정당 구성원 및 유권자의 이익을 대표하는 것이며, 유권자의 지지를 획득하지 못하는 경우, 해당 정책의 추진은 어렵다. 따라서 당내 리더들은 정책을 설정할 때 자파의 권력기반을 위태롭게 하는 무리한 정책에 대해서는 신중을 기하며, 이 때 동맹 가능한 파트너 또한 변할 수 있다(Mule 2001, 182-189). 만약 총재파가 중추 행위자 그룹과의 교섭에 성공하여 이들을 지지파로서 맞이한다면, 관련 정책 분야에서 새로운 파트너

포스트 획득에 중점을 두고 있다고 상정한다. 반면, 정책 추구 모델에서는 정당이 정권을 형성할 때 특정 정책을 추구한다는 가정 하에 연립을 형성 시 정책적 거리가 근접한 정당과의 연립을 선호한다고 본다. 이러한 관점의 차이는 연립정권 형성 교섭에서 정치가에게 무엇이 동인으로 작용하는가에 대한 가정 설정의 차이에서 비롯되었다(加藤·マイケル 1988, 80-81).

11_유사 정권 교체 설에서 지적하듯이, 자민당 장기 집권 하에서는 파벌 간 정권 교체가 정당 간 정권 교체를 대체하는 기능을 해왔다. 이에 기존의 연립이론에서 논하는 정부 구성 및 정당 간 연립에 관한 논의는 당내 연합을 둘러싼 자민당 당내 그룹의 행동을 파악하는 유효한 이론적 실마리를 제공하고 있다.

12_특정 영역에서 정책적 결과는 정치적 관할권을 가지는 각료의 선호에 의해 크게 좌우되며 특정 포스트에 배치된 그룹은 관할 분야에서 독자적으로 정책을 컨트롤할 수 있다. 예를 들면, 연합의 다수파인 제1 그룹은 금융·재정 분야를, 제2 그룹은 외교 분야에 배치되는 경향을 띤다. 이에 관해서는 Laver, Michael & W. Ben Hunt(1992, Apendix 2)를 참조.

의 영향력이 증대하므로 이들의 정책 성향을 수용하는 형태로 정책 변경이 이루어진다. 이처럼 연합 파트너의 변화로 인해 도출된 정책 변경은 연합 내부의 권력 재배분, 즉 기존 지지기반과 새로운 파트너가 중요시 하는 유권자 집단을 양립할 수 있는 균형점을 향해서 나아간다.

시나리오 3: 신·구 총재 간 배분 조절형 정책 변경

위기가 도래하면, 지지파가 총재파에게 리더 교체를 설득하여 연합 내에서 총재가 교체되고, 신총재의 주도 하에 정책 변경이 일어나는 경우이다.

일반적으로 총재가 연합 내 다수파 소속일 경우, 당내 권력구도에서 총재파의 우위는 지속될 가능성이 크다. 그러나 정권 운영의 위기가 도래하면 사안에 대한 총재의 책임이 무거워지며 연합 내부에서조차 기존 정책의 추진을 우려할 수 있다. 이런 경우 기존 정책 및 관련 포스트의 배분에 대하여 총재파의 의사는 제약되는 반면, 지지파의 개재가 증가함으로써 정책 변경 또는 총재 교체를 바라는 지지파의 요청을 수용하지 않을 수 없다. 이때 총재가 정치적 책임을 지고 사퇴하여 당 이미지를 쇄신해야 한다는 당내 여론이 지배적이라면, 우월연합이 유지되는 가운데 연합 내부에서 총재가 교체되는 사례가 생길 수 있다.

총재 사임 이후에도 우월연합이 유지되는 것은 다음과 같이 설명할 수 있다. 일반적으로 우월연합은 향상된 정책 결과를 가져 올 것이라 예상되는 대체연합이 존재하지 않는 한 주도권을 지속시킬 수 있다. 따라서 이들은 대체연합보다도 현상 유지를 선호하는 경향이 있다(加藤·レイヴァー 1998, 86-87). 만약 정치적 책임을 묻는 형태로 총재 교체가 불가피하다면 우월연합 내의 협력을 유지하여 기존 연합을 고수하는 편이 총재파와 지지

파 양자에게는 최적의 전략이 된다. 이에 후임 총재 선출 과정에서 상호협력을 도모함으로써 총재는 교체되더라도 우월연합이 유지되는 형태의 역학구도 변화가 일어난다.[13]

그렇다면 우월연합이 지속되는 가운데 총재가 교체된 경우의 정책 변경은 어떠한가. 이 경우는 정책 변경에서 리더십의 소재가 기존연합 내에 존재한다는 점에서 시나리오 1의 경우와 유사하다. 신총재파는 총재 선출 과정에서 자파에 협력한 구총재파에게 대가를 지불해야 하므로 정책면에서 이들의 정책 성향을 고려하지 않을 수 없다. 즉 정책 결정 과정에서 구총재파의 참여를 배제할 수 없으므로 유연한 정책 변경을 도출하지 않을 수 없다. 다만, 당의 리더인 총재의 고유 권한이 연합 내 타 그룹에 이전되었으므로 그에 따른 권력자원 배분에 대한 조정은 충분히 예상된다. 신총재 아래에서 추진되는 정책은 지금까지 구총재파에게 유리하게 배분되어 있던 권력자원 불균형을 조절하고, 나아가 신총재파의 권력기반 강화 전략과 결부되어 전환되는 양상을 띠게 될 것으로 예상된다.[14]

13_실제 위기에 대한 자민당의 대응으로 총재를 교체하는 경우는 여러 차례 관찰되었다. 그러나 총재 교체를 계기로 자민당 내의 주류-비주류 세력 간 역학구도의 전복이 일어난 일은 드물었다. 이는 보수 본류(주류파)와 방류(비주류파)의 항쟁으로 묘사되곤 하는데, 전자는 계파를 계승해 가면서 오랫동안 당내 주도권을 보유하고 있었던 것에 반해, 후자가 주도권을 행사한 예는 한정적이다. 우월연합과 비우월연합 간 주도권 교체는 빈번하게 관찰되지 않았다는 사실에 주목한다면, 현실 정치 속에서 풍부한 경험적 사례를 목격할 수 있는 이 사례는 어떠한 정책 변경 방향을 도출하는 것인지 주목할 필요가 있다.

14_당 리더들은 정당을 지배·조작할 수 있음과 동시에 지지자의 동의를 유지하고자 한다. 이때 당내 권력자원을 조직 내부의 교섭(권력 게임)에 이용함으로써 자신에게 유리한 방향으로 이끌어 갈 수 있다. 또한 이들의 권력기반이 강화되는 가운데 당내 리더 간 수평적 권력 게임에서 타 리더의 공격 강도 또한 낮아진다. 파네비앙코는 이러한 당내 역학의 성격을 권력관계의 '순환적·자기증식적 성격'으로 표현하고 있다(Panebianco 2005, 30-33).

시나리오 4: 신총재· 신우월연합 주도형 정책 변경

위기가 도래하면, 대항세력으로 새로운 연합이 형성되어 당내 역학구가 전복되고, 신총재와 신우월연합의 주도 하에 정책 변경이 일어나는 경우이다.

이는 위기라는 외인이 작용하여 당내 충돌 및 의견 대립이 발생한 가운데 지지파의 연합 이탈 등으로 기존 우월연합이 당내 우위를 차지하지 못한 경우로써, 이를 대체할 새로운 대항세력들이 당내 다수를 차지하여 신우월연합과 신총재가 추대된다.

신우월연합은 구성 그룹의 협력 양상을 기준으로 크게 두 가지 형태로 나누어 생각해 볼 수 있다. 첫 번째는 기존 우월연합 소속 그룹이 이탈함으로써 우월연합의 당내 우위가 붕괴되는 경우다. 예를 들면, 위기 시에 행해지는 총재파와 지지파 간 새로운 교섭 과정에서 양자가 균형점을 찾지 못하는 경우, 지지파의 일부가 연합을 이탈하여 새로운 연합에 참가함으로써 기존 우월연합 세력의 분리, 신우월연합의 탄생으로 이어질 가능성이다.

두 번째는 위기에 대처하는 과정에서 당내 안정적 다수를 확보하지 않은 불안정한 소수파로 구성된 신우월연합이 형성되는 경우다. 선거를 통한 리더 선출 과정을 상정할 경우 이러한 승리 연합 구성은 일어나기 힘들다. 신총재는 선거 승리자 즉 당내 다수의 지지를 획득한 인물이자 그의 지지 세력을 중심으로 구성되는 우월연합 또한 선거연합 구성 과정에서 당내 다수를 형성하기 때문이다. 그러나 외인의 경우 및 강도에 따라서는 위기관리를 통한 정권 유지를 대전제로 당내 소수파가 지도부로 등극하는 경우 또한 배제할 수 없다.[15] 자민당 정권 하의 총재 교체를 회고적으로 보았을 때에도 이른바 위기관리 내각으로써 기존의 비우월연합파(=소수파)를 주축으로 한 지도부가 구성된 사례가 있다. 이는 정권 획득을 대전제로 하는 정당의 특질상 외부의 압력에 민감하지 않을 수 없으며 당의 이미지 쇄신을 기하는 가운데 소수파 리더에게 적임자가 존재할 경우, 그를 전면에 부각시킬 경우 가져 올 수 있는 효과를 배제할 수 없다.

그렇다면 신총재 및 신우월연합의 등극은 당의 정책 변경에 어떠한 영향을 미치는가. 신연합 주도 하에 정책 변경이 이뤄진다면 이는 기존 정책으로부터 가장 진폭이 큰 변화가 추진될 가능성이 있다. 신총재와 신연합은 지금까지 권력자원 배분의 불균형을 겪어 왔던 그룹이었으므로 이들이 자파를 중심으로 한 새로운 당내 역학구도를 정착·강화하기 위해서는 기존의 권력자원 배분 방식에 대한 전면적인 전환이 요구되기 때문이다. 여기서 한 가지 유의할 것은 우월연합의 규모가 당내 다수를 차지하지 못하는 경우에 관찰되는 정책 변경의 전략성이다. 소수연합은 당내 주도권을 행사하는 데에 큰 제약으로 작용하지 않을 수 없으며, 이들이 어떠한 방식으로 조직 내 권력구도의 안정을 확보하지 못한다면 당내 역학은 또 다시 불안정해 질 수밖에 없다.[16] 권력기반 확대와 관련하여 신연합의 최상의 전략은 정책 변경을 통해서 자파의 권력기반 확대에 연동하는 권력자원을 획득하는 것에 있다. 그러나 정책 변경 및 추진 과정이 당내 다수의 이해관

15_뮬은 정책 선택을 둘러싼 당내 결정 과정을 검토하는 가운데 당내 권력 밸런스를 침식하는 반대파로서 경쟁 정당과 당내 반대파의 존재에 주목하고, 이를 반대세력의 영향력으로 파악하고 있다(Mule 2001, 190-191).

16_당 리더가 조직의 안정성을 확보하기 위해서 선택하는 전략은 당내 권력의 균형(우월연합의 형상)에 의해 결정된다. 또한 당 조직의 안정성 확보 문제는 우월연합 내의 논쟁·대립의 쟁점이 된다. 이 대립이 해결할 때까지 정당과 외부의 환경과의 관계 또한 흔들리며 그 결과, 우월연합 또한 끊임없이 분리·교체된다(Panebianco 2005, 52-54).

계에 부합하지 않거나 이들의 권력자원에 큰 손실이 예상될 경우 신우월연합의 존속은 위협받을 수 있다. 다시 말해, 신총재와 신연합은 당내 소수라는 구성상의 제약으로 인해 다른 어떠한 패턴의 연합보다도 기존의 당내 역학 및 유권자와의 관계 설정에 민감하지 않을 수 없으며, 당 내외의 안정적인 지지 확보를 모색하는 가운데 전략적 유동성을 보인다.

이상으로 정권 운영의 위기가 도래하였을 때 자민당 당내 그룹의 상호작용이 정책 변경으로 이어지는 인과도식을 네 가지 시나리오를 통해 제시하였다. 여기서 정책 변경은 당내 그룹 간 상호작용의 결과라는 점에서 공통되나, 그 방향은 각파의 전략, 협력(경쟁) 대상, 주도세력에 따라 상이하게 나타날 수 있다. 이에 당내 그룹의 정책 성향에서 보이는 권력기반 확대 전략의 차이, 다양한 유권자 집단과의 연계를 검토하여 당내 그룹 간 경쟁과 정책 변경과의 관계를 규명해야 한다.[17]

다음 장에서는 구체적인 사례 분석과 시나리오 검증 작업에 들어간다. 각 사례의 주된 검토 내용은 다음과 같다. 우선 3장에서는 결당 초기에 설정한 정책기조, 당내 역학구도, 선거결과의 동향, 당내 집단과 지지층·지지단체와의 관계를 검토한다. 결당 초기는 전후 정당정치가 전개된 이래 복수의 보수계 정당 출신 정치가들이 상이한 정치적 기반과 정책 성향을 가지고 자민당으로 규합한 시기이다. 그러나 이들이 단일 정당을 형성한 후 어떠한 방식으로 당의 정책기조를 형성하였는가에 대해서는 구체적인 분석이 미흡하다. 이에 결당 초기를 대상으로 자민당의 기본 노선 설정이 어

17_더불어 이 책은 총재 및 파벌영수 등으로 상징되는 특정 정치가 개인의 성격 혹은 정치스타일에 기초하여 자민당의 정책을 분석하는 방식과는 차별화된다.

떻게 논의되었으며, 어떠한 과정을 통해서 형성되었는가를 살펴볼 필요가 있다. 결당 초기는 자민당의 정책 방향과 유권자 집단과의 관계가 어떻게 변화해 갔는가를 파악하는 기준점, 즉 초기치 설정에 해당한다는 점에서 특히 중요한 분석 시기이다.

4장에서는 1960년대 초기의 이케다 정권기를 대상으로 자민당의 정책 변경을 검토한다. 이케다 정권이 추진한 국민소득 배증계획은 유권자의 관심을 정치에서 경제로 전환시키는 계기를 마련한 정책임과 동시에 자민당 일당우위 체제를 견고히 하는 결정적 기축이 된 정책으로 평가받고 있다. 그러나 정책 도출 및 추진 과정에 대한 구체적 검토는 여전히 미흡하다. 이와 관련하여 특히 주목하는 것은 당시의 총재 선출 및 정책 결정 과정의 중요한 행위자인 우월연합의 구성 양상이다. 당시 우월연합을 구성한 것은 상이한 정책 성향과 권력기반을 가진 구자유당파 그룹과 구민주당파의 양대 그룹이었음은 주지의 사실이다. 이들 간 경쟁 및 전략적 연대에 파악함으로써 당내 주도권을 둘러싼 그룹들 간 전략적 상호작용과 정책적 귀결을 연계하여 1960년대 초의 자민당의 정책 변경을 재검토할 것이다.

5장에서는 다나카 정권에서 미키 정권으로 이어지는 1972~76년을 대상으로 경제성장 둔화와 선거 패배로 상징되는 1970년대의 자민당의 정책적 대응을 분석한다. 이 시기에 자민당은 사회 변화에 따른 유권자 의식의 변화로 과반수 확보 불투명이라는 정권 운영의 위기를 맞았으며, 당 이미지 쇄신 및 기존 정책 노선의 변경을 추진하였다. 한편 이 시기는 지역 서비스 및 공공사업으로 대표되는 이른바 이익배분형 정책이 정착한 기점이기도 하다. 이에 관해 경쟁 정당과 당내 반대파라는 두 가지 반대세력의 영향력과 당내 우월연합이 보유한 지지기반의 강도에 주목하여 이익배분형 정책의 정착을 재해석할 것이다.

6장에서는 1980년대에 재정재건·행정개혁이 추진된 이유를 당내 역학구도와 지지기반과의 관계에 주목하여 검토한다. 주지하듯이 이 시기에 자민당은 재정재건을 내걸고 이른바 작은 정부를 지향하기 시작하였다. 또한 정책을 추진하는 가운데 행정, 복지, 공공사업 등 광범위한 영역에 걸친 변화가 나타났다. 하지만 지역 및 후진 산업 보조, 공공사업 등 기존의 이익배분형 정책에서 탈피하는 것은 고정지지층의 이탈을 야기할 개연성이 크다. 하지만 역설적이게도 이 시기에 자민당은 당세를 회복하여 1980년, 1986년 두 차례의 중·참의원 동시 선거에서는 압도적인 승리를 기록한 바 있다. 이처럼 이익배분형 정책이 가지고 있던 집표 효과와 자민당의 당세 회복을 관련시켜 보면, 1980년대는 규명이 어려운 사례이다. 여기서 당내 최대 그룹인 다나카파의 영향력에 주목할 필요가 있다. 당내 역학 구도상 다나카파의 의향이 후임 총재 선출의 핵심 요소로 작용함으로써 각 그룹들은 우월연합의 구성 면에서 이들과의 협조 체제를 유지하면서 자파의 권력기반 확대 전략을 모색하지 않을 수 없다. 이에 신총재의 권력기반 확대 전략과 정책 도출의 상관을 분석함으로써 이 시기의 자민당의 정책 변경이 가지는 전략적 여지를 명확히 하고, 재정재건·행정개혁의 추진과 선거 승리라는 부정합적인 결과에 대해 답하고자 한다.

마지막으로, 결론에서는 사례 분석 결과를 토대로 분석 모델의 타당성을 논하고, 거시적 맥락에서 자민당의 정책 결정 메커니즘을 총괄한다. 더불어 선거결과, 정책 변경, 그리고 당내 역학구도 변화를 기준으로 자민당이 제시한 정책 변경의 경험적 유효성(유권자 응답성)과 전략성(당내 그룹의 권력기반 확대 전략으로서의 지지층 재설정의 여지)에 대한 동태적 고찰을 병행할 것이다. 이러한 분석을 통해 거시적 맥락에서 일본정치의 전체상을 조명하고 일본의 정치적 대표성을 재고하는 계기를 마련하고자 한다.

3장

자민당의 정책적 초기치 설정

정책 변경 사례 분석에 앞서 자민당 결당 초기의 정책 노선, 선거결과, 유권자 집단과의 관계 설정을 분석하고 자민당의 정책적 초기치를 검토할 것이다. 논의 전개는 다음과 같다. 먼저 1절에서 자민당 내에 상이한 정책 성향을 지닌 복수의 그룹이 형성되었음을 확인한 뒤, 2절에서 각 그룹의 정책 성향과 지지기반과의 관련성을 검토한다. 그리고 3절에서는 참의원 전국구 공천 사례를 중심으로 자민당이 설정한 지지기반이 당내 역학구도와 어떻게 연계되어 있는가를 분석한다. 4절에서는 결당 이후 몇 차례의 선거를 거치는 가운데 어떠한 정책이 강화되었는지를 살펴본다. 이 과정에서 선거 전략적 요소가 정책 설정에 미친 영향은 무엇이며, 이것이 당내 역학과 어떻게 결부되어 있는지를 명확히 할 것이다.

1. 당내 그룹의 형성

독자적인 정책 노선을 내걸고 경쟁해 온 보수계 정치가들은 보수합동을 계기로 단일 정당에 집결하였다. 이들이 바로 상이한 정책 성향을 견지하고 경쟁하는 자민당 당내 그룹의 원점이라 할 수 있다. 이 때 그룹별로 고유한 정책 성향을 구축한 배경에는 두 가지 요소가 작용하였다. 하나는 전후 정당정치의 전개 과정 속에서 확립해 온 정치적 아이덴티티이며, 다른 하나는 당내 주도권을 둘러싼 전략적 행동이다.

1) 당내 그룹의 정치적 아이덴티티

패전 이후 전후 정당정치 전개 과정에서 형성된 보수계 정당은 크게 자유당계, 진보·민주당계, 국민·협동당계의 세 가지 유파로 나뉜다. 자유당계가 자유주의와 자본주의 시장경제를 표방한 제1 보수정당 계열이라고 한다면,[1] 진보·민주당계는 중도 보수를 표방한 제2 보수정당 계열이다. 이들은 자본주의의 폐해를 극복하고 사회주의의 비현실성을 수정하기 위해 일정한 국가 관리권이 필요하다는 입장을 견지한다는 점에서 자유당과의 정책 노선과는 차별성을 보였다.[2] 한편, 국민·협동당계는 협동 민주주의,

---

1_1947~48년을 제외하면 자유당계(일본자유당-민주자유당-자유당)는 1954년의 하토야마(鳩山一郎) 민주당 정권이 발족할 때까지 정권여당의 지위를 고수한 제1 보수계 정당이다. 이들은 요시다(吉田 茂) 자유당 정권이 장기 지속되는 동안 정권 담당자로서의 입지를 굳혔고, 자금 및 정책 면에서 우위를 차지하였다.

2_진보·민주당계(일본진보당-일본민주당-국민민주당-개진당-일본민주당)는 자유당과의 차

국민공조 협동주의 경제 등으로 대표되는 이른바 협동주의(共同主義)를 정치이념으로 내건 보수정당 중 가장 혁신적인 성향을 지니는 제3 보수정당 계열이다.[3] 보수계 정치세력들은 몇 차례 이합집산을 반복했으며 그 가운데 인적 구성 면에서 중층적인 부분을 가진다. 그러나 전후 국가상 및 정치이념의 차이에서 비롯된 이들의 정치적 아이덴티티는 이합집산이 반복되는 과정 속에서도 희석되지 않고 당내 분파로써 계승되었다.

세 가지 정치적 아이덴티티는 자민당 결성 이후 정책 분야별 관점을 달리하는 당내 그룹 형성에 큰 영향을 미친다. 초기 자민당 내부에는 외교·안보 정책과 국내·경제 정책의 방향성을 두고 출신 정당별로 상이한 정책 성향을 보였다. 먼저, 외교·안보 정책에서는 크게 경무장, 미일 안보, 미일 협조를 중시하는 입장과 재군비, 자주자립을 중시하는 두 가지 견해로 나누어졌다. 자유당계가 전자의 입장을, 그리고 민주당계가 후자의 입장을 견지하였다. 한편, 민주당계 일부에서는 개헌 및 재군비에 대해 부정적인 입

별성을 명확히 하는 가운데 자파를 중도 보수로 규정하고, 보수계 정당 중에서는 국민·협동계의 오른쪽, 자유당의 왼쪽에 위치하는 중도적 입지를 굳히게 된다. 이 세력에 속하는 정치가 중에는 자유당을 이탈한 이들도 다수 포함되어 있어 인적 구성 및 정책 성향 면에서 자유당과 중층적인 부분이 있음은 부정할 수 없다. 덧붙여 정계 복귀 후 자유당에서 이탈하여 민주당 발족에 중추적 역할을 담당한 추방해제파는 자주자립, 국내 산업 육성, 경제계획 추진, 완전 고용을 주장한다는 점에서 자유당계보다 민주당계의 정책 성향에 유사하다. 따라서 이들의 경우는 민주당계의 정치적 아이덴티티를 가진 그룹으로 구분하고자 한다. 예컨대 하토야마 이치로(鳩山一郎), 기시 노부스케(岸 信介), 미키 부키치(三木武吉), 이시바시 탄잔(石橋湛山) 등이 이에 해당한다.

3_국민·협동당계는 인적 구성 및 자금 면에서 보수정당 중 가장 열세한 계파라 할 수 있다. 이들은 자민당 결성 이후 당내 소수파로서 계파를 이어 가지만, 전후 초기에 거듭된 정당 재편 과정 속에서도 협동주의 이념을 계승해 나아갔으며, 자민당 결성 후에도 중도주의라는 정치이념으로 이를 관철해 나갔다는 점에서 주목된다.

장을 취하는 이들도 존재하였는데, 이들이 바로 미키 다케오(三木武夫) 등을 중심으로 한 민주당 내 혁신파이자, 제3 보수정당 계열을 잇는 그룹이었다.[4]

국내·경제 정책에서도 시장경제에 기초한 수출주도형 산업을 중시하는 입장과 경제계획 설정을 통한 국내 산업 육성을 중시하는 두 가지 견해가 존재하였다. 전자의 견해를 주장한 것은 요시다 시게루(吉田 茂) 정권의 경제정책을 평가하고 이를 계승하고자 하는 자유당계이다. 주지하듯이 요시다 정권에서는 경제부흥을 목표로 시장경제·자본주의에 기초하되 경쟁력 있는 특정 산업을 중심으로 한 수출주도형 정책이 추진되었다. 자유당계는 이러한 요시다 정권기의 시장경제·수출주도형 정책기조를 중심으로 향후 경제·산업 정책을 설정하는 것이 바람직하다는 견해를 가지고 있었다. 반면, 요시다 정치에서 탈피를 주장하는 민주당계는 시장경제의 폐해를 최소한으로 억제함으로써 경제발전을 유도하고자 하였으며, 정부가 계획적인 산업정책을 가지고 국내 산업을 육성해야 한다는 입장을 견지하였다.[5]

민주당계가 이러한 정책 성향을 공유했던 것은 유권자의 지지를 조달하는 과정에서 요시다 정권의 경제정책에 대항하는 정책 노선이 강화되었기 때문이다. 농업 및 상공·중소기업 등의 국내 산업 육성, 완전 고용, 복지

4_1954년, 개진당과 자유당 탈당파(하토야마·기시 등을 중심으로 한 반요시다 세력)가 통합하여 신당 결성을 모색할 당시, 개진당 리더 중 한 사람인 아시다 히토시(芦田 均)는 개헌·재군비에 관한 당내 대립 상황을 강하게 경계하였다. 아시다는 당내 혁신파인 기타무라 도쿠타로(北村徳太郎), 가와사키 히데지(川崎秀二), 미키 다케오 등이 헌법 개정 및 재군비에 반대함으로써 당내에 개헌파와 호헌파의 대립이 공식화되었다고 회고하고 있다(進藤 1986, 102). 당시 개진당 내 혁신파는 보수계 정당 계보의 제3 그룹에 해당하는 국민·협동당계 계통이라는 점이 흥미롭다.

5_자유당계와 민주당계의 경제정책 노선의 차이에 관해서는, 久米(1997, 157-159)를 참조.

등을 기축으로 한 정책 노선은 1950년대 초 제2 계열과 제3 계열이 통합하는 국민민주당(国民民主党) 창당 과정에서 나타나고 있었다. 이는 자유당 정권에 대항하는 정책 성향이 점차 보수계 신당 형성의 주요 부분으로 자리매김 했기 때문이다. 즉 중도적 보수정당 이미지 구축에서 이 같은 정책 성향이 유효하게 작용하였고, 이를 부각시키고자 한다는 점에서 제2·제3 계열이 공통된 인식을 가지고 있었다(河野 2002, 140-146). 이는 국민민주당의 뒤를 잇는 개진당(改進党)의 정책 성향으로 계승되었으며, 반(反)요시다 정치를 지향해 왔던 자유당 탈당 그룹의 정책 성향과도 일치를 보이며 한층 더 상승효과를 발휘하였다. 이로써 민주당 결성에 참여한 자유당 탈당파, 개진당 내에 소속되어 있던 보수파(제2 보수당 계열)와 혁신파(제3 보수당 계열)는 반요시다 투쟁 중에 국내·경제 정책에서 정책 성향의 수렴이 나타났다.

2) 당내 그룹의 주도권 전략과 상호관계

자민당 당내 그룹 형성에 또 다른 영향을 미친 것은 당내 주도권을 둘러싼 상호작용이다. 당내 그룹은 주도권 획득을 위한 전략적 협력 관계를 모색하는 가운데 인적 구성 및 정책 성향 면에서 변화가 나타나기 시작하였다. 우선 인적 구성 면에서는 개진당계의 동향이 주목된다. 이들은 자민당 결당 이후, ① 미키 다케오(三木武夫)·마츠무라 겐조(松村謙三)파, ② 미키 부키치(三木武吉)·기타무라 도쿠타로(北村徳太郎)파, ③ 기시파의 세 그룹으로 재편되었다.[6] 이는 국민·협동당계를 계승하는 제3 계열의 미키·마츠무라파가 차별성을 가지는 가운데 전반적으로 자유당 탈당파가 중심이

된 민주당 계열로 계승되었음을 말해 주고 있다. 개진당 내 보수파와 자유당 탈당 그룹은 정책 성향이 유사하여, 민주당 창당 이후 상호 융화가 촉진되었다. 또한 자유당 탈당파를 중심으로 민주당 지도부가 구성되고, 이들이 자민당 결성에 주도적인 역할을 하면서 탈당파를 리더로 옹립한 그룹이 형성되었다. 이로써 자민당의 당내 경쟁은 사실상 민주당계와 자유당계의 양자대결 양상으로 집약되었다.

자유당계와 민주당계는 자민당 창당 과정에서 신당의 정책 방향을 어떻게 규정할 것인가를 두고 상호 대립·경쟁을 거듭하였으나, 결당 이후 주도권을 둘러싼 상호관계 속에서 기존 대립구도의 변화가 나타났다. 그 계기가 된 것이 바로 1956년 12월, 초대 총재인 하토야마 이치로(鳩山一郎)의 사임이다. 당시 후임 총재 유력 후보자로 등장한 것은 민주당계 리더인 이시바시 탄잔(石橋湛山)과 기시 노부스케(岸 信介)였다. 두 후보는 선거전에서 각각 자유당계 대표 그룹의 지지를 확보히는데, 이시바시는 이케다파의 협조를, 그리고 기시는 사토 에이사쿠(佐藤栄作)파의 협조를 얻어내는 데 성공했다. 총재 선거를 앞두고 민주당계와 자유당계 일부에서 전략적 협력 관계가 맺어지는 가운데 기존의 민주당-자유당 대립 구조는 와해되기 시작했다.

특히 자유당계 그룹의 정책 성향에 변화가 나타난 사실이 흥미롭다. 그동안 균형재정의 입장을 중시해 온 이케다파는 이시바시의 적극재정 노선을 긍정하는 입장으로 선회하여, 이시바시 정권에서 대장대신을 역임하였다. 이케다는 정부의 기본 노선이던 균형재정을 철회하고 적극재정 노선으

6_이 그룹은 고노 이치로(河野一郎)가 이끄는 고노파의 전신에 해당한다.

로 변환하는 과정에서 주도적인 역할을 담당했다. 이는 자유당 정권에서 이케다가 선호한 재정 노선과는 다르다. 또한 자유당계의 사토파도 기시파와의 연계를 강화하는 가운데 경제계획, 국내 산업, 복지정책에 적극적인 입장을 보였다.[7] 이렇듯, 주도권을 둘러싼 당내 그룹 간 상호관계 속에서 민주당계와 자유당계의 대립으로 대표되는 기존의 당내 그룹 간 경계선은 모호해져 갔으며 정책 성향 또한 상호 침투적인 양상을 보였다. 그 과정 속에서 출신 정당에서 파생되는 대립구도는 와해되고 새로운 형태의 그룹, 새로운 형태의 공존관계가 구축되어 갔다.

2. 지지층·지지단체의 형성

당내 그룹의 정책 성향은 이들이 중요시 하는 지지기반과 무관하지 않다. 일본의 보수계 정당이 농업계, 재계·대기업계, 상공·중소기업계의 지

7_기시-사토파의 경우, 그룹 리더인 양자의 혈연관계에 주목하여 이들의 결속을 파악하는 정치사적 견해가 있는 것은 사실이나, 이러한 정치가 개인을 중심에 둔 해석보다는 리더와 지지세력(당내 의원, 지지단체, 유권자 등) 간 관계 분석을 통한 객관적 이해가 필요하다. 즉 그룹 전체의 정책 성향은 리더의 선호, 그룹 내 리더의 자율성과 권한, 지지기반과의 관계에 대한 파악이 선행되어야 한다. 자유당과 민주당의 합동 당시, 자유당의 세력 쇠퇴를 우려하여 양당 합동을 강경하게 반대하고 결당에 참가하지 않았던 사토파가 이후 기시파와의 결속을 강화하고 정책적 거리를 좁혀 나간 데에는 권력자원의 확대를 노린 두 그룹의 전략적 타협이 존재하였다. 따라서 기시-사토 두 그룹의 정책적 접근은 단순한 리더끼리의 혈연관계에 의한 협력을 넘어 권력기반의 확대를 도모한 두 그룹의 협력으로 보는 논리적 접근이 필요하다.

지를 받아왔던 점, 그리고 농업협동조합, 경제 4단체[8], 중소기업연맹 등 지지단체와 연계를 중요시 했다는 점 등은 널리 알려진 사실이다. 그러나 전후 초기 정당정치 속에서 위 세력들과 보수계 정당들과의 관계는 균등하지 않았다. 이는 복수의 보수계 정당들이 안정적인 지지기반을 개척하는 가운데 사회집단과의 관계 설정에서 우선순위의 차이를 두고 있었기 때문이다. 그렇다면 기존 보수계 정당들의 지지세력은 어떠한 과정을 통해 자민당의 지지기반으로 편입되었으며, 이 때 자민당은 각 집단과의 관계 설정에서 어떠한 세력에게 우선순위를 부여하였을까? 자민당의 대표적 지지층이자 지지단체인 농업계, 재계·대기업계, 상공·중소기업계의 사례를 중심으로 당내 그룹의 정책 성향과 지지층·지지단체와 관련성을 알아보자.

1) 농업계: 공유 지지기반

첫 번째 지지기반은 농업계이다. 이들은 보수계 정당의 전통적인 지지세력으로 보수합동 이후에는 자민당의 견고한 고정지지층으로 편입되었다.[9] 농업계 종사자 대부분이 보수계 정당을 지지한 것은 보수계 정치가들

8_경제 4단체는 경제단체연합회(경단련), 일본상공회의소, 일본경영자연합(일경련), 경제동우회(동우회)이며 재계 4단체로도 불린다.

9_미야케 이치로(三宅一郎)의 분석에 따르면, 1955년 자민당 결성 직후 농림·어업자의 자민당 지지율은 52%로 타 직업군에 비해 상대적으로 높은 지지를 보내고 있었다. 또한 자민당 지지자 중 43%가 농림·어업자였다는 점은 당시 이 직업군의 유권자들이 자민당의 중요한 지지기반이었음을 말해 준다. 지지율 수치는 三宅(1985, 88)을 참조.

표 3-1 | 보수계 정치가 직업별 분류(1953~58년)

선거 시기	정당 구분	부현회(府県会) 의원	시회(市会) 의원	고급 관료	자유업	실업 관계	농림 관계	농민 운동	노동 운동
1953년 2월	자유당	46	22	59	60	107	23	1	1
	개진당	13	5	16	14	41	8	0	0
	총수	59	27	75	74	148	31	1	1
1955년 5월	자유당	19	10	28	26	52	12	1	2
	민주당	38	22	41	54	101	18	0	0
	총수	57	32	69	80	153	30	1	2
1958년 5월	자민당	58	33	76	73	148	33	1	1

출처: 마스미 쥰노스케(升味準之助). 1988.『日本政治史4 占領改革. 自民党支配』. 東京: 東京大学出版会. 권말부록에서 발췌하여 필자 작성.

의 출신과 관련이 깊다. 〈표 3-1〉에서 알 수 있듯이, 보수계 정치가 중에는 농림 관계자나 지방의원 출신자 등 전통적인 지역기반을 중심으로 정계에 진출한 사례가 다수를 차지하고 있다. 이들은 당의 지방정책 및 농업정책에 관여하여 농업계 종사자의 이익을 대변함으로써 이들의 지지를 자민당에 끌어 들이는 선거 채널의 역할을 하고 있었다.

그러나 농업계의 지지는 보수계 정당 간 유동적인 성향을 띠고 있기도 하였다. 〈그림 3-1〉는 1947년에서 1955년 사이에 나타난 농업계 종사자의 정당 지지 추이를 살펴본 것이다. 농업계는 자유당이 정권여당인 시기에는 자유당에게 40~50%대의 편향된 지지를 보내고 있었으나, 민주당 정권이 탄생하자 자유당 지지는 26%(1955년 1월)로 떨어진 반면, 감소한 지지가 민주당(29%)로 흘러들어 갔음을 알 수 있다. 이처럼 농업계 지지의 정권여당 집중 현상은 이 유권자 집단이 이익조달을 매개로 움직여 왔음을 보여 준다.

한편, 전후 초기 농업계 종사자의 지지는 반드시 보수계 정당에 편향된

그림 3-1 | 농업계 종사자의 정당 지지 변천 추이(1947~55년)

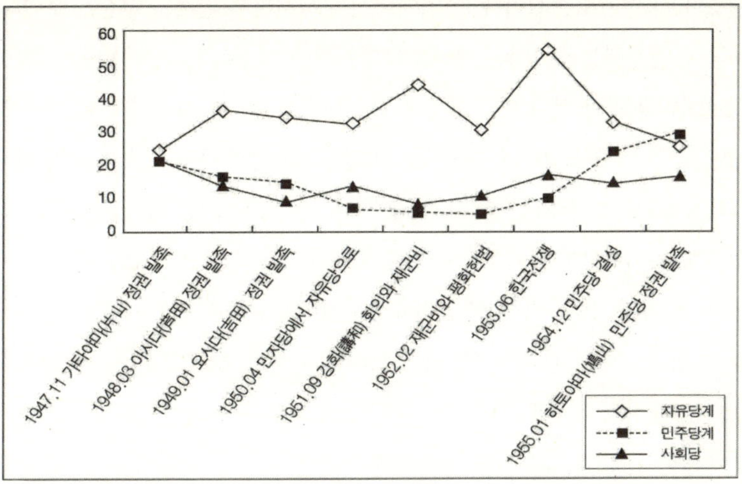

출처: 朝日新聞社世論調査室編. 1976.『日本人の政治意識: 朝日新聞世論調査の30年』. 東京: 朝日新聞社. pp. 88-104 여론조사 결과를 토대로 필자 작성.

것은 아니었다. 적어도 1940년대 후반까지는 사회당 세력을 중심으로 한 혁신계 정당의 지지기반으로 편입될 가능성 또한 배제할 수 없었다. 당시 사회당 의원의 상당수도 농촌지역 선거구의 출신이었기 때문이다. 더불어 사회당 또한 일본농민조합을 중심으로 사회당계 농업기반을 구축하는 등 농촌지역 조직화에 힘썼다. 일본 유권자의 50% 이상을 차지하고 있는 농업계 종사자는 당시 지지조달의 핵심적인 직업군으로 자리하고 있었다. 이에 보수계 정당들은 혁신계의 농업정책 및 농촌 지지기반 확대를 견제하였다. 당시 보수계 정치가들의 정책 성향은 사회당을 비롯한 혁신정당 세력이 추구하는 농업정책과는 차별화된다는 점에서 일정 부분 공통점을 가지고 있었다. 보수계 정당 중 가장 혁신적인 존재라 할 수 있는 제3 보수당 계열조차 사회당이 중심이 된 농업대책에 관해서는 부정적인 입장을 보였다. 이는 농업정책을 중심으로 한 정책 대립이 이미 1940년대 후반을 기점으로 보수-혁신 간 분극이 나타나고 있었음을 시사하고 있다.[10] 제2 보수계 또한 국내 산업 육성을 우선과제로 내세운다는 점에서 농업계에 대한 지지 확대를 크게 의식하고 있었다. 더불어 수출주도형 산업 육성을 내걸고 있던 제1 보수계에게 있어서도 농업계에 대한 지지 확대는 중요한 과제가 아닐 수 없었다. 1949년 요시다 자유당 정권 하에서 추진된 농업 관련 예산 및 보조금 지급 확대와 농업협동조합(이하 농협)을 중심으로 한 농업 조직 강화는 재정적 지원과 조직화를 통해 농업계의 지지기반으로 편입하고자 한 보수계 정당의 지지 구축 전략의 단면을 보여 주는 일례이다.

이처럼 보수계 정당이 지지층을 구축하는 핵심 과제는 '이익'이라 할 수 있다. 물론 여기서 말하는 이익은 1970년대처럼 체계화된 것은 아니며 개개의 구체적인 이익 내지 편익 제공의 수준이었다 할지라도 이러한 이익조달 메커니즘은 정권여당이 비교적 안정적인 다수를 확보하는 데에는 충분한 것이었다(宮崎 1988, 179). 전후 초기 정당정치 속에서 보수계 정당은 농업계를 중핵지지층(core constituencies)으로 인식하고 이들을 지지기반으로 편입하고자 했다는 점에서 공통되며, 그 추진 과정 속에서 혁신정당에 대한 견제 의식이 공유되었다. 이에 자민당 결성은 농업계를 중심으로 한 지

10_국민협동당은 타 보수정당과 비교할 때 농업계에 대한 의존도가 특히 높았던 정당이라 할 수 있다. 그러나 이들의 지지층은 대부분 구 지주층으로 분류되는 세력으로, 사회당계 농촌 조직인 일농과 대립관계에 있었다. 이에 사회당·민주당· 국민협동당이 연립내각을 형성한 1947년, 가타야마(片山 哲) 정권기에 사회당과 국민협동당은 농업정책 및 포스트와 관련하여 대립하는 양상을 보이고 있었다(竹中 1998, 184).

지기반 구축을 더욱 강화해 나아가는 계기로 작용하였다. 농업계는 지지기반에 대한 당내 그룹의 우선순위 설정에서도 큰 견해의 차이가 존재하지 않는 공통된 지지기반으로 편입되었다. 그런 의미에서 농업계-보수계 정치가 간 관계는 일본의 전형적인 후견주의적 연계(clientelistic linkage)로 집약할 수 있다.

2) 재계·대기업계: 자유당계의 우위

두 번째 지지기반은 재계·대기업계이다. 앞서 말한 농업계가 집표 전략 면에서 자민당의 주요 지지기반이라고 한다면, 재계·대기업계는 자금조달 면에서 자민당이 가장 의식하는 세력이라 할 수 있다. 이들은 보수계 정치가에게 정치자금을 제공하는 한편, 지문기관이나 정무조사회, 심의회 등에 대표자를 참가시켜 경제 방향을 제언함으로써 정부여당의 경제정책 분야에 영향력을 발휘하였다.

자금-정책을 통한 보수계 정당과 재계·대기업계 간 이익조달 구조는 자민당 결성 과정에서도 작용한다. 보수합동에 앞선 1955년 1월 13일, 재계·대기업계는 경제재건 간담회를 조직하고 정치자금 창구 일원화를 선언함과 더불어, ① 고도 경제성장의 기틀을 마련하기 위한 정국 안정, ② 보수정당의 정치력 향상이라는 두 가지 요청을 민주당과 자유당, 양 보수정당에게 전달하게 하였다(冨森 2006, 102). 이러한 재계·대기업계의 행동은 대중·대소 무역을 중요시했던 사회당 세력의 약진에 대한 우려에서 비롯되었다. 당시 대미 무역을 중심으로 성장해 온 재계·대기업계는 대미 기조에 바탕을 둔 기존 산업·경제 구조의 정착을 기대하였다. 따라서 대미 무역으로 경사된 기본 구조를 수정하고 대중·대소 무역의 가능성을 모색하고자 했던 사회당의 정책 노선은 재계·대기업계의 이해관계에 부합하지 않았다(中北 2002. 186-188). 이에 자금 창구를 일원화하여 보수합동에 압력을 가함으로써 분열된 보수계 정당들의 단일화를 꾀하고 대미 기조에 무게중심을 두는 보수계 세력의 정착을 요청하였다.

여기서 한 가지 유의할 것은, 재계·대기업계가 희망하는 산업·경제 정책의 방향성, 즉 대미 기조를 중심으로 한 수출주도형 경제성장 방식에 대해 보수계 정당들 사이에 인식의 일치가 있었다고 단언하기는 어렵다. 업계가 요청하는 정책 방향은 요시다 자유당 정권 하에서 추진된 기존 방식을 의미하므로, 경제정책 면에서 가장 친화력이 강한 것은 자유당계이다. 주지하듯이 요시다 자유당 정권에서 추진된 수출산업 육성 정책을 통해 많은 대기업이 성장했다. 그 과정에서 재계·대기업계와 자유당은 산업·경제 정책을 둘러싼 정책 결정 과정에서 긴밀한 네트워크를 구축했으며, 인적 교류 또한 활발히 진행되었다. 따라서 재계·대기업계는 자민당 결성 후 정부의 산업·경제 정책과 관련하여 자유당계의 정책 성향을 지지했으며, 자민당 내에서 자유당계가 리더십을 발휘함으로써 자유당 정권의 정책 방향을 계승하기를 기대하였다. 후술하듯이 초기 자민당 정권에서는 민주당계 리더가 당내 주도권을 획득하였다. 재계·대기업계가 이러한 당내 역학구도의 형성을 우려하고 이케다파로 대표되는 자유당계 리더가 중심이 된 지도부 구축을 지원했던 것은 자유당계가 재계·대기업계와 관계 설정에서 우위를 점하고 있음을 방증하고 있다.[11]

11_1957년경 이케다를 후임 총재로 할 것을 목적으로 고치카이(宏池会)가 형성된다. 이 모임에는 사쿠라다 타케시(桜田 武), 미즈노 시게오(水野重雄), 고바야시 아타루(小林 中), 미즈노

이에 민주당계는 자유당계와 재계·대기업계와의 강한 연대를 견제하고, 경제정책을 관할하는 정부 요직에 재계 출신자 혹은 재계 친화적인 인물을 배치함으로써 연계 강화를 모색하였다. 그런 의미에서 정부의 경제·재정 운영을 관할하는 대장대신(大蔵大臣) 포스트가 가지는 상징적인 의미는 크다. 자민당의 초대 정권인 하토야마 정권에서 대장상에 배치된 것은 이치만다 노보루(一万田尚登)이다. 하토야마는 내각 조직에 즈음하여 재계 출신인 이치만다 구일본은행 총재를 대장대신에 등용함으로써 경제·재정 면에서 재계·대기업계의 견해를 존중할 것을 시사하고, 이를 통해 위 업계와의 연계를 강화하고자 하였다.[12] 한편 이시바시 정권에서는 이케다를, 그리고 기시 정권에서는 사토를 대장상으로 임명하였는데 이들은 재계·대기업계와 인적 교류가 두터웠던 대표적인 자유당계 리더라는 점에서 이들 업계의 신임을 받는 인물들이라 할 수 있다. 그러나 앞서도 언급했듯이 이케다와 사토는 이시바시·기시 정권 하에서 총재파가 주장하는 경제·재정 정책을 수용하는 가운데 입각했으므로 이들은 해당 정권에서 자유당계의 정책 계승자라기보다는 민주당계 지도부와 재계·대기업계를 연결하는 가교 역할을 수행했다고 볼 수 있다.

시게오(水野成夫) 등 젊은 경제계 인사가 다수 참여하여 이케다 지지를 도모하였다(樋渡 1990, 174-175).

12_기시 정권기까지 경제계 및 재계 출신자가 직접 정부 요직 각료로 등용되는 사례가 드물지 않다. 이치만다 대장대신 임명, 후지야마 아이치로(藤山愛一郎) 외무대신 임명, 그리고 쇼리키 마츠타로(正力松太郎) 국가공안위원장 겸 과학기술청 장관 임명이 대표적이다(松浦 2002, 222).

3) 상공·중소기업계: 민주당계의 우위

민주당계 지도부의 노력에도 불구하고, 결과적으로 재계·대기업계와의 관계 설정에서 자유당계의 우위를 뒤집을 수는 없었다. 그로 인해 민주당계는 자유당계와는 차별화된 독자적인 지지기반 구축의 필요성을 강하게 인식하고 있었다. 그것이 상공·중소기업계와의 연계 강화이다. 〈그림 3-2〉에 나타나 있듯이, 상공·중소기업계는 자민당 결성 이전부터 보수계 정당, 특히 정권여당에 대한 지지가 높았다는 점에서 이익을 매개로 한 농업계의 정당 지지와 유사한 성격을 가진다.[13]

그러나 자유당계와 민주당계를 비교할 경우, 상공·중소기업계와의 관계 설정을 보다 중요시 한 것은 민주당계이다. 민주당계는 수출산업 육성을 통한 경제발전을 주장하는 자유당과는 달리 산업·경제 정책 설정에서 국내 산업의 육성을 중요 과제로 선정하고, 농업 및 상공·중소기업 등 후진 산업 종사자를 자파의 지지기반으로 편입시키고자 하였다. 상공·중소기업계를 중시하는 입장은 자민당 결성 이후에도 민주당계 지도부의 주도 하에 자민당의 주요 정책으로 계승되었다. 예를 들면 1957년에는 '중소기업단체 법안' 및 관련 법안이 제출·성립되었으며, '중소기업 단체 중앙회'가 발족하여 정부 차원의 중소기업 단체 우대책이 마련되었다. 이와 더불어 영세 중소기업을 대상으로 한 융자 제도, 중소기업 우대 세제 등 제도적 조치가 점차 확

13_보수계 정당은 농협의 조직 강화를 도모한 것과 같은 시기에 중소기업에 대한 정책적·조직적 대처를 동시에 추진하였는데 이는 상공·중소기업계를 지지기반으로 정착시키려는 노력의 일환으로 볼 수 있다. 그 예로 1949년 6월, 요시다 자유당 정권에서 성립된 협동조합법을 들 수 있다. 이 법률은 혁신계 정당과의 제휴가 강한 민주상공회에 대항하여 보수진영 산하 중소기업 단체를 육성하려는 의도에서 비롯된 것이었다(Calder 1989, 278-281).

그림 3-2 | 상공업자의 정당 지지 변천 추이(1947~55년)

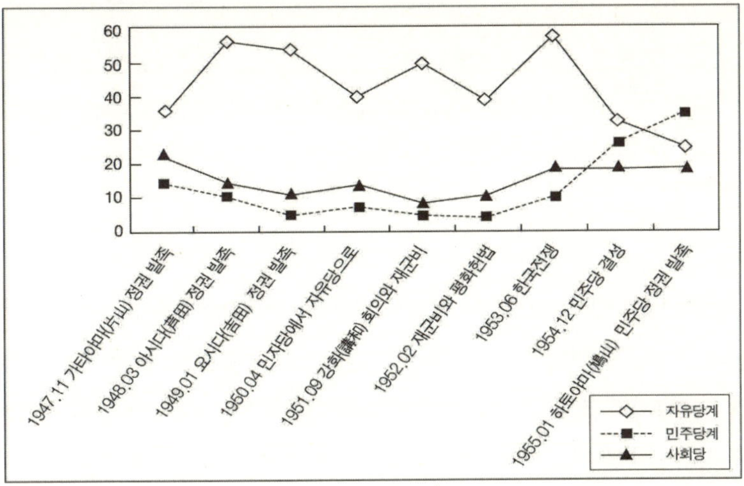

출처: 朝日新聞社世論調査室編. 1976.『日本人の政治意識: 朝日新聞世論調査の30年』. 東京: 朝日新聞社 pp. 88-104 여론조사 결과를 토대로 필자 작성.

대되는 등 이 시기를 기점으로 중소기업 및 관련 단체 육성과 관련한 자민당의 시책 전개가 본격적으로 추진되었다(Calder 1989, 284-285). 이는 민주당계가 상공·중소기업계와의 관계 설정에 우선순위를 두고 이들 업계에 대한 정책적 제도화와 더불어, 조직적 육성을 도모했음을 말해 주고 있다.

자유당계과 재계·대기업계와의 관계처럼, 민주당계와 상공·중소기업계의 연계 또한 인적 네트워크 및 자금 면에서 긴밀한 유대관계에 바탕을 두고 있었다. 상공·중소기업계 육성책은 특히 기시 정권에서 비약적으로 발전했는데, 이는 기시의 정책 성향 및 인적 네트워크와 깊은 연관을 가지고 있다. 기시는 농상무성(農商務省) 출신 정치가로 전전 시기부터 중소기

표 3-2 | 당내 그룹의 정책 성향과 우선하는 지지층·지지단체 비교

출신정당		정책 성향	중요시 하는 지지기반
민주당	자유당계 탈당파	경제계획 설정 · 경제 균형 발전, 국내 산업 육성	국내 산업 관련 (농업계, 상공·중소기업계)
	개진당계	상동	상동
자유당		시장경제 · 수출주도형 경제성장, 수출주도형 경제부흥	수출산업 관련 (재계·대기업계)

출처: 필자 작성

업 관계자와 긴밀한 연계를 확보하고 있었다. 1954년에 결성된 전국적 규모의 거대 중소기업 정치단체인 일본중소기업정치연맹, 추세이렌(中政連)과 자민당과의 조직적 결속 또한 기시의 인적 네트워크에서 유래된 것임은 흥미로운 사실이다.[14] 이처럼 기시를 비롯한 민주당계의 정책 성향은 인적 네트워크 및 지지기반 강화라는 전략적 이해관계와 무관하지 않다. 민주당계는 상공·중소기업계와의 관계 설정을 활용하여 이를 당 내외에 연계시킨 자파의 지지기반으로 육성한 것이다.

이상으로 결당 초기 자민당의 지지층·지지단체로 편입된 주요 사회세력과 당내 그룹 간 관계를 검토하였다. 당내 그룹은 자금 조달 및 지지기반 확대 등 권력자원 확보 경쟁 속에서 결당 이전의 기존 네트워크를 활용하고 각 세력과의 관계 설정에서 우위를 점하고자 하였다. 자민당 결성 이후

14_기시와 중소기업 단체와의 연계는 추세이렌의 초대 회장이었던 아유카와 요시스케(鮎川義介)와의 친분관계에서 비롯되었다. 기시와 아유카와는 중소기업 발전에 대해 공통된 인식을 가지고 있어 이를 계기로 우호가 깊어졌다. 기시에 따르면, 추세이렌은 1955년부터 참의원에 진출하여 공천 후보를 내기 시작하였으며 사토(佐藤栄作)가 이 단체의 후임 총재로 취임했을 즈음부터 자민당과 일체화되었다고 회상한다. 추세이렌에 대한 기시의 언급에 관해서는 岸·矢次·伊藤(1981, 274-276)을 참조.

각 사회세력과 당내 그룹과의 연계 정도는 반드시 동일하지 않았으며, 출신 정당 그룹별로 우선하는 지지기반에도 차이가 나타난다(〈표 3-2〉). 이처럼 자민당 내 복수 그룹으로 안착한 보수계 정치가들은 당내 역학구도의 형성과 연계하여 독자적인 지지기반 강화책을 도모했으며, 그 가운데 각 사회세력에 대한 관계 설정을 달리함으로써 정책 성향에서도 차이가 나타나게 된 것이다.

3. 참의원 전국구 사례를 통해서 본 당내 역학과 지지기반 설정

당내 역학구도와 지지기반과의 관계를 확인할 수 있는 방법으로 참의원 선거, 그 중에서도 전국구의 후보 공천 상황에 주목할 필요가 있다. 자민당이 지지층·지지단체 집표 전략으로 전국구를 활용해 온 것은 널리 알려진 사실이다. 자민당은 전국적 규모의 특정 사회집단 대표자를 전국구 후보자로 공천하고 이들의 조직력을 활용하는 집표 전략을 적용하는 한편, 예산 편성 및 관련 제도 마련 등을 통해 보호 및 우대를 추진함으로써 이들 집단을 자민당의 지지기반으로 편입시켜 왔다. 이처럼 표와 이익의 교환 메커니즘 속에서 참의원 전국구 공천 전략은 자민당의 지지기반 대응을 파악하는 핵심이 된다.

특히 자파의 지지기반을 강화하고자 하는 당내 그룹 간 경쟁이 참의원 전국구 공천에서 특정 지지단체를 과대(또는 과소) 대표하는 결과를 가져왔다는 사실에 주목할 필요가 있다. 당내 그룹은 자파가 중요시 하는 지지층·지지단체를 중핵지지층으로 설정하여 당과의 연계를 강화함으로써 당 내

그림 3-3 | 1956년과 1959년 자민당 참의원 전국구 후보자의 지지단체 분야별 비중

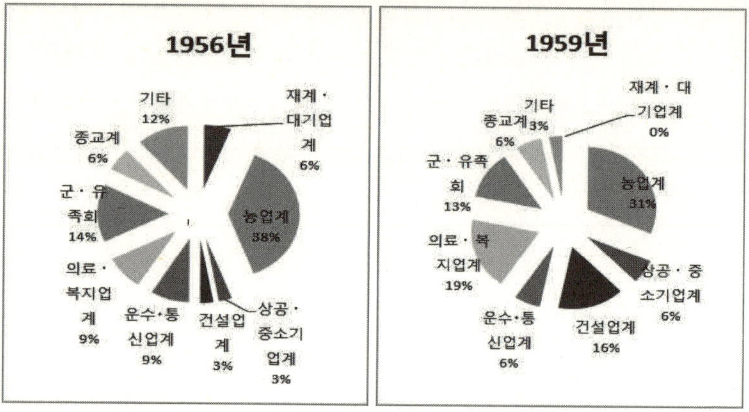

주 1: 지지단체 업계별 분류는 권말부록Ⅲ 을 참조.
2: 경제 4단체 관계자, 대기업 중역 및 경영자는 재계·대기업계로 구분함.
3: 당 조직, 법무, 환경, 교육 등 상기 분류에 포함되지 않는 단체 및 중소 규모 단체 관련 후보자는 기타로 분류함.
출처: 『朝日新聞』(1959/05/19; 1962/06/17) 선거공보 후보자 일람을 토대로 필자 작성.

외를 연결하는 권력기반 확대에 환원하고자 하였다. 자민당 결당 초기의 전국구 공천 결과 또한 당내 역학과 무관하지 않다. 특히 기시 정권 하에서 실시된 1959년 참의원 선거는 총재파의 권력기반 확대 전략이 현저히 드러난 사례이다. 〈그림 3-3〉에 나타나 있듯이, 자민당 성립 이후 처음으로 치러진 1956년 선거와 다음 선거인 1959년 전국구 후보자 공천 상황을 비교해 보면, 다음과 같은 몇 가지 특징이 관찰된다.

첫째, 결당 이후 두 번의 참의원 선거를 거치는 동안 농업계 관련 후보자의 비율이 급상승하였다. 1956년 하토야마 정권과 1959년 기시 정권은 다수의 농업계 관련 후보자를 내세움으로써 농업계 종사자의 지지를 끌어들이고자 하였다. 특히 1959년 선거에서는 농협이 주축이 되어 후보자를 추천하

고 이들의 전국적 조직력을 바탕으로 농업계 종사자의 지지를 구조화하는 양상이 정착한 시기였다. 농협은 1958년의 중의원 선거를 시작으로 1959년, 1960년, 그리고 1962년 참의원 선거에서 농협 스폰서 의원을 대량 당선시키는 성과를 올린다(田□ 1969, 275). 이러한 농협의 움직임이 기시 정권에서 발휘되기 시작했다는 것은, 결당 초기 자민당이 농협을 매개로 한 농업계 종사자의 정치력 결집에 역점을 두고 있었으며 그 배경에 민주당계 지도부의 농업계 연대 강화 전략이 강하게 자리하고 있었음을 말해 준다.

국내 산업 육성을 주장하는 민주당계 리더의 정책 성향을 고려한다면 상공·중소기업계의 동향 또한 지적하지 않을 수 없다. 기시 정권은 상공·중소기업계의 정치력이 급증한 시기이기도 하다. 특히 기시파와 인적·조직적 연대가 두드러진 추세이렌은 전국적 조직으로 성장하여 중소기업 관련 법안의 성립을 둘러싸고 영향력을 행사하기에 이른다. 한편, 1956년과 59년 선거에서 자민당 공천을 받은 상공·중소기업계 관련 후보자는 각각 3%와 7%에 그쳐 양자의 연대가 명확히 드러나지는 않는다. 유의할 것은, 당시 상공·중소기업계의 점유율이 저조했던 이유가 추세이렌과 자민당의 조직적 상호 침투성에 기인하고 있었다는 점이다. 당시 추세이렌은 조직 운영 면에서도 자민당 기시파와 긴밀한 관계를 유지하고 있었으며, 선거에서는 자민당 공천을 받지 않고 독자적으로 후보자를 내세워 선거운동을 전개하는 방식을 선택함으로써 독자적인 정치력 강화를 도모하였다. 그러나 자민당 하부조직과 추세이렌 조직이 사실상 중복되어 있었던 관계로 업계의 표는 분산되고 소수의 당선자를 내는 데 그치고 말았다.[15] 이후 추세이

15_1959년 참의원 선거에서 추세이렌은 제파 또는 무소속으로 전국구에 6명, 지방구에 4명의 후보자를 내세운 데 반해, 자민당 공천을 받은 경우는 전국구에 출마한 다나카 키이치(田中

렌은 선거 및 조직 운영 면에서 독자적 노선을 걷지 않고 자민당과 일원화되어 갔다.

다음으로, 일본의사연맹, 일본치과의사연맹, 일본약제사연맹, 일본간호연맹 등의 의료·복지업계, 그리고 일본유족회, 군은(軍恩)연맹, 귀환자단체연합 등의 군·유족관계 관련 후보자의 비중이 증가한 점이다. 1959년 선거는 당선자 확대를 위해 대대적인 후보자 감축을 단행하였다. 그 결과 1956년 당시 53명이던 전국구 후보자도 36명으로 감소하였다. 그러나 의료·복지업계 관련 후보자는 4명에서 6명으로 증가하여 자민당 전국구 후보자 전체의 20%를 차지하기에 이른다. 군·유족관계 관련 후보자 또한 대폭적인 감축 없이 총 4명(1956년 선거 5명)의 후보자가 공천을 받아 단체 관련 후보자 중 13%에 달하여, 농업계, 의료·복지업계에 이은 다수의 후보자 공천 단체가 되었다. 후술하듯이 당시 기시파가 복지 증진 및 군·유족 관련 사안에 관심을 쏟고 있었던 점을 감안한다면, 의료·복지업계 및 군·유족관계 또한 총재파가 중요시 하는 정책과 밀접하게 관련된 분야라는 점에서 농업계, 상공·중소기업계와 맥락을 같이한다.

한편, 위 단체들과는 대조적으로 재계·대기업계는 공천 과정에서 배제되는 경향이 강하다는 것도 이 시기의 중요한 특징 중 하나이다. 이 업계는 1956년의 선거에서 2명의 후보자가 공천을 받아 단체 관련 후보자 중 6%를 점유하였으나, 1959년 선거에서는 해당 후보자를 찾아볼 수 없다. 재계·대기업계가 자유당계와 연대가 강하였다는 점을 감안한다면, 1956년

喜一) 상공회의소 회장 1명에 그치고 있다. 그러나 이들 중 당선이 확정된 것은 전국구의 아유카와 요시스케(鮎川義介)와 지역구의 아유카와 긴지로(鮎川金治朗) 2명에 그치는 부진한 결과를 보였다(田口 1969, 215; 227).

의 공천 사례는 재계·대기업계와의 연대 강화를 모색하는 민주당계 지도부의 회유책이며, 1959년의 공천 배제는 연대 강화의 한계로 인한 민주당계의 견제 전략으로 파악할 수 있다. 즉 재계·대기업계와 자유당계의 관계 설정이 지속적으로 비교우위를 점하자, 농업계, 상공·중소기업계, 의료·복지업계의 정치력 향상에 역점을 두고 이들 업계와의 연대를 강화하는 민주당계 총재파의 권력기반 강화 전략이 참의원 공천 과정에 반영된 것이다.

요컨대 1959년 참의원 선거에서 나타나는 자민당의 전국구 후보자 공천 전략은 농업계, 상공·중소기업계 등의 국내 산업과 복지정책을 중요시하는 총재파(=기시파)의 의향이 강하게 반영된 것이었다. 이는 민주당계가 우위를 점하는 당내 역학구도와 연동하여 우월연합의 지지기반 강화와 자유당계의 지지기반 축소를 도모한 전략적 지지기반 설정이었다 할 수 있다.

4. 정책적 초기치 설정

1) 사회당 견제 의식의 공유

1955년 이전까지 일본의 정당정치는 복수의 보수계 정당과 혁신계 정당들이 외교·안보, 경제·사회 등 다방면에 걸쳐 정책 대립 축을 설정하고 경쟁하였다. 각 정당은 차별성을 가진 정책 노선을 기반으로 지지조달을 꾀하고자 하였으며, 특히 제1 보수계 정당인 자유당이 정권여당으로 입지를 강화하는 전후 정당정치의 전개 과정 속에서 보수계 정당 간에도 정책 노선

자민당의 정당 강령(1955년 결당 당시)

一. 우리 당은 민주주의 이념을 기조로 제반 제도 및 기구를 쇄신 개선하고 문화적 민주국가 완성을 기한다.

一. 우리 당은 평화와 자유를 희망하는 인류 보편의 정의에 입각하여 국제관계를 시정, 조절하여 자주자립 완성을 기한다.

一. 우리 당은 공공복지를 규범으로 개인의 창의와 기업의 자유를 기조로 하는 경제 종합계획을 책정, 실시하여 민생의 안정과 복지국가 완성을 기한다.

출처: http://www.jimin.jp/jimin/jimin/rittou/index.html(검색일: 2005년 5월 11일).

의 차이가 확대, 강화되었다. 기존의 다극화된 정당 간 경쟁구도는 자민당 결성과 사회당 통일을 계기로 보수와 혁신의 대립으로 집약되었다. 그로 인해 보수계 정당 간 경쟁은 정당 내부의 경쟁으로 치환되었고, 정권 획득을 위한 선거전략 면에서 보수계 정치가의 경쟁세력은 사회당으로 일원화되었다. 이렇듯 정당 재편성을 계기로 보수계 정치가들은 사회당 견제라는 공통인식을 기축으로 이에 대항할 수 있는 정책 아이디어를 강화하였다.

사회당 견제 의식은 자민당 결성에 앞선 신당 결성 준비 단계에서도 여실히 드러난다. 신당의 방향성은 민주·자유 양당의 대표로 구성된 신당결성위원회를 통해서 가시화되었다. 민주·자유 양당 의원 각 10명씩으로 구성된 신당결성위원회는 1955년 7월 6일부터 28일 사이에 총 10회의 회합을 가지고 '신당의 사명', '신당의 성격', 그리고 '신당의 정강' 세 개의 문서를 정리하였다.[16] 당시 신당의 정책 방향 설정에 큰 영향력을 미친 것이 바

16_신당결성위원회의에서 이루어진 구체적인 논의는 中北(2002, 236-237)을 참조.

로 좌·우 사회당의 공격에 대한 대응이었다. 위원회 내부에서는 좌파 사회당이 현저한 당세 확장을 보이는 상황 속에서 사회당이 통일을 달성할 경우 혁신세력 지지층의 확대를 불러올 수 있다는 우려가 지배적이었다. 이에 노동자층의 포섭을 염두에 둔 정책 설정이 추진된다.

결당 당시 자민당의 정당 강령은 이러한 유추를 뒷받침한다. 그 중에서도 제3항의 내용은 특기할 만하다. 여기서 자민당은 자유주의 시장경제를 기조로 하되, 경제계획을 추진하고 이를 기반으로 복지국가를 완성하는 것에 목적을 두고 있음을 명기하고 있다. 국가 주도의 계획적인 경제정책 추진이라는 경제정책 노선을 완전 고용이라는 복지 개념에 연계시킴으로써 경제부흥과 복지를 병행하는 당의 기본자세를 명확히 한 것이다. 결당 초기 자민당의 정책 노선이 경제정책의 계획성과 복지국가 실현이라는 혁신적 성향을 가미하고 있던 것은 후술하는 사회당 정책과 상호 침투적인 성격을 가진다는 점에서 특징적이다.

2) 정책적 초기치

경제계획 및 복지정책의 추진 경위를 간단히 살펴보자. 우선 경제계획의 경우, 하토야마 민주당 정권의 정책기조가 계승되었다는 점이 주목된다. 1955년 7월, 하토야마 정권은 '경제자립과 완전 고용 달성을 위한 장기 경제계획'을 자문하고 이를 바탕으로 같은 해 12월, '경제자립 5개년 계획'을 설정하여 자유당 정권의 자유주의 시장경제와 차별화하였다. 이 같은 방침은 온건한 노동자층 포섭하고 사회당을 견제할 수 있는 정책 노선으로 자리매김 함으로써 자민당 결성 당시 신당의 경제·산업 정책 노선으로 유효하게 작용하였다. 경제계획 노선은 자민당 정권 초기 1957년의 '신장기 경제계획', 1959년의 '국민소득 배증계획'으로 계승·확대되었다(河野 2002, 171).

다음으로 복지와 관련해 주목할 것은, 당시 보수계 정치가들이 공유하고 있던 복지의 개념이다. 이 시기의 복지는 경제성장을 완수하는 고용정책의 일환이자 고용 촉진을 위한 환경 정비로서 복지가 강조되었다. 이에 자민당이 추진한 복지의 방향은 실업대책비나 사회보험비 등에 대한 예산을 확대하는 방식으로 나타났다. 결당 직후인 1956년 예산 편성 과정을 보면 기존의 예산 규모 및 편성 방식에서 크게 벗어나지 않는 가운데 복지 및 고용 관련 예산을 확대하는 방식으로 부분적인 재조정이 가해졌다. 그 이유는 자민당 결성 이후에도 정부 예산 1조 엔 범위를 벗어나지 않는 긴축재정 기조를 무시할 수 없었기 때문이다. 대신 세입·세출 구조의 재검토를 통해 자민당 창당 시 내세운 중점 정책에 부합하는 형태로 실업대책비 및 사회보험비의 비중을 증액하여 주요 항목별 예산 편성 비중을 변경하였다.[17] 여기에 보수합동의 영향력이 반영되었다고 할 수 있다. 자민당 정권의 출현은 기존 예산 편성 규모에 큰 변화를 가져 오지는 않았다 하더라도, 실업 및 사회 보험에 역점을 둔 예산 편성은 기업 육성을 목표로 한 감세정책에 중점을 두었던 요시다 자유당 정권의 정부 재정 방침과는 성격을 달리한다. 이는 고용 관련 예산 편성에 변화를 시도함으로써 일반 유권자, 특히 노동자층을 정책적 수혜자로 한 정책 방향 설정이다.

한편, 경제계획 및 복지정책을 위시한 자민당의 정책 설정과 관련하여 가장 중요한 부분은 바로 선거유인(electoral incentives)이다. 이 정책 노선

17_1956년 예산 편성의 특징에 관해서는 大藏省財政史室(1994, 255-260)을 참조.

은 결당 이후 두 번의 국정선거(1956년 참의원 선거, 1958년 중의원 선거)를 거치는 가운데 사회당의 당세 확대를 견제하기 위한 유권자 지지조달 전략으로써 자리매김 하였다. 자민당의 정책적 대응을 선거결과에 대비시켜 살펴보자. 우선, 결당 이후 첫 국정선거인 1956년 7월의 참의원 선거에서 사회당은 49석을 차지하였다. 좌·우로 분열해서 선거전에 참가한 1953년과 비교할 때, 사회당은 통일 이후 당세가 크게 확대되었다.[18] 그에 반해, 자민당은 61석을 획득하는 데 그쳐 보수합동의 효과를 발휘하지는 못하였다. 이 선거를 기점으로 녹풍회(緑風会) 및 무소속 의원이 대폭 감소하고 참의원의 정당화가 정착한 것을 감안한다면 자민당의 의석 확대 실패는 사실상 선거 패배를 의미하는 것이었다.[19] 위기의식이 고조된 자민당은 노동자층을 중심으로 지지기반을 확대해가는 사회당의 동향을 강하게 의식하게 된다. 그 가운데 경제력 고조 및 실업대책 마련에 중점을 두는 정책을 강화해야 한다는 주장이 설득력을 가지고 당내 우위를 점하게 된다. 선거전략 면에서 경제력 강화와 복지의 필요성이 증대하자 이에 상응하는 재정적 확대가 요구되었다. 관련 시책의 본격적인 강화 움직임이 포착된 것은 이시바

18_1956년 참의원 선거는 헌법 개정을 둘러싼 자민당 대 사회당의 대결로 집약되었는데, 선거결과 혁신세력이 비개선(非改選)을 포함하여 80석을 획득함으로써 전체 의석(250석)의 3분의 1 이상을 차지하였다. 이 때 사회당이 헌법 개정 저지선을 확보했다는 점에서 사회당 약진이 가지는 의미는 크다.

19_녹풍회는 1947년 4월에 실시된 제1회 참의원 선거에 당선된 108명의 무소속 의원 가운데, 보수계 의원을 중심으로 결성된 회파이다. 제1회 국회 소집 시 녹풍회 소속 의원의 총수는 92명에 달하여 참의원 제1당 격에 해당한다. 그러나 정당에 예속되지 않아 당의에 구속되지 않고 소속 의원 간 평등을 지향함으로써 당파를 넘어 선 참의원 운영의 기초가 되었다(竹中 2004, 104). 한편, 1956년 참의원 선거를 기점으로 참의원 내에 과반수를 차지하는 정당(자민당)이 등장하였다. 이로써 기존의 당파를 초월한 참의원의 존재는 유명무실해졌으며, 자민당과 사회당을 중심으로 참의원의 정당화가 정착되었다.

시 정권(1956년 12월 ~ 1957년 2월)의 1957년 예산 편성 과정이다. 이시바시는 이른바 '1000억 시책·1000억 감세' 슬로건을 내세움으로써 기존 긴축재정 노선을 철회하고 적극재정으로 전환하였다(中北 2002, 190).

이 같은 적극재정 노선은 선거 전략적 측면에서 당내 인식이 결집된 결과라 할 수 있다. 그 동안 긴축재정 노선을 주장해 온 자유당계에서도 인식의 변화가 나타났다. 앞서도 언급했듯이 대표적인 긴축재정론자이자 자유당계의 리더 격인 이케다조차 적극재정의 필요성을 긍정하게 된다. 당시 이케다는 국민 생활수준 향상, 산업 규모 확대를 확립하기 위해서는 예산 규모의 확충이 불가피하다는 입장을 표명하였다(『朝日新聞』 1957/01/15). 이러한 견해는 완전 고용의 실현하기 위한 방법으로 경제력 증진을 주장하는 민주당계 이시바시의 정책 구상과는 다소 차이를 보이지만, 경제성장을 통해 유권자의 지지를 확대하고자 한다는 점에서 양자의 인식은 공통된다.[20] 이로써 자민당은 유권자 지지 확대를 의식하는 가운데, 생산력 증강과 복지국가의 건설을 양립시키는 정책기조를 형성하였다. 이러한 정책기조는 뒤이은 기시 정권에서도 계승되어 자민당의 중점 시책으로서 자리매김 하였다. 1956년 참의원 선거에서 사회당의 당세 확대를 경험한 자민당은 차기 국정선거인 1958년 5월 중의원 선거에서 국민개보험 도입을 비롯한 사회보장 확대를 내걸고 온건한 노동자층을 포함한 유권자의 지지 확대를 도모하였다.[21]

20_이시바시는 경제 확대와 완전 고용 실현을 정치적 이상으로 삼았다. 이에 경제·재정 정책에서 일자리 확충과 경제 규모 확대가 반드시 필요하다는 인식을 분명히 하였다. 이시바시의 정책 성향에 대해서는 石橋(1970, 325-327)를 참조.

21_기시 정권에서 신국민건강보험법, 국민개보험, 국민연금법이 성립, 실시되었다. 신국민건강보험법은 1958년 12월 7일에 공포되어 이듬해 1월부터 시행되었으며, 국민개보험은

표 3-3 | 1958년 중의원 선거공약에서 자민당과 사회당의 언급 빈도 높은 이슈 비교

자민당		사회당	
이슈	도수	이슈	도수
공공복지 증진 +	5	공공복지 증진 +	5
중소기업 보호	4	고용·소득보장	5
평화	3	중소기업 보호	4
경제계획 설정	3	교육 +	4
생산성	3	평화	3
전체 도수	47	전체 도수	46

주: 코딩 방식은 권말부록 IV를 참조.
출처: 『朝日新聞』(1956/06/24; 1959/05/19) 선거공보에 게재된 정당의 선거공약을 코딩화하여 필자 작성.

여기서 한 가지 지적해 둘 것은 당시 자민당이 내세운 선거공약을 보면 외교·안보 면에서는 사회당과 대립되는 반면, 경제·사회 정책 면에서는 상호 침투성을 가지고 있었다는 점이다. 〈표 3-3〉을 보면 1958년 중의원 선거에서 자민·사회 양당의 선거공약 중 공공복지 증진과 중소기업 보호에 대한 언급이 많았음을 알 수 있다. 이는 경제·산업 및 사회 운영에 대한 양당의 정책적 대응이 유사성을 가지고 있었음을 보여 준다. 더불어 사회당의 중점 정책을 수용하여 혁신세력의 신장을 견제하는 자민당의 전략성을 엿볼 수 있다. 자민당은 사회당이 주장하는 고용·사회보장 정책을 적극적으로 도입함으로써, 지지기반의 외연을 확대하여 노동자층을 포섭하고자 하였다. 한편, 배분보다는 성장을 강조하는 점에서 사회당과 차이를 두고자 하였다(〈그림 3-4〉). 즉 자민당은 계획성을 가진 경제성장과 고용·사회보장 실현을 양립한다는 입장을 표명함으로써 이익을 매개로 한 지지층 및

1961년 4월에 완성되었다. 국민연금법 또한 1959년 4월 16일에 공포되어 기시 정권 하에서 3대 보험이 정립되었다. 그 외에도 1959년 12월부터 무거출제(無拠出制) 복지연금을, 그리고 1961년 4월부터 거출제 복지연금이 시행되었다(中北 2002, 191).

그림 3-4 | 1958년 중의원 선거공약에서 자민당과 사회당의 정책 분야별 중시도

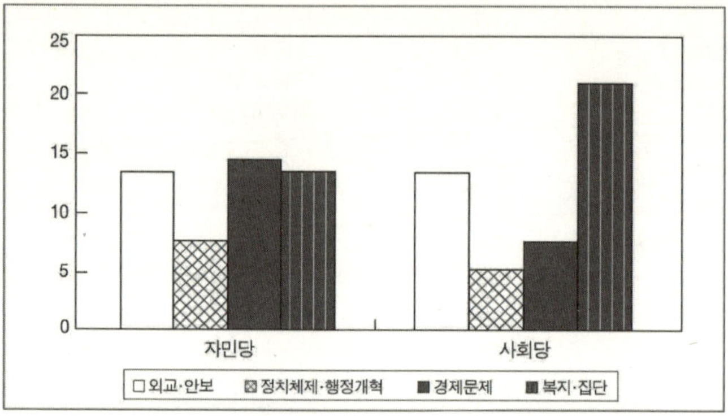

출처: 『朝日新聞』(1956/06/24; 1959/05/19) 선거공보에 게재된 정당의 선거공약을 코딩화하여 필자 작성.

지지단체와의 연계를 확립하는 한편, 사회당에 편입되지 않은 온건한 노동자층을 동시에 공략한 것이다.

3) 민주당계 우월연합의 영향력

이상으로 유권자 지지조달을 도모하는 가운데 자민당의 경제·사회적 정책기조가 사회당과 상호 침투성을 가지고 있음을 확인하였다. 선거에서 사회당의 약진이 자민당의 정책적 초기치를 좌우하는 중요한 요인으로 작용하였다.

자민당의 정책적 초기치 설정에서 특히 주목되는 것은 앞서 살펴본 경제계획 및 복지 추진이라는 정책 방향이 민주당계에서 유래한 정책 성향이

라는 점이다. 자민당의 정책기조가 민주당계의 정책 성향으로 기울어진 것은 크게 세 가지 이유를 들 수 있다. 첫째, 정책이 가지는 선거 전략상의 유효성이다. 민주당은 결성 당시 농업계, 상공·중소기업계를 비롯한 국내 산업 육성을 통해 경제성장을 도모한다는 구상을 내세웠다. 이는 수출산업 육성에 기조를 둔 자유당과 차별화하기 위한 전략으로 산업 간 격차에 주목함으로써 유권자와의 연계를 강화하기 위함이었다. 당시 자민당 내부에 사회당의 약진을 우려하는 인식이 고조되는 가운데 이러한 민주당계의 정책 성향은 온건한 노동자를 지지기반으로 끌어들일 수 있는 가능성을 열어 둠으로써 선거 전략상의 유효성을 인정받았다.

둘째, 자민당의 정책적 초기치는 민주당계의 권력기반 확대 전략에 연계되어 있다는 점이다. 당내 권력 게임 속에서 우위를 점한 그룹은 정책, 포스트, 자금 등의 권력자원을 컨트롤하고 전략상 유리한 지위를 획득할 수 있다. 자민당의 정책 설정 또한 총재파의 권력기반 확대 전략과 밀접히 연계된 것이었다. 하토야마·이시바시·기시는 경제계획·국내산업 육성을 통해 농업계, 상공·중소기업계와의 연계를 강화하고자 하였으며, 정책 설정은 이들의 지지기반 강화를 촉진하는 방향으로 유도되었다.

마지막으로, 결당 초기 당내 역학 구도상 민주당계가 우위를 점하고 있었다는 점이다. 초기 자민당에서는 총재를 비롯한 민주당계 리더들이 자민당의 지도부를 구성하고 정책 추진의 리더십을 발휘하였다. 세 정권은 ① 완전 고용의 실현을 목표로 한다는 점, ② 국내시장 확대를 통해 경제발전을 유도한 점, ③ 경제·고용 정책을 중심으로 유권자 지지를 흡수하고자 한다는 점에서 공통된다. 이에 민주당계의 정책적 이니셔티브가 강하게 작용한 결당 초기의 자민당은 정책 설정 면에서 위 세 가지 방향성이 지속적으로 강화되었다.

5. 소결: 정책적 초기치 설정과 민주당계의 영향력

자민당의 결성으로 기존의 보수정당 세력은 당내 복수 그룹으로 편입되었다. 이들은 당내 주도권 획득을 둘러싼 경쟁 속에서 독자적인 지지기반을 구축하고 특정 유권자 집단을 자파의 지지기반으로 편입하고자 하였다. 즉 당내 그룹 간에 표출되는 정책 성향의 차이는 이들이 견지해 온 정치적 아이덴티티, 그리고 주도권 획득을 위한 전략적 행동에서 유래한 것이다. 〈그림 3-5〉에 정리한 바와 같이 자민당의 정책적 초기치 설정에서는 민주당계가 당내 우위를 점하고 영향력을 행사하였다. 이는 첫째, 민주당계의 정책 성향이 사회당의 선거 이니셔티브를 침식하고 득표를 확대할 수 있는 선거 전략상의 유효성을 가지고 있었기 때문이며, 둘째, 주도권 경쟁에서 민주당계가 승리함으로써 이들이 정책 설정의 리더십을 발휘하였기 때문이다. 따라서 자민당의 정책적 초기치는 민주당계의 정책 성향이 적극 반영된 결과라 할 수 있다.

한편, 여기서 드러난 당내 그룹과 다양한 지지층과의 관계 설정은, 자민당의 역학구도 변경이 정책적 변경으로 이어질 가능성을 시사하고 있다. 이와 관련하여 한 가지 유의할 것은 자민당 정권이 압도적인 당세를 확보하고 출발했다 할지라도, 정당과 유권자와의 관계 설정 면에서 당시 자민당이 결코 안정된 지지구조를 형성했다고 보기는 어렵다는 점이다. 당내에서 노동자층 지지조달에 부심하며 사회당의 약진을 강하게 견제하는 가운데 자민당의 정책기조가 형성되었음은 이를 방증한다. 따라서 이후 자민당 일당우위 체제가 유지될 수 있었던 것 또한 보수합동을 통한 압도적 거대정당의 형성에 기인한다고만은 볼 수 없으며, 근본적으로는 유동적인 정치환경 속에서 자민당이 어떻게 유권자와 관계를 설정하고 이들의 지지를 조

그림 3-5 | 자민당의 정책적 초기치 형성 구조

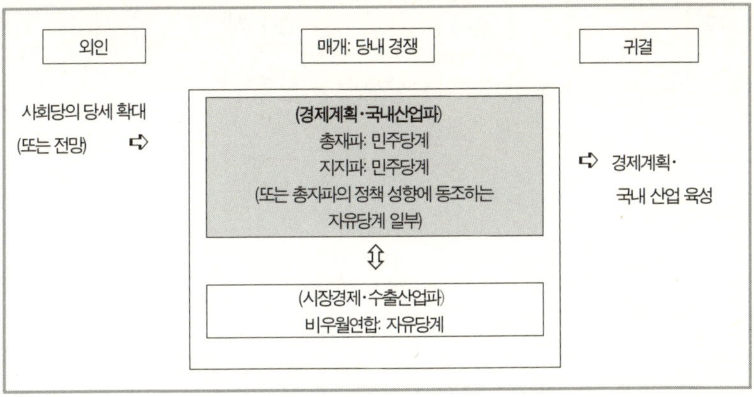

출처: 필자 작성

달했는가에 달려 있다. 그런 면에서 앞으로 살펴볼 세 가지 정책 변경 사례는 유권자와의 관계 설정에 대한 자민당의 대응을 통해 일당우위 체제의 존속 이유를 밝히는 작업이 될 것이다.

4장

사례 연구 1 : 1960년대 초 이케다 정권기

당내 그룹의 정책 성향 수렴과 경제성장 정책

1960년대 초반은 자민당 정권 운영 및 일본의 정당정치의 흐름 속에서 중요한 분기점으로 손꼽힌다. 이 시기 자민당은 국민소득 배증계획(이하 배증계획)으로 대표되는 적극적인 경제성장 노선을 표명하고 경제성장을 최우선 과제로 내세웠다. 또한 고도 경제성장이 자민당 정권 안정의 중요한 기반이 된 것은 주지의 사실이다. 배증계획을 통해 자민당은 단기적으로는 1960년 11월 중의원 선거 승리, 장기적으로는 안정적인 정권 운영의 초석을 마련할 수 있었다. 이에 배증계획은 유권자의 관심을 외교에서 경제로 바꾸게 한 정책 변경이며, 유권자의 지지를 회복하고 사회당의 당세 확대를 저지하는 선거 효과를 가져왔다고 평가된다.

그러나 추진 과정을 살펴보면, 이 정책을 단순히 선거 전략적 측면에서 해석하기에는 무리가 있다. 여기서 경제성장의 방향에 대해 상이한 견해를

그림 4-1 | 자민당 내 정책 성향의 흐름(1955~60년대 초)

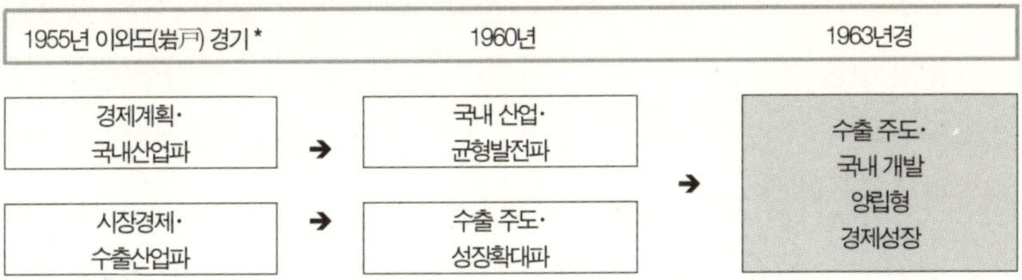

주*: 이와도 경기는 1958~61년 사이에 효율적인 설비투자에서 비롯된 일본의 경기호황기 중 하나이다.
출처: 필자 작성

가지고 경쟁·대립해 온 당내 그룹 간 상호작용에 주목하고자 한다. 앞서 2장에서 검토하였듯이 자민당 결성 초기 당내에는 민주당계의 정책 성향을 계승하여 경제계획 설정과 국내 산업 육성을 우선하는 그룹, 그리고 자유당계의 정책 성향을 계승하여 시장경제와 수출산업 빌진을 우선하는 그룹이 대립하였다. 그 가운데 민주당계의 정책 성향을 적극 반영하는 형태로 정책적 초기치가 설정되었다. 이에 대해 배증계획은 수출 주도 및 자본축적 정책과 국내 개발의 양립을 특징으로 한다(久米 1997, 168). 여기서 자민당의 정책 변경이 결과적으로 두 그룹의 정책 성향을 수렴하고 있다는 점은 매우 흥미로운 사실이다.

〈그림 4-1〉에 도식화하였듯이, 1960년을 전후로 경제성장의 흐름이 가시화되는 가운데, 당내 그룹 간에는 서로 다른 경제발전 방안을 상정하고 있었다. 이 때 민주당계는 국내 산업 육성을 통한 균형 발전을, 자유당계는 수출산업을 중심으로 한 성장 확대를 전망하였다. 이에 두 그룹은 본격적인 경제발전 방향을 두고 '균형발전파'와 '성장확대파' 로 계승되었다.

한편, 1963년경 자민당은 수출 주도와 국내 개발을 양립하는 경제성장의 기본 방침을 정립하기에 이른다. 이 때 합의를 도출한 경제성장의 방향은 두 그룹의 정책 성향을 수렴하는 형태를 띠고 있다는 것이 특징적이다.

이 장에서는 이케다 정권기의 당내 경쟁에 주목하여 배증계획의 형성·정착 과정을 살펴보고, 아울러 경제정책을 둘러싼 당내의 두 가지 정책 성향이 어떠한 과정을 거쳐 수렴되어 갔는가를 검토할 것이다. 이를 통해 1960년대 초에 일어난 자민당의 정책 변경이 유권자 지지조달을 위한 선거 전략적 측면을 가짐과 동시에, 한편으로는 주도권 획득·유지를 추구한 당내 그룹 간 전략적 행동에서 비롯되었음을 명확히 할 것이다.

1. 지지조달 전략으로 본 배증계획

1) 총재 교체와 정책 변경에 따른 유권자의 기대

1960년 6월, 미·일 안전보장조약(이하 미·일 안보) 개정법 성립과 함께 기시 정권이 물러나고, 같은 해 7월 이케다 정권이 발족하였다. 취임 직후 이케다는 정치 상황 일신을 위해서는 총선거 실시가 불가피하다고 보고, 같은 해 11월 총선거를 단행할 것을 명시하였다. 신내각은 경제발전을 최우선 과제로 설정하고 유권자에게 지지를 호소하는 데 주력한다. 한편, 이케다 정권 발족과 더불어 정부의 신정책으로 배증계획이 제시된 것은 1960년 9월이다. 그러나 이미 취임 이전부터 이케다는 유권자 사이에서

표 4-1 | 이케다 내각의 취임 초기 지지율(1960년 8월)

(단위: %)

	지지	비지지	기타	무응답	구성비
전체	51	17	13	19	100
급료생활자	47	26	17	10	19
산업노동자	43	22	13	22	25
상공업자	60	13	14	13	20
농림어업자	56	10	9	25	33
기타	44	8	19	29	3

출처: 朝日新聞世論調査室編. 1976.『日本人の政治意識』. 東京: 朝日新聞社. p. 47.

경제 전문가, 배증계획의 제창자로 널리 알려져 있었다. 1959년 5월에 실시된 참의원 선거를 앞두고 이케다는 히로시마와 오사카의 유세현장에서 '월급 2배론'(月給二倍論)을 제창한 바 있다. 이것이 여론의 주목을 받자, 같은 해 3월에 '나의 월급 2배론'(私の月給二倍論)을 『일본경제신문』에 게재하기에 이른다(牧原 2003, 227). 취임 직후 이케다는 경제성장을 담당할 새로운 리더로써 자신을 위치시키고 지론인 배증계획을 기초로 한 성장 확대 노선을 전면에 내세웠다.

이 때 경제발전을 내건 신내각의 등장 효과는 무시할 수 없다. 〈표 4-1〉에서 알 수 있듯이 이케다 정권의 발족으로 기시 정권 말기에 12%(1960년 5월 기준)까지 떨어졌던 내각 지지율은 51%로 급등하였다. 직업별로 보더라도 자민당의 지지층으로 불리는 상공업자 및 농림어업자뿐만 아니라, 기시 내각의 여론조사에서는 불과 10% 전후의 지지율을 보이던 급료 생활자 및 산업노동자층에서 이케다 내각에 40%대의 높은 지지를 보내고 있었다. 그동안 급료 생활자 및 산업노동자층에서 사회당을 지지하는 경향이 높았던 점을 고려한다면, 당시 40%를 웃도는 내각 지지율은 획기적이라 할 수 있다.[1] 전후 산업화 과정 속에서 일본 농촌인구의 도시 유입으로 당시 두꺼운 노동자층이 형성되고 있었다. 이에 농촌지역 및 자영업자를 중심으로 지지기반을 구축해 온 자민당이 향후 지지를 확대해 나아가기 위해서는 노동자층의 흡수가 필수적이었다.

이 같은 산업구조 변화와 유권자의 정당 지지 패턴을 고려하면, 노동자층을 포함한 포괄적인 유권자 집단에서 나타난 지지율 상승은 총재 교체를 동반한 신정책의 제시 효과라 할 수 있다. 배증계획의 기본자세는 정부가 구체적인 수치를 통해 일본경제에 내재된 성장력을 예측하여 제시하고 고도성장을 전망함으로써 국민에게 경제발전을 호소한 것에 있다(中村 1995, 160). 경제성장에 대한 명확한 확신과 더불어 유권자 개개인의 생활수준 향상이라는 기대가 지지의 동인이었다. 아울러 궁극적인 목표를 산업 및 사회보장 확충에 두고(伊藤 1985, 108), 국민 개개인의 생활의 질을 높이는 수단으로서 경제성장을 위치시킴으로써 자민당 정권에 대한 유권자의 신뢰 회복을 이끌어 내는 데 유효하게 작용하였다.

2) 정책 변경의 사회당 견제 효과

정당 간 경쟁, 특히 사회당과의 대립구도 속에서 이케다가 제시한 배증계획의 쟁점 선점 효과는 무시할 수 없다. 주지하듯이 당시 외교·안보 문제

1_정당은 다양한 사회이익을 정치 과정에 흡수함으로써 특정 사회집단을 지지기반으로서 확보하였다. 일본의 정당 지지 패턴을 보면, 1960년대에는 정당 지지와 직업집단 사이에 강한 관계가 나타난다. 특히 1955년 이후 유권자의 지지는 자민당과 사회당으로 양분되는 가운데, 1960년대 후반까지 자민당은 농림·어업자층과 자영·상공업자층, 사회당은 산업노동자층와 사무직 종사자층에서 평균을 크게 웃도는 지지율을 확보하고 있었으며 이러한 현상은 1960년대 후반까지 지속적으로 관찰되었다(的場 2003, 267-268).

는 자민당과 사회당의 대립구도가 명확히 드러나는 쟁점임과 동시에, 사회당의 선거 이니셔티브를 강화시키는 쟁점이다. 사회당은 미·일 안보 개정을 둘러싸고 자민당과 첨예하게 대립하는 가운데 자주와 평화를 기축으로 한 외교·안보 노선을 주장하며 유권자의 호응을 얻었다. 특히 혁신적 이데올로기 성향을 가진 유권자, 미·일 안보에 관한 기시 정권의 강경 대응에 회의적인 유권자를 중심으로 사회당에 대한 지지도가 높아지는 현상이 나타나고 있었다.

한편, 이케다 정권 발족 이후, 선거의 주요 쟁점은 외교에서 경제로 이동하였다. 배증계획의 비전은 민간 부문의 성장을 정부가 지원하는 형태로 고용시장의 안정과 확대를 도모하는 것이다. 이러한 자민당의 경제·고용 정책에 대해 노동자층이 반응함으로써 사회당 또한 유권자 지지조달에서 경제성장의 중요성을 인정하지 않을 수 없었다. 유권자의 관심을 외교상의 대결에 묶어 두는 데에는 한계가 있었으며 자민당에 대응하는 사회당의 독자적인 경제 정책상의 비전을 제시할 필요가 있었다. 사회당은 이케다의 정책 노선을 '보수당으로서는 진일보한 정책'으로 평가하고 경제성장 정책의 필요성을 인정하기에 이른다(樋渡 1990, 175-176). 경제성장을 통해 그 과실을 국민생활 향상에 환원하고자 하는 배증계획의 기본자세에 대해 사회당이 반론할 여지는 그다지 크지 않았기 때문이다. 더불어 이케다 정권 발족 직후 실시된 11월 중의원 선거에서도 국민소득을 1.5배로 하는 구상을 제시하는 등 유권자에게 여·야당 간 정책적 차이는 파이의 크기 차이라는 인상을 남겨 자민당에게 쟁점 주도를 용인하게 된다(井出 1977, 28).

이렇듯 자민당이 경제 분야를 선거의 주요 쟁점으로 위치시키는 데 성공함으로써 외교·안보 쟁점을 주축으로 한 사회당의 선거 이니셔티브는 급격히 감소하였다. 결과적으로 사회당은 자민당의 배증계획에 끌려가는 형태로 유효한 대립 쟁점을 제시하지 못하고 지지 확대에 실패하였다.

3) 격차 시정 문제와 당내 경쟁

배증계획이 자민당의 주요 정책으로 수용된 데에는 앞서 살펴본 선거 전략상의 유효성과 더불어 각파의 이해관계가 중요하게 작용하였다. 특히 당내 결정 과정에서 이들의 상호작용은 배증계획의 성립을 좌우하는 중요한 요인이다. 이 때 주목해야 할 것은 중의원 선거를 전후로 배증계획의 방향 설정과 추진을 둘러싼 당내 그룹의 인식과 행동이다.

선거를 앞두고 당내에는 지지조달 측면에서 이케다가 주창하는 배증계획을 중심으로 선거전에 임하는 것이 유리하다는 인식이 강하게 자리한다. 그러나 이케다가 구상하고 있던 배증계획은 농업종사자 및 상공·중소기업계를 주요 지지기반으로 하는 자민당 정치가들의 이해관계와 맞아 들어가지 않는 부분을 가지고 있었다. 이케다는 국가 전략산업의 효율성을 제고하여 경제성장을 촉진하는데 역점을 두는 반면, 농업 및 중소기업 등 국내 산업 발전을 염두에 둔 것은 아니었다.

이 같은 이케다의 구상은 배증계획의 생성 루트와 관계가 깊다. 배증계획은 고치카이(宏池会)가 주축이 되어 조직한 경제정책 연구모임에서 생겨났다.[2] 모크요카이(木曜会)라 불리는 이 연구회에는 재계, 금융기관, 관청을 아우르는 각종 경제계 대표들이 참가하여 경제 정세에 관한 의견을 교환하

2_고치카이에 관해서는 이 책 3장 2절을 참조.

였다. 여기서 이케다의 정책 성향과 당시 대장성 대신관방재무조사관으로 재직 중이던 시모무라 오사무(下村治)의 논의가 결부되어 이른바 '시모무라 플랜'(下村プラン)으로 불리는 배증계획의 원형이 만들어진다. 시모무라 플랜은 민간 설비투자를 중심으로 한 공급 사이드에 중점을 두며,[3] 국제 균형과 국내 균형을 동시에 달성된다고 보는 확대 균형을 주장한다는 점에서 이케다가 제안하는 시장지향 수출주도형 자본축적 노선에 부합하는 것이었다.[4] 즉 경제계 리더를 중심으로 한 인적 네트워크 속에서 다져진 이케다의 구상은 수출산업의 성장 지원을 통한 효과적인 자본축적에 역점을 두고 있는 반면, 농업계나 중소기업계 등의 경쟁력이 약한 산업 부문의 대처 방안에 대해서는 적극성이 결핍되었다.

한편, 선거 직전인 1960년 11월 1일, 정부 측의 배증계획 답신안이 나왔다. 그러나 답신안은 경제성장률, 농업정책, 후진지역 개발의 세 가지 관점에서 당내 의견과 어긋나는 부분이 있었다. 그 결과, 국내 산업 및 지역을 기반으로 하는 정치가들은 사회당의 정책 공격을 받아 선거에서 고전하는 사례가 속출하였다. 배증계획이 농업구조의 개선을 강조하면서도 사실상 이를 뒷받침하는 대책이 구체화되지 않아 개별 정치가들의 이해관계와 부합하지 않았기 때문이다.[5] 이에 농림, 국토개발 관계 의원들은 선거 직후인 11월

3_시모무라 플랜에서 나타나는 공급 사이드 중시와 확대 균형에 대해서는 河野(2002, 201-203)를 참조.

4_이케다가 산업발전 수단으로 보조금이 아닌 융자나 감세를 선택한 점, 세계시장과의 연계가 일본경제 발전의 유일한 길이라고 인식하고 있었던 점에서 '시장지향 수출주도형 자본축적 노선'으로 정의할 수 있다(久米 1997, 156).

5_답신안은 10년간 행정 투자총액을 16조 엔으로 설정하고, 그 중 농림·수산에 대한 행정 투자액은 1조 엔, 첫 해에는 800억 엔 가량의 투자를 책정하였다. 이에 대해 10년간 증가율을 너무 적게 측정했다는 비판이 예상되었다(『朝日新聞』 1960/12/03).

28일과 12월 1일 양일간 정무조사심의회(政務調査審議)를 통해 농민과 후진 지역의 배려가 결여된 답신안을 받아들일 수 없다는 의사를 전달한다.

이케다 주도 하에 설정된 정책 기본 틀은 대기업과 중소기업, 농업과 비농업 부문 정책에서 재검토가 필요하게 되었다. 이에 공식 결정에 앞서 당내 반발을 완화하는 보완 과정에 들어갔다. 당에서는 '국민소득 배증계획의 구상'(이하 구상)을 정부 측에 전달하고 배증계획의 운영 관해서는 '구상'에 따라 탄력적으로 실시할 것을 요청하였다. 당 측은 구상을 통해 농업의 생산기반 정비를 위한 투자와 더불어 농업 근대화 추진에 필요한 투·융자액을 적극 확보하고, 후진지역의 자원 개발 및 공업의 지방 분산을 통해 지역 간 격차 확대를 방지할 것을 요청하였다(『朝日新聞』 1960/12/28). 배증계획은 최종 단계에서 지역·산업 간 격차 문제 시정을 주요 골자로 하는 '구상'을 삽입하는 방식으로 당내 요구를 수렴했고, 이로써 12월 27일 각의(閣議)를 통해 정식 결정에 이른다. 이처럼 배증계획은 선거 직후에 불거진 지역·산업 간 격차 시정에 대처하는 자세를 보여 당내 그룹 간 정책 공유의 폭을 넓혔으며, 이러한 타협 과정 속에서 자민당의 신정책으로서 수용되었다.

2. 당내 그룹의 전략적 협력과 정책 타협

한편, 이케다의 정책적 타협은 우월연합 내부의 전략적 상호작용과 무관하지 않다. 이에 기시 정권에서 이케다 정권으로 이어지는 시기의 우월연합 구성 및 총재파와 지지파 간 전략적 행동에 초점을 맞추어 당내 그룹 간 상호작용이 정책 설정과 어떻게 결부되어 있었는가를 알아보자.

1) 주도권을 둘러싼 전략적 협력

1958년 6월의 중의원 선거에서 승리한 이후 정권 운영에 대한 강한 자신감을 갖게 된 기시는 1958년 6월 12일, 자파와 더불어 사토 에이사쿠(佐藤栄作), 오노 반보쿠(大野伴睦), 고노 이치로(河野一郎) 세 파로 구성된 지지파를 중심으로 한 본격적인 주류파 집중형 인사를 단행하기에 이른다. 한편 정책 면에서는 대미 관계 개선과 안정을 주요 과제로 내걸고 경찰관 직무집행법(이하 경찰직법) 및 미·일 안보 개정 등을 추진해 나아가고자 하였다. 한편, 기시 정권의 강경 대응이 여론의 강한 비판을 받자, 당 내부에서도 우려의 목소리가 높아지기 시작하였다.[6] 기시는 격화된 반대파의 저항을 가라앉히고 정책 추진의 리더십을 강화할 수 있는 방안으로 신지지파의 영입을 모색하였다. 그 결과 새로운 파트너로서 영입된 것이 바로 이케다파이다. 1958년 7월 4일 단행된 제2차 기시 내각 개조에서 이케다는 통산대신 포스트를 부여받고 기시 내각의 지지파로 영입되었다. 당시 강력한 반대파였던 이케다파가 지지파로 영입된 이유는 크게 두 가지이다. 첫 번째는 자금력 및 파벌 규모에서 이케다파의 당내 영향력이 강하게 작용하였

6_이케다 국무상, 미키(三木武夫)경제기획청 장관, 세오(瀬尾弘吉) 문교부 장관이 사임을 표명하고 경찰관 직무집행법에 대한 총재의 책임과 인사 쇄신을 요구하는 '쇄신간담회'를 결성하였다. 반대파의 공격이 거세지자 당시 주류파도 동요하여 오노 부총재 등이 사임을 고려하기에 이르렀다(居安 1983, 113-114).

표 4-2 | 주요 정당 및 자민당 각파의 자금수지 개요

(단위: 천만 엔)

구분	수입총액	지출총액
자유민주당	446,837,366	520,813,344
후지야마(藤山)파	27,902,562	26,423,866
기시(岸)파	28,000,000	14,755,734
이케다(池田)파	113,672,774	70,195,997
사토(佐藤)파	51,822,000	42,835,220
미키·무라마츠(三木·松村)파	12,200,000	20,388,420
고노(河野)파	14,078,940	15,773,760
이시이(石井)파	11,600,000	16,575,000
일본사회당 본부	49,267,709	49,279,709
일본공산당 중앙본부	78,909,103	77,698,199
민주사회당	28,505,396	27,495,697

출처: 『朝日新聞』(1960/12/28)에서 발췌.

다. 〈표 4-2〉에 나타나 있듯이, 1960년 9월 기준 주요 정당 및 자민당 각파의 자금수지 상황을 보면 이케다파의 자금력이 월등하게 우위를 점하고 있었다. 더불어 소속 구성원이 증가하면서 파벌 규모 면에서도 당내 영향력을 행사하고 있었기 때문에 이케다파의 영입은 기시의 당내 주도권 강화에 가장 유력한 대안이 될 수 있었다.

두 번째 이유는 경제정책의 아이디어를 보유한 이케다의 대중적 인지도이다. 앞서 언급한 것처럼 당시 이케다파가 주장하는 월급 2배론의 대중적인 인기는 경제정책 면에서 이케다의 영향력을 보여 주는 결정적인 계기를 마련하였다. 기시는 이케다파의 당 내외 영향력을 고려할 때 대립을 강화하는 것은 유리하지 않다고 판단하고 융화적인 자세로 이케다파를 회유하였다. 기시는 정부의 경제정책으로 월급 2배론을 실현할 것이며, 이를 이케다에게 일임한다는 약속 하에 그를 통산대신으로 임명하기에 이른다(樋渡 1990, 179).

(1) 연합 내부의 타협: 관할 정책 영역의 분할

이케다파의 영입을 계기로 우월연합 내부의 권력자원 배분에도 조정이 필요하게 되었다. 즉 특정 정책 분야에 대한 관할권을 분배하는 방식으로 암묵적인 룰을 형성한 것이다. 여기서 흥미로운 사실은 포스트 및 정책 등을 둘러싼 새로운 합의점을 모색하는 가운데 외교정책 면에서는 총재파인 기시파의 정책 성향을, 경제정책 면에서는 이케다파의 정책 성향을 존중하는 방향으로 연합 내부의 합의가 성립했다는 점이다. 예를 들면, 당시 유권자의 지지 이반을 초래하며 중요한 정치 쟁점으로 떠오른 미·일 안보 개정 문제에 관하여 이케다는 소극적이나마 미·일 안보 개정을 긍정하는 태도를 보였다.[7] 그는 안보 문제의 동향에 관하여 기시파와는 다른 해석을 적용함으로써 안보 개정의 추진을 긍정함과 동시에 기시파의 추진 의도와는 다르다는 점을 강조하고자 하였는데, 이것이 바로 경제발전을 위해서도 안보체제의 유지가 필요하다고 보는, 이른바 안보 효용론적 입장이다.[8] 이러한 대응 방식은 연합 파트너로서 기시와의 협력을 전제하면서도 기시 정권의 조력자로써 자파의 이미지가 굳어지는 것을 경계하고자 했던 이케다의 전략적인 거리 두기를 보여 준다.

7_이토의 회고에 따르면, 이케다는 1960년 1월 7일과 8일, 신년 첫 기자회견에서 "올해는 안보 조약을 타결한 다음 일중 무역이다"라고 언급해 논란이 되었다. ···(중략)··· 이케다는 잠에서 깬 듯 "나는 안보만을 생각이라고 있는 것은 아니다. 더 넓은 향후의 정세를 생각하고 있다."고 강조하였다(伊藤 1985, 88).

8_안보 문제에 대한 이케다의 자세는 이후 이케다 정권에서도 일관되게 나타났으며 정치와 외교, 내정과 외정을 하나로 보고, 고도성장 실현을 위해서도 안보체제의 유지가 필요하다고 보는 안보 효용론으로 정착하였다. 이는 자민당 내부의 안보 효용론적 인식이 이미 기시 정권 하 기시-이케다 양자 협력구도 속에서 생성되었음을 시사한다.

기시 또한 이케다가 경제정책에 대한 영향력을 높이는 것에 대해 융화적인 태도를 보였다. 당시 기시파는 국내 산업의 육성에 중점을 두고 있어 해외시장의 이용 가능성에 대해서는 다소 비관적이었데, 이러한 입장은 수출산업의 경쟁력 제고를 중요시 하는 이케다의 정책 성향과는 대비되는 것이었다. 통산정책과 관련하여 이케다는 장기적인 시야에서 자유화 추진 입장을 표명하고 있었다. 그는 경제부흥과 미국의 무역 자유화 요구에 대응이 필요하다고 보고, 점진적인 기업의 체질 개선 및 경쟁력을 강화하고자 하였다. 이케다 영입 이후, 무역 자유화 문제에 대한 정부 방침은 이케다파의 정책 성향에 가까운 형태로 처리되었다. 기시는 이케다의 무역 자유화 계획을 채용하여 3년 이내에 80% 자유화를 실시할 것을 결정하였다(樋渡 1990, 180-181). 이는 정부의 경제정책, 특히 무역정책의 방향성 설정에서 이케다의 리더십 발휘의 일례라 할 수 있다.

2) 우월연합 유지가 정책에 미친 영향

한편 미·일 안보 개정 문제의 파급으로 내각 지지율이 급감하자, 기시는 개정 체결과 동시에 퇴진을 표명하였다.[9] 퇴진이 결정되자 자민당 내부에서는 후임 총재 자리를 둘러싼 치열한 주도권 획득 경쟁이 전개되었다. 당내 경쟁에서 특히 주목되는 것은, 이케다파와 전략적 협력을 유지해 온

9_취임 당시 33%로 출발했던 내각 지지율(비지지율은 13%)은 국회에서 강행 체결이 이루어진 60년 5월에는 12%에까지 급강하면서 역대 최하위를 기록하기에 이르렀다(朝日新聞社 1976, 46).

기시-사토파의 대응이다.[10] 총재 선출 선거에서 이케다의 승리는 이케다파의 주도권 획득 전략과 기시-사토파의 주도권 유지 전략이 맞물려서 도출된 결과라 할 수 있다. 먼저, 이케다파의 경우 다수파 공작에서 구성원의 규모가 큰 기시-사토파의 지지가 반드시 필요하였다. 실제, 이들의 지지가 총재 선거에서 선거의 승패를 좌우하는 중요한 요인이었음을 부정할 수 없다. 한편, 기시의 퇴임이 결정된 이상 기시-사토파는 유력 후보와 협력하여 우월연합에 잔류하는 것이 권력자원의 손실을 최소화하는 방법이었다. 주도권을 둘러싼 전략적 협력구도 속에서 이케다 정권이 성립했으며, 이로써 이케다·기시·사토 3파로 구성되는 우월연합은 이케다 정권 운영을 좌우하는 주요 행위자로 자리매김 하였다.

그러나 내각 발족을 동반한 신정권의 정책 방향 설정에서 난관이 예상되었다. 총재파와 지지파, 즉 성장확대파와 균형발전파 간 대립 가능성이다. 총재 교체에 따른 성장확대파의 영향력 증대를 인정하더라도 총재파의 이해관계에 초점을 둔 정책 설정은 우월연합의 응집력을 와해할 우려가 있기 때문이다. 기시·사토파는 농업과 상공·중소기업계를 지지기반으로 하는 세력이므로 국내 산업 육성 및 산업·지역 간 격차 시정에 큰 관심을 표명하고 있었다. 경제·산업 정책에서 이해관계가 상충한다 할지라도 취임 직후 지지파와의 타협을 통한 연합 내 응집력 확보 또한 주도권 유지를 위한 필수 요소이기 때문이다.

10_기시 수상 퇴진 후 기시파는 직계인 후쿠다(福田)파와 후지야마(藤山)파 두 그룹으로 나뉘었다. 그러나 두 그룹은 정책 성향 면에서 큰 차이를 가지고 있지 않았으며 이케다파를 견제하는 반대파의 일원으로써 상호협력 관계에 있었으므로 두 파의 행보에 뚜렷한 차이가 나타난 시기를 제외하고는 논의 전개의 통일성을 기하기 위하여 기시파로 칭하고자 한다.

선거 전략적 측면에서도 균형발전파의 정책 성향은 강점으로 작용하고 있었다. 선거를 전후로 신정책의 골자를 다듬어야 하는 시기적 상황 속에서 당 내부에서는 유권자 지지조달을 염두에 두고 고용 문제, 격차 시정 문제 등에 중점을 두어야 한다는 인식이 높아졌다. 이케다 정권은 우선 9월에는 선거전을 의식하고 9항목에 걸치는 신정책의 전문을 공개한 바 있다. 신정책은 3년간 9% 경제성장, 10년간 GNP 배증을 목표로 한 것으로 이케다의 정책 구상이 적극 반영된 것이었다. 그러나 당초 그가 구상하고 있던 정책은 고용 및 분배 문제 등의 제반 복지의 확충에 대한 구체적인 비전을 가지고 있던 것은 아니었다.[11] 그로 인해 신정책의 책정 과정에서 복지를 어떠한 방식으로 연계할 것인가가 해결 과제로 부상했다. 12월 각료회의를 통한 정식 채택에 이르기까지 지지파의 압력이 강하게 작용한 것은 앞서 살펴본 바와 같다. 결과적으로 선거를 전후로 책정된 배증계획은 우월연합 구성원들이 보유한 지지기반, 그리고 선거상의 효용이라는 두 가지 측면에서 성장확대파와 균형발전파 양자의 이해관계를 조정하는 형태로 완성되었다. 이는 연합 내 대립을 회피하고자 하는 총재파의 주도권 유지 전략과 지지파의 압력이 교차하는 가운데, 그룹 간 전략적 타협의 결과로써 배증계획이 형성되었음을 의미한다.

11_이케다는 신정책을 발표한 이틀 후인 9월 7일, 기자단과의 회견에서 "가장 골머리를 앓는 부분은 사회보장 문제다. 생활보호·의료보장·실업보험·복지연금 등에 대해서는 돈을 지급한다든가 구제자금 등의 빈부계층 구제보다 (이들을) 일어서게 해준다고 하는 생각이 중요하다." 라고 언급하였다(伊藤 1985, 107-111). 경제성장의 전망에 대한 답변과 대비할 때 사회보장에 대한 이케다의 인식은 구체성이 결여된 인상을 준다.

3. 총재파의 권력기반 확대 전략과 배증계획의 행방

1) 우월연합 구성에서 오는 리더십 제약

배증계획을 추진하는 가운데 경제성장 속도 및 규모 면에서는 가시적인 효과가 나타나기 시작했다. 그러나 사회자본이 뒤떨어진 부문과의 언밸런스, 가파른 소비자물가의 상승률, 그리고 생활환경 정비의 지연과 악화 등의 이른바 고도성장의 후유증이 드러나기 시작했다(井出 1977, 34). 이에 대해 균형발전파는 성장 확대일로의 정책 추진 방향이 국민경제 전체의 밸런스를 무너뜨리고 물가상승을 초래한다는 비판을 재기하기 시작했다.[12] 더불어 경제 전체의 균형을 도모하는 방식으로 정책을 수정할 것을 주장하며 총재파 주도의 정책 추진을 견제하였다. 그러나 이케다는 물가상승 및 산업 간 격차 문제 등이 배증계획에 의해 파생되는 문제라고 인식하지는 않았다.[13] 만약 이 시점에서 정책을 수정할 경우, 연합 내부의 충돌은 회피

12_예를 들면 구 기시파인 후지야마 아이치로(藤山愛一郎) 경제기획청 장관은 1961년 4월 13일, "고도성장보다는 경제 전체의 균형을 도모해야 한다." 는 발언을 통해 시장경제 지향에 근거한 총재파의 정책 추진 방법을 비판했다. 또한 기시파 직계 리더인 후쿠다(福田武夫) 정무조사회장 또한 배증계획을 전제로 하는 급속한 경제성장을 비판하며 당 기풍 쇄신운동을 전개하였다(伊藤 1985, 175-176; 樋渡 1990, 225-226)

13_이케다의 경제논리에서 보면, 당시 물가상승의 원인은 일본경제가 여전히 생산성이 낮은 부문을 껴안고 있던 것에 기인한다. 따라서 성장 확대를 통해 파생되는 잉여분을 농업 및 중소기업의 근대화에 투입하고 생산성 증대를 꾀하는 방식으로 소비자물가를 안정시켜야 한다고 보았다(伊藤 1985, 265). 당시 이케다는 기존 정책을 고수하는 가운데 물가안정을 비롯한 당면 과제를 해결할 수 있다고 판단한 것이다.

그림 4-2 | 이케다 내각 지지율 변동 추이(1960년 8월 ~ 1964년 6월)

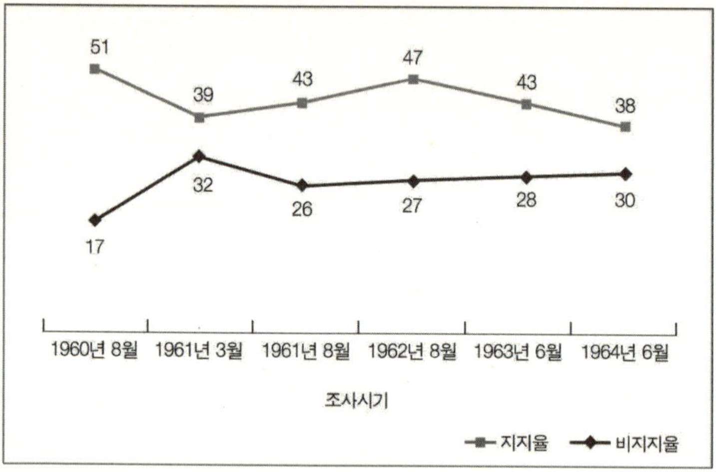

출처: 朝日新聞社. 1976.『日本人の政治意識』. 東京: 朝日新聞社. pp. 48-50.

할 수 있더라도 자파의 권력기반 확대 및 당내 주도권이 제약될 가능성도 배제할 수 없다. 따라서 장기적 안목에서 정책적 타협은 총재파의 리더십을 제약하는 주요인이 된다.

이 때 이케다는 종래와 같은 타협이 아닌, 총재파 리더십 강화를 도모하는 방식의 대응 전략을 선택하였다. 전략을 변경한 이유는 반대세력 영향력 저지, 유권자 지지의 안정에서 찾을 수 있다. 당시 이케다의 구상은 민간기업의 잠재적 능력에 착안하여 이들의 자립성을 고취함으로써 성장 확대를 도모하는 것이다. 여기서 정부가 주도하여 안정된 경제성장을 도모해야 한다고 보는 균형발전파의 주장을 받아들인다면 배증계획의 한계를 스스로가 인정하는 것과 같으므로 오히려 정책의 추진 과정에서 균형발전파의 영향력을 증대시킬 우려가 있다.

아울러 유권자의 지지가 안정된 국면에서 균형발전파의 압력은 그다지 유효하지 않다. 이케다 정권을 둘러싼 정치 환경 또한 정권 발족 당시의 위기 국면을 벗어난 상태라는 점에서 리더십 확대를 도모할 여지는 충분했다. 〈그림 4-2〉에서 확인할 수 있듯이 1961~62년 당시 내각 지지율은 상승 국면에 있었으며, 선거를 앞둔 정권 초기처럼 선거관리 면에서 균형발전파의 주장을 용인하지 않을 수 없는 상황과는 달랐다. 이에 후술하듯이 이케다는 성장확대파 중심의 인사 재편, 혹은 총재파의 정책 성향을 지지하는 그룹으로 연합 내 지지파를 대체하고 기존 지지파의 당내 영향력 확대를 저지하였다. 당내 지지기반 재구축을 통해 총재파의 주도권 강화를 도모한 것이다.

2) 대체연합 모색

이케다는 기존 우월연합에 대신하는 대체연합을 모색하기 시작하였다. 이와 관련하여 고노(河野)파, 미키(三木)파 영입은 주목할 만하다. 이는 협조적인 세력을 새로운 지지파로 영입함으로써 우월연합 내 응집력을 보강함과 동시에 총재파의 정책 추진 리더십을 강화하는 전략이다.

(1) 농업 정책과 이케다·고노 연합

먼저, 균형발전파의 주된 비판 대상인 농업 부문에서 당시 농업정책에 영향력을 보유하고 있던 고노 이치로(河野一郎)와 제휴함으로써 정책 마련 및 추진에 대한 균형발전파의 간섭을 배제하고자 하였다. 고노는 농림 부분에서 축적된 경력을 통해 압도적인 영향력을 행사하는 정치가로 잘 알려져 있다. 이케다는 기시·사토파와의 협력을 지속하는 가운데 1961년 7월, 제2차 이케다 내각 개조를 통해서 고노파를 영입하였다. 이후 고노파 잔존, 기시·사토파 배제의 수순으로 우월연합의 구성을 변화시켜 나아갔다. 고노는 농림수산대신으로서 입각을 완수한 이래, 농림수산과 건설대신 포스트 등을 번갈아 역임하며 농업 및 공공사업 부문에 대한 정책 전반을 담당하게 된다.[14]

한편, 당시 자민당 내에는 향후 농업정책의 방향성에 관하여 양분된 두 가지 정책 성향이 존재하였다. 하나는 농업과 타 산업 분야와의 불균형 시정 및 농업 발전을 도모함으로써 농업의 현존 유지를 꾀하는 것이다. 자유화 반대, 가격정책 지지, 보조금의 유지 및 확대를 주장하는 것이 이에 해당한다. 또 하나는 재정 및 외교 상 요청에 근거하여 농업정책을 추진하는 것이다. 농업의 근대화, 농업구조 개조라는 관점에서 가격정책 억제, 대외적 농산물 자유화 요청에 대응하는 입장이 여기에 해당한다(橋本 1984, 253). 전자가 균형발전파의 견해를 대변하는 입장이라면, 후자는 성장확대파의 인식을 대표하고 있다.

여기서 당시 농업정책에 대한 고노의 입장이 성장확대파의 주장과 유사하다는 점에 유의할 필요가 있다. 1961년 6월, '농업기본법' 공포에 대한 고노의 소극적인 대응이 그 일례가 된다. 이 법안은 농업 생산성 상승과 농

14_고노는 1961년 7월부터 62년 7월까지 농림수산대신을, 62년 7월부터 이케다 정권이 끝나는 64년 11월까지는 건설대신을 역임하였다. 고노가 건설대신 직을 수행하게 된 이후에도 고노파의 시게마사 세이지(重政誠之)가 63년 7월까지 농림수산대신을 이어 받음으로써 농업정책에 대한 고노파의 영향력이 지속적으로 작용하였다.

업종사자의 소득 개선을 통해 타 산업과의 격차를 시정하고자 하는 것으로, 산업구조의 변화에 따른 기존 농업체계의 변환을 목표로 하는 것이다. 그러나 기본법 책정 과정에서 고노는 거의 아무런 역할도 하지 않았다(橋本 1981, 539). 고노의 소극적 대응은 그의 견해가 이미 이 시점에서 이케다의 인식과 일치를 보았음을 방증하고 있다. 고노는 농림수산대신 입각 직후인 1961년 7월 28일, 식량관리 적자 증가를 지적하며 쌀 관리제도 재검토를 주장하는 이른바 '고노 구상'을 각료회의에 제출하였다.[15] 고도 경제성장에 상응하는 형태로 농업체제를 구축해 나아가고자 하는 고노의 인식은 고노 구상을 통해 명확히 드러나고 있다. 당시 당내에서는 1962년 참의원 선거 전략상 쌀 가격 문제에 신중히 대처해야 한다는 여론이 높았으나, 그 가운데 고노는 성장확대파의 관점에서 직접 식량 관리 제도에 적극 개입할 것을 피력하였다. 이렇듯 고노 입각 이후 이케다-고노를 주축으로 한 농업정책이 본격적으로 전개되었다. 이케다가 새로운 정책 파트너로서 고노를 맞이하고 농업 분야에 대한 고노의 영향력을 활용함으로써, 균형발전파의 비판에 노출되어 있던 농업정책은 이케다의 배증계획에 상응하는 정책적 구조 전환이 이루어졌다.

이케다-고노 연합과 관련하여 또 하나 지적해야 할 것은 바로 자민당의 고정지지층인 농업종사자를 어떠한 방식으로 회유할 것인가라는 문제

15_고노가 식량 관리 제도에 개입할 것을 결심한 데에는 다음의 세 가지 이유를 들 수 있다. 첫째, 식료 관리 적자 증가로 1961년에는 약 700억 엔에 달하였으며 이를 일반회계로부터 보충해야 했다. 둘째, 대대적인 햅쌀 가격 인상을 계기로 쌀 가격 제도에 대한 비판이 일어나 식량 관리 적자를 시정하고 그 금액을 농가 전체의 경영에 돌려야 한다는 견해에 힘이 실리고 있었다. 셋째, 더 이상 방치하면 쌀 문제 해결이 한층 더 어려워질 것이라는 비판이 일고 있었다(『朝日新聞』 1961/ 07/ 29).

이다. 당초 이케다가 구상하는 배증계획은 산업 간 소득격차 문제에 대해 그다지 우려를 표명하지는 않았다. 그의 논리에서 보면, 고도 경제성장에 따른 산업구조의 변화가 공업의 확대와 농업의 축소를 유도할 것이며, 농업 분야의 과잉 노동력이 공업 부문에 흡수되어 경제성장에 상응하는 노동력의 조정이 가능하다고 여겼기 때문이다. 하지만 실제 공업 부문에서 농업 출신자의 비율은 지극히 낮게 나타났으며, 이들 대부분은 토건, 운송, 항만에 참여하는 미숙련 노동자로서 흡수되고 있었다.[16] 이는 경제성장기의 농업 부문에 대한 대처가 도로 건설 등으로 상징되는 공공사업 부문의 투여와 연동하는 부분이 있음을 시사하고 있다. 여기서 당시 고노파가 농림·건설 포스트를 점하고 있었다는 점은 매우 흥미롭다. 고노가 건설대신으로 부임한 이래 자민당은 도로·항만 부문 건설 및 정비 등 공공사업에 주력하기 시작하였다. 이 때 고노는 농업 및 농업종사자에 대한 대처와 건설업을 연동하여 도로·항만 건설의 중요성을 강하게 인식하고 있었다고 전해진다(河野 1966, 24-26). 즉 공공사업을 농업종사자에 대한 처우로 활용하는 농업-건설업 조합을 만들어 낸 것이다.

〈그림 4-3〉에 나타나듯이, 1955년부터 1965년 사이의 공공사업 예산에서 '도로·항만 정비비'의 증가는 매우 특징적이다. 특히 1960년대로 접어들면서부터는 해당 예산의 증액 정도가 가파르게 상승하고 있는 것을 알 수 있다. 그에 반해 농산물의 생산성 증진을 주된 용도로 하는 '농업기반 정

16_공업 부문의 노동력 조달은 농업의 잠재적 과잉인구가 아닌 신규 대학 졸업 노동력에 의존하고 있었다. 농업 부문 유출 노동력은 토건, 운송, 항만 등의 미숙련 노동으로 흡수되었으며 공업 부문에 투입된다 하더라도 임시공 혹은 하청 중소기업의 미숙련 노동력으로 편입됨으로써 노동력 편성의 최하위 부분에 자리매김 하고 있었다(伊藤 1994, 231).

그림 4-3 | 일반회계 예산 중 도로·항만 정비비와 농업기반 정비비의 점유율(1955~65년)

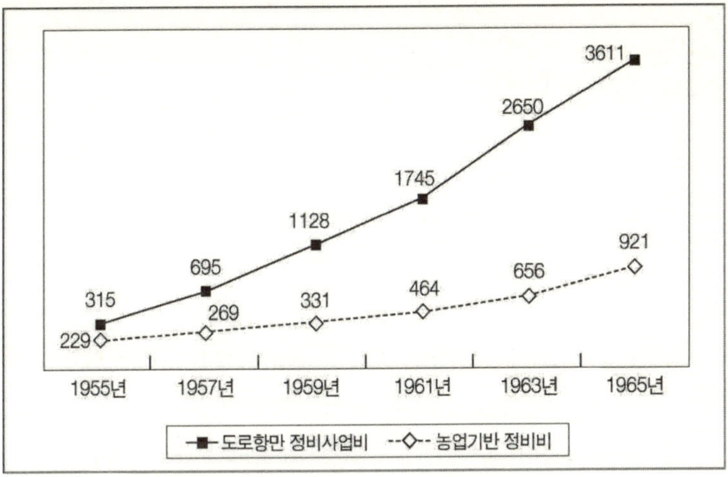

주1: 도로항만 정비에 해당하는 예산 편성비 항목은 다음과 같다. 1955년은 도로항만 등 정비사업비, 1957~59년은 도로 정비비와 항만·어항 등 정비비, 1960~65년까지는 도로 정비비와 항만·어항 공항비를 합한 것이다.

주2: 농업기반 정비비의 경우, 1955~59년은 식료 증산 대책비를 그리고 1960~65년은 농업기반 정비비를 대상으로 함.

출처: 財務省主計局調査課編. 2005.『財政統計 平成17年度』. 東京: 財務省主計局調査課. pp. 237-245의 과거 예산 편성 시계열 보고서를 토대로 필자 작성.

비비'(1959년까지는 식료 증산 대책비)는 일정 수준 혹은 소폭 상승에 머무르는 것을 확인할 수 있다. 즉 농업 부문 관련 공공사업의 방향성이 농업기반 정비에 직접 편성되는 것이 아닌, 도로·항만 등의 인프라의 구축에 편성되어 간접적으로 농업종사자를 보조하는 형태로 추진되었다. 도로·항만 건설 등의 부업을 제공함으로써 상대적으로 소득이 감소한 농업종사자의 가계를 보조하는 방식, 즉 농가의 농업 의존도는 서서히 낮추고 농업 이외의 수입에 대한 의존도를 높이는 방식이 채택되었다.

〈표 4-3〉에 명시되어 있듯이 1960년대 중엽이 되면, 일본의 농가는 기

표 4-3 | 농가 경제의 변천 추이(1955~65년)

시기	농가소득 중 가계비 충족률	농업 의존도	농업 소득율
1955년	81.7	71.4	68.6
1957년	60.4	56.6	64.4
1959년	60.5	55.5	64.4
1961년	57	51.5	60.5
1963년	56	49.4	57.8
1965년	55.8	48	57.2

출처: 니시다 미와(西田美昭). 1994. "農民運動の高揚と交代-戰後農村社会への転換." 사카노 쥰지(坂野潤治)他. 『日本近現代史 4 戰後改革と現代社会の形成』. 東京: 岩波書店. p. 111에서 발췌.

계소득의 반을 농업 이외의 부문으로부터 조달하였다. 그런 의미에서 공공사업은 농업종사자에게 부업을 제공함으로써 농촌지역 노동력의 과잉 현상에 대처하는 방안이 될 수 있다. 이 같은 정책적 조합이야말로 이케다파가 주장하는 배증계획에 따르는 농업 문제의 타개책임과 동시에 균형발전파로 구성되는 지지파의 영향력을 억제하는 방법이었다. 이케다는 고노파와의 협력을 도모함으로써 리더십 강화에 제약으로 작용하던 기시·사토파(=균형발전파)의 영향력을 제약할 수 있었다.

(2) 당 근대화와 이케다·미키 연합

반대파로 돌아선 기시·사토파의 움직임은 총재파의 주도권을 동요시킬 수 있는 잠재적인 위협이 되었다.[17] 기시파 직계 후쿠다 타케오(福田武

17_당 내외에서는 이케다의 성장 중심 정책 방향에 대한 비판에 동조하는 견해가 나오기 시작하였으며 이즈음 기시·사토를 중심으로 한 반(反)이케다파가 결성되었다. 이토의 회고에 따르면, "작년(1962년) 말경, 기시·후쿠다파와 사토파가 후지야마파와 연계하여 반이케다 그

夫)는 1962년 1월, 파벌 체제의 타파하는 당 근대화를 주장하며 '당 기풍 쇄신 간담회'(党風刷新懇談会)를 결성하였다. 후쿠다가 주장하는 파벌의 금권정치는 이케다가 추진하는 성장 확대 정책에서 유래하는 것이었다(樋渡 1990, 236). 이것이 바로 반대파의 당 근대화론 이면에 숨겨진 총재파에 대한 공격이라 할 수 있다.

이에 대해 이케다는 당의 정식기관을 통해 당 근대화의 문제를 처리함으로써 반대파의 움직임을 봉쇄하고자 한다. 여기서 이케다는 자민당 체질 개선을 끊임없이 주장해 온 미키 다케오(三木武夫)에게 당 근대화의 추진을 의뢰하고 당 운영 차원에서 그를 영입하였다. 근대화 문제를 당의 정식기관(당 조직 조사회)에서 처리한 것 또한 1962년 미키가 당 조직 조사회장으로 발탁된 이후이다. 미키는 1년 후인 1963년 10월, 당 근대화의 방향을 정리하여 파벌 해소, 정치자금의 당 본부 일원화, 총재 3년 임기 제도 등을 주된 골자로 하는 이른바 '미키 답신'을 제출하여 당 운영 개선 운동의 선두에 선다. 이케다는 총재파와 반대파의 중간에 위치하고 있던 미키를 등용함으로써 당 레벨에서 중립적인 당풍 쇄신을 기하고 있음을 피력하고자 하였다. 이후 집행부 중역으로 미키 등용을 거듭하면서 대내외로 당 근대화를 어필하고, 더불어 자파의 지지파로 미키를 끌어 들이는 융화책을 꾀하였다.[18] 그런 면에서 이케다와 미키의 접근은 반대파의 저항이 재점화된 시점에서 이들의 영향력 확대를 저지하기 위한 총재파의 주도권 강화 전략

룹을 형성하려고 하는 움직임이 있었다."(伊藤1985, 223)라고 기록하고 있다.

18_이케다는 당 근대화를 어필하고자 당직 인사에서 미키를 요직에 배치시켰다. 미키는 정무조사회 회장(1963년 7월 내각 개조 인사), 간사장(1964년 7월 내각 개조 인사) 등을 역임하며 당 지도부로 부상하였다.

으로 평가할 수 있다.

3) 1962년 참의원 선거를 통해서 본 총재파의 지지기반 강화 전략

총재파의 전략과 연계하여 또 한 가지 주목할 것은 1962년의 참의원 선거 공천사례이다. 2장에서도 살펴본 것처럼, 자민당 결성 초기부터 당내 역학구도를 반영하여 참의원 전국구 후보자를 공천하는 경향이 강하였다. 이는 총재파의 주요 지지기반을 육성·조직화하고 대표자를 자민당 전국구 후보로 내세움으로써 당 내외의 지지를 유기적으로 연결하는 권력기반 강화 전략의 일환으로 파악할 수 있다.

이케다 정권 하에서 치러진 제6회 참의원 선거에서도 전략적 여지가 여실히 드러난다. 〈그림 4-4〉에 도식화한 것처럼, 이 선거에서 자민당 공천을 받은 전국구 후보자를 검토해 보면, 기시 정권 하에서 치러진 직전 선거(1959년)와 비교해 볼 때 지지단체 관련 후보자의 양상은 다음과 몇 가지 큰 변화가 나타났다. 우선 농업계, 상공·중소기업계 등 이른바 국내 산업계 관련 후보자의 비중이 감소한 것이 특징적이다. 특히 자민당에서 공천된 단체 출신 후보자 중 가장 높은 비중을 차지해 온 농업계 관련 후보자가 1962년의 선거에서는 17%(1959년 선거, 30%)로 감소하였다. 그리고 수치로는 확인이 어려우나, 상공·중소기업 관련 공천 또한 실제로는 급격히 감소하였다. 전국적 규모의 상공·중소기업 단체인 추세이렌은 조직 운영 면에서 자민당과 밀접한 관계를 유지하고 있었으며, 당시 총재이던 기시파가 중요시 하는 지지기반이기도 하였다. 〈표 4-4〉에 정리해 놓은 것처럼, 추세이렌은 중소기업 조직의 정치세력화를 목표로 1959년 선거에서 독자적

그림 4-4 | 1959년과 1962년 자민당 참의원 전국구 후보자의 지지단체 분야별 비중

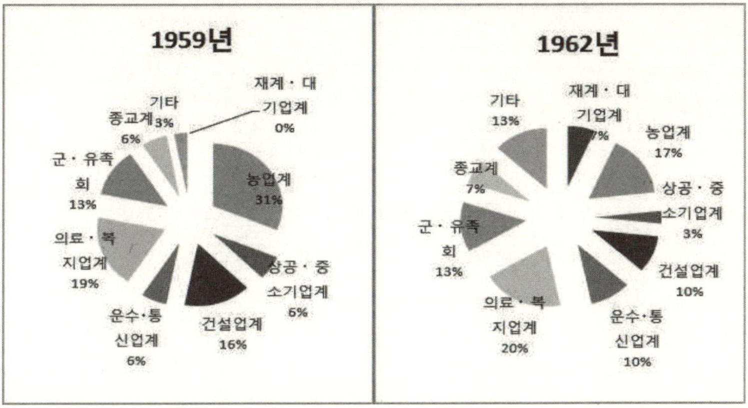

주: 지지단체 업계별 분류는 권말부록 III을 참조.
출처: 『朝日新聞』(1959/05/19; 1962/06/17) 선거공보 후보자 일람을 토대로 필자 작성.

으로 6명의 전국구 후보자를 내세워 선거전에 참가했으나 조직운영 면에서 자민당과 중복됨에 따라 업계의 표가 분산되어 선거에서 고전하였다. 이에 1962년 참의원 선거부터는 자민당 공천 후보를 내세운다는 내부 방침을 결정해 두었으나, 해당 선거에서는 기시 퇴진을 필두로 추세이렌 관계 정치가 세력의 약화되었다. 이에 1962년 선거에서 자민당 전국구 공천을 받은 추세이렌 관련 후보자는 회장직을 맡고 있던 도요타 마사타카(豊田雅孝)에 국한되어, 업계 대표 세력이 급감하였다.[19]

농업계, 상공·중소기업계 관련 후보자 감소는 자민당의 득표 전략뿐만

19_추세이렌에서 논의된 자민당 후보자 출마 추진 및 결의 과정은 日本中小企業団体連盟(1979, 720-722)을 참조.

표 4-4 | 1959년과 1962년 참의원 선거 중 상공·중소기업계 관련 전국구 후보자 일람

1959년 선거		
소속	후보자명	프로필(1959년 현재)
제파·현직	鮎川義介	추세이렌 총재, 재국석유 사장
녹풍회·현직	豊田雅孝	중소기업단체연맹 회장, 상공중금(商工中金) 이사장
무소속·전직	井上ナッ江	추세이렌 정무, 일본간호협회 회장
무소속·전직	伊藤修	추세이렌 총무, 농업정치연맹 총무
제파·신인	小川市吉	추세이렌 총무
제파·신인	松崎健吉	추세이렌 상임총무 겸 정책국장
1962년 선거		
소속	후보자명	프로필(1962년 현재)
자민당·전직	豊田雅孝	추세이렌 회장, 상공중금 이사장

출처: 『朝日新聞』(1959/05/19; 1962/06/17) 참의원 선거 후보자 일람을 참고로 필자 작성.

아니라, 리더 교체에 따른 권력자원 재배분, 총재파의 권력기반 확대 전략에서 비롯된 현상이라 할 수 있다. 우선, 성장 확대 정책의 반대급부로 지역·산업 간 격차가 커져 가는 상황 속에서 이케다 정권의 정책 방향에 불만의 여지를 가질 수 있는 농업, 상공·중소기업계의 조직력을 활용하는 것은 당시로서는 결코 유효한 집표 전략이 아니었다. 더욱이 총재파의 당내 주도권 유지·강화 전략 면에서도 농업계, 상공·중소기업계에서 후보자를 내세워 이들의 조직력을 강화하는 것은 그다지 효과적이지 못하다. 국내 산업계는 민주당계-균형발전파를 잇는 유파에서 중요시 하는 지지기반으로 하토야마·이시바시·기시의 세 민주당계 리더 아래에서 정책적 배려를 통해 육성되어 왔기 때문이다. 더불어 이들 업계는 기존의 농협·중소기업단체의 조직력을 활용한 높은 득표력을 가지는 집단이었기 때문에, 특히 전국적인 조직력을 필요로 하는 참의원 선거에서 관련 후보자의 당선을 보장해 왔다. 균형발전파는 이러한 단체의 조직력을 활용하여 당선자를 배출해 냄으로써 자파의 규모를 확대해 갈 수 있었다. 〈그림 4-5〉에 나타나듯

그림 4-5 | 이케다파와 사토파의 파벌 규모 비교(1963년)

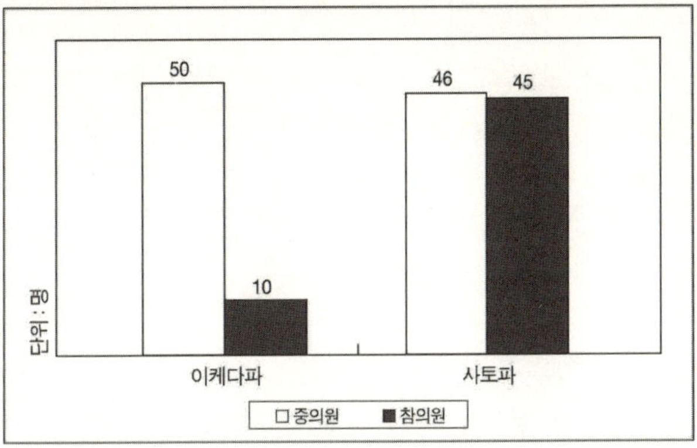

출처: 사토 세이자부로(佐藤誠三郎)·마츠자키 테츠히사(松崎哲久). 1986.『自民党政権』. 東京: 中央公論社. p. 243에서 제시한 파벌 규모를 토대로 필자 작성.

이 재계·대기업계를 지지기반으로 하는 이케다파와 농업계, 상공·중소기업계를 지지기반으로 하는 사토파의 규모를 비교해 보면, 중의원 멤버의 세력 규모는 비슷하나 참의원 멤버의 세력 규모에서는 큰 차이를 보인다. 바꿔 말하면, 균형발전파 구성원이 농업계나 상공·중소기업계를 기반으로 배출되었으며, 이들과 해당 업계와의 유기적 연계를 통해 균형발전파의 당내외 지지기반이 확대된 것이다. 따라서 지지기반의 강화, 구성원의 수적 증대라는 측면에서 균형발전파의 세력 확대를 견제하는 이케다에게 국내 산업계의 세력 확대 저지 및 자파의 지지기반 확대가 요구되었다.

총재파의 권력기반 확대라는 측면에서 주목되는 것이 바로 재계·대기업계 관련 후보자의 증가이다. 앞서 제시한 〈그림 4-4〉에 나타나 있듯이 1959년의 선거에서는 후보자를 내지 못했던 재계·대기업계가 1962년의 선거에서는 2명의 공천 후보자를 내세웠다. 게다가 두 후보자 모두 당시

표 4-5 | 1962년 참의원 선거 전국구 후보자 중 총재파 지지기반 관련 업계 출신자

지지단체	후보자	주요 프로필
재계·대기업계	江藤智	청도자제사장, 국철대철국장
	中山幸市	일본전공중역, 太平주택사장
건설업계	稲浦鹿蔵	일본항만협회부회장, 건설차관
	林真治	어항협회부회장, 항만협회참모
운수업계	天坊裕彦	트럭협회장, 국철부총재

출처: 『朝日新聞』(1962/06/17) 참의원 선거 후보자 프로필 일람에서 발췌하여 필자 작성.

이케다가 중요시 하는 산업 분야(철도, 전기 건설, 주택) 관련 업계 출신자였던 점은 흥미로운 사실이다. 또한 재계·대기업계로 분류되지는 않더라도 건설업계, 운유업계 관련 후보자 중에도 배증계획과 연계된 산업 관계자가 다수 포함되어 사실상, 총재파의 지지기반과의 연계를 우선하는 공천전략이 행해졌음을 확인할 수 있다(〈표 4-5〉).

이처럼 이케다 정권에서는 배증계획과 연계된 특정 산업 관련 후보자를 확대함으로써 이들 산업계의 정치력을 증대하였다. 더불어 업계 육성 및 조직력 확대를 도모함으로써 당 내외 지지구조를 조직화하였다. 여기에 정책을 연계하여 자파의 지지기반(=재계·대기업계) 강화를 도모하는 총재파의 전략적 대응이 명확하게 나타나고 있다.

4. 당내 역학구도 동요와 정책 수정

이케다는 자파의 구상에 입각한 배증계획 추진 체계를 구축하고자 하였다. 이에 배증계획에 비판적인 기시파의 후지야마를 대신해 자파의 미야

자와 기이치(宮沢喜一)를 경제기획청 장관으로 임명하는 등 관련 포스트 배분에 자파 인사를 등용하여 본격적인 성장 확대 노선을 전개하였다. 더불어 정책 설정 과정에서 간과되었던 물가상승 및 산업·지역 간 격차 등에 대해서는 총재파 주도 하에 타개책을 마련하고자 하였다. 그러나 당초 민간경제의 자립이라는 관점에서 경제성장을 유도하는 이케다의 정책은 상대적으로 경쟁력이 낮은 농업계 및 상공·중소기업계에 대한 효과적인 대책을 찾아내기가 쉽지 않았다. 국내 산업에 대한 정책적 한계로 배증계획 선거 전략적 효용 또한 점점 기능하기 어려워지고 있었다.

한편, 1963년을 전후로 이케다는 정책 수정을 단행하였다. 당시 물가상승, 주가폭락, 중소기업 금융난의 심화 등으로 일본의 경제 정세에 대한 전망에도 우려의 목소리가 높아졌던 것은 사실이나, 이케다의 정책 수정이 단지 이러한 경제 환경의 악화에 기인한 것만은 아니었다. 이케다가 직접 정책 수정에 나선 보다 직접적인 원인은 바로 이케다를 보좌해 온 총재파 내부에서 배증계획 추진에 대한 우려가 나타났기 때문이다. 특히 중추적인 역할을 담당해 온 경제기획청 장관 미야자와의 제언은 총재파 내부의 우려를 상징적으로 보여 준다. 미야자와는 1963년 10월, 소비자물가의 상승 원인, 배증계획 달성이 지연되는 이유가 중소기업 및 농업의 후진성, 열악한 생산성에 기인한다고 보고 중소기업 및 농업의 기반 강화를 중점 정책으로 할 것을 총재에게 제안하였다(『朝日新聞』 1963/10/10).

성장 확대 노선을 이끌어 온 이케다의 브레인들이 농업 및 중소기업의 기반 강화를 중요시하기 시작한 데에는 몇 가지 이유를 들 수 있다. 첫째, 선거 유인이 강하게 작용하였다. 배증계획 추진 이후 실시한 국정선거(1962년 7월 참의원 선거, 1963년 11월 중의원 선거)에서 이케다의 성장정책에 대한 야당 측의 비판이 정책적 수혜를 받기 어려운 농업·중소기업 분야에 집중되었다. 당시 사회당은 이케다의 성장 확대 노선을 대기업 담합이라 비판하며 중소기업의 금융난 해소, 농축산물의 가격 유지, 그리고 유통의 개선 등의 후진 산업 관련 정책 개선을 강하게 요구하였다. 1962년 초가 되자 사회당은 민사당과의 협동 제안으로 배증계획에 의한 불평등 시정을 목적으로 한 '중소기업기본법'을 국회에 제출, 발표하였다. 더불어 1963년 10월의 중의원 선거에서는 현행 자민당 시책에 강력한 비판을 가하며,[20] 정부의 경제정책의 근본적 전환을 요구하는 등 국내 산업 육성이 중요한 쟁점이 되었다. 이 때 정책적 대처를 하지 않을 경우, 자민당은 단기적으로는 1962년 7월의 참의원 선거결과에 영향을 받게 될 것이며 장기적으로는 농촌지역 및 중소기업계 종사자가 야당의 지지세력으로 편입될 가능성이 있다고 보았다. 성장 확대 노선의 선두에 서 있던 총재파는 선거 대비책 마련에 더욱 민감하게 반응하지 않을 수 없었다. 이에 참의원 선거를 앞두고 관련 법안의 국회 제출을 서둘러 1963년 7월, 내각 상정 법안 형태로 중소기업기본법을 성립시켜 야당의 공세에 대응하였다(Calder 1989, 287). 이처럼 야당의 선거 이니셔티브를 잠식시키기 위한 대응 과정에서 자민당은 배증계획의 추진 방향을 수정하지 않을 수 없었다.

둘째, 선거결과를 보면 과반수 확보에는 어려움이 없었으나 득표율 감소가 뚜렷하게 나타났다. 배증계획을 내세워 지지를 호소한 1960년 중의원 선거와 비교해 보면 1963년의 중의원 선거는 283석을 얻는 데 그쳐 이전 선거보다 17석이 감소한 결과를 낳았다. 또한 해당 선거에서 자민당의 득표율은 54.7%로 결당 이후 최저치를 기록하였다. 반면, 전후 정당정치

20_1963년 선거에서 사회당이 제시한 정책 입장 및 자민당 정책 비판에 관해서는 樋渡(1990, 232-233)를 참조.

그림 4-6 | 역대 중의원 선거결과에서 보수계 정당과 혁신계 정당의 득표율

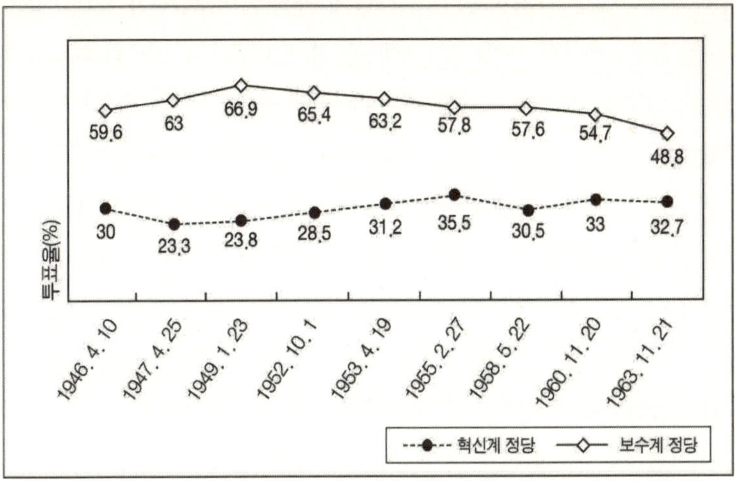

주1: 1946~55년의 선거에서 보수계 정당은 일본 자유당, 민주 자유당, 요시다 자유당, 하토야마 자유당, 진보당, 민주당, 국민협동당, 개진당을, 혁신계 정당은 사회당, 좌파 사회당, 우파 사회당, 노동농민당, 공산당을 대상으로 한다.

주2: 1958년 이후의 선거에서 보수계 정당은 자민당을, 혁신계 정당은 민사당, 사회당, 공산당을 대상으로 한다.

출처: 自治省選挙部. 1993.『衆議院議員総選挙最高裁判所裁判官国民審査結果調』. 東京: 自治省選挙部. pp. 16-17의 선거결과를 바탕으로 필자 작성.

가 시작된 이래의 투표결과를 보수와 혁신별의 득표율로 환산했을 경우 혁신정당 세력의 득표율을 뚜렷한 증가 추세를 보이는 반면, 보수계 정당의 침체가 명확히 나타나고 있었다(〈그림 4-6〉). 국내 산업 종사자의 지지이탈을 막기 위해 서둘러 법안을 마련하고 선거전에 돌입했던 자민당에게 이 같은 선거결과는 큰 부담으로 작용하였다. 특히 1963년 선거결과는 성장 확대에 중점을 두고 배증계획 추진을 선도한 이케다 정권에 대한 유권자의 중간 평가라는 의미를 가지고 있었기 때문에 당 지도부는 정책 궤도 수정 및 인사쇄신을 통해 선거결과에 대한 책임을 져야만 했다.

셋째, 당 내부의 반향이다. 야당의 공격, 그리고 선거전략 면에서 공통된 과제로 떠오른 농업·중소기업 대응에 관해 균형발전파가 당내 여론을 주도할 경우, 총재파의 리더십을 침식할 수 있다. 한편, 이케다 재임 기간 중 농업·중소기업 관련 정책을 재검토해야 한다는 주장은 당내에 항상 존재해 왔다. 균형발전파의 끊임없는 비판에도 불구하고 이케다가 자파의 정책 방향을 고수하며 정권 운영을 해나갈 수 있었던 데에는 당내 그룹 간 전략적 협력이 작용하고 있었기 때문이다. 당시 자민당 내 최대 파벌을 형성하고 있던 것은 반대파인 사토파였다. 이케다는 사토파의 권력 확대를 견제하는 타 그룹들과 인식을 공유하였다. 그러나 주가폭락, 물가상승, 중소기업 금융난 등으로 이케다 정권에 대한 유권자의 지지가 하락하자, 당 여론은 이케다를 비판하는 반대파에게 힘을 실어주었고, 반(反)이케다파 결성에 동조하는 분위기가 조성되었다.[21] 국내 산업에 대한 배려를 강조해 온 균형발전파의 이케다 비판은 총재파의 리더십을 침식하는 잠재적 위협으로 작용하며 타 그룹의 인식 변화를 유도하기 시작하였다.

결국 이케다는 1963년 12월 20일, 각료회의를 통해 '1964년도 경제전망'(経済見とおし)을 작성하고 정부가 성장 확대 일변에서 벗어나 균형 발전을 고려한 경제정책의 양립을 도모할 것을 명시하기에 이른다. 국제지수의 적자폭 확대 및 소비자물가의 불안정이 고도 안정 성장의 기반을 해칠 수 있다고 보고, 경제 체질의 강화, 사태의 조속한 개선의 필요성을 강조한 것

21_이케다에 대한 국민 대중의 지지는 주가폭락, 물가상승, 중소기업 금융난 등으로 동요되기 시작하였으며, 이러한 상황을 살피고 당내 반(反)이케다파가 결성되었다. 당시 실력자 내각과 마에오(前尾繁三郎), 스즈키 젠코(鈴木善幸) 등으로 조직된 집행부가 이케다를 지탱하는 핵심이었다(伊藤 1985, 161).

그림 4-7 | 이케다 정권의 정책 변경 구조

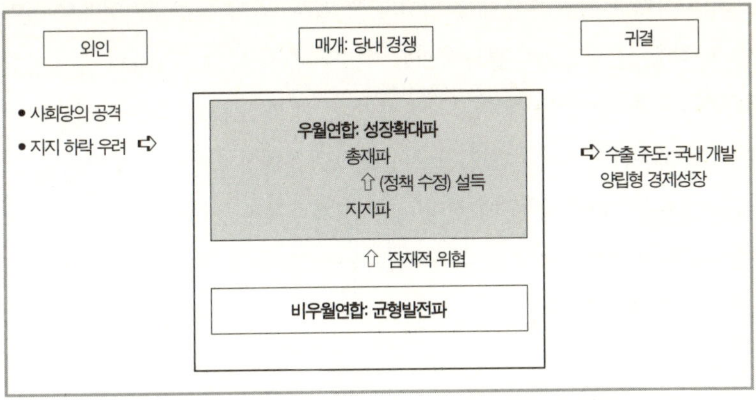

출처: 필자 작성

이 주요 골자이다(樋渡 1990, 249). 이처럼 총재파는 균형발전파를 중심으로 형성된 당내 반대파의 영향력 강화 가능성을 미연에 방지함으로써 당내 주도권을 유지하고자 하였다. 이를 위해서는 총재파 스스로가 선두에 서서 산업간 격차를 완화하는 방향으로 정책 궤도를 수정하지 않을 수 없었다. 자민당은 보조금 및 감세 융자 확대를 통해 농촌 및 중소기업 대책을 구체화함으로써 지지기반 안정을 도모하였다. 이케다 정권의 후기 정책들이 자민당에 대한 지지 철회 가능성이 높은 부문에 집중하고 있던 점, 그리고 야당 측이 정부의 기존 정책에 대한 반감을 흡수하여 자신의 지지기반으로 유입하려는 지역 및 산업이었다는 점, 당시 농업·중소기업 대책에 대해 여·야당 간 정책적 거리가 벌어져 있지 않았다는 점에서 이케다 정권의 정책 변경이 당 내외의 지지조달과 연계되어 있었다는 것을 알 수 있다.

여기서 흥미로운 것은 유권자의 지지 이탈과 당내 역학의 관계이다.

〈그림 4-7〉에 정리한 것처럼, 유권자 지지조달 면에서 배증계획의 한계를 드러낸 이케다 정권 후기에 들어서자, 농업계 및 상공·중소기업계를 둘러 싼 여·야당 간 쟁탈전이 결과적으로 자민당 내부, 특히 총재파의 정책 방향에 변화를 촉진시키는 계기로 작용하였다. 이 때 도출된 자민당의 정책 방향이 반대파인 균형발전파의 정책 성향에도 부합하고 있었다는 점에서, 이케다 정권을 거치는 가운데 결당 이후 경제정책을 둘러 싼 자민당 내부의 상이한 정책 성향이 비로소 수렴되었다는 것을 알 수 있다.

5. 소결: 경제성장 정책의 방향성 수렴

1960년, 이케다 정권의 발족과 함께 자민당은 배증계획을 중심으로 한 경제발전의 청사진을 제시하였다. 이 시기는 자민당 결성 초기에 설정한 정책의 초기치가 전환된 첫 분기점이 된다. 1960년이 되자 자민당은 외교·안보 분야의 편중을 낮추고 경제문제에 관심을 증대시켜 외교에서 경제로 정책의 우선순위를 변경하였다. 한편, 1958년의 정책적 초기치와 비교하자면 농업계, 상공·중소기업계 등의 특정 집단에 대한 보호·육성 및 사회복지에 대한 관심은 다소 저하된 반면, 경제문제에 우선순위를 부여하는 양상이 뚜렷해졌다(〈그림 4-8〉). 우선 재정 분야에서는, 1950년대 후반부터 시작된 성장가도의 경제를 관망하고 종래의 긴축재정으로부터 적극재정으로 기조를 옮겼다. 또한 경공업을 중심으로 한 종래의 산업정책에서, 철강, 자동차, 전기·전자 공업 등의 중화학공업에 중점을 옮기는 산업구조 변경에 착수하였다. 반면, 결당 초기에 육성 대상으로 분류된 국내 산업 분야에

그림 4-8 | 1958년과 1960년 중의원 선거공약을 통해서 본 자민당의 정책 위치 변화

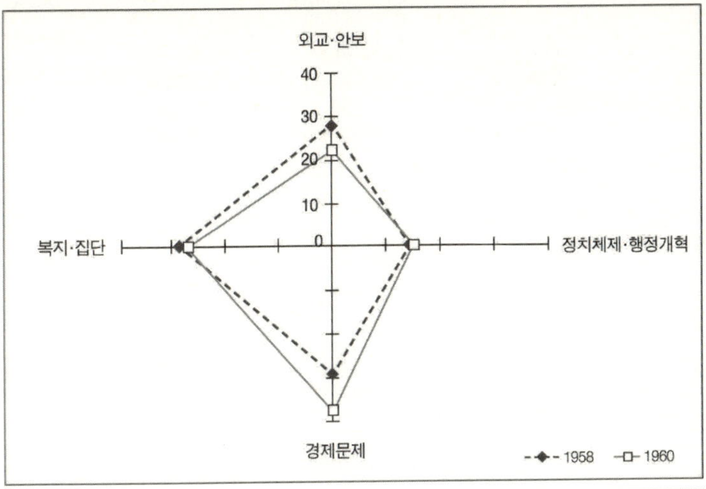

주: 선거공약 코딩 방식은 권말부록 IV를 참조.
출처: 『朝日新聞』(1958/04/26; 1960/10/25)을 코딩화하여 필자 작성.

대해서는 구조 개선이 필요하다는 인식 하에 생산성 증대 촉진과 함께 산업구조 이전에 따른 과잉 노동력의 공업 부문 이전을 촉진하였다. 또한 고속도로 및 항만 건설 등 공공사업 확대를 통해 경제성장에 상응하는 인프라 구축이 추진되었으며, 건설 과정에서 필요한 노동력을 후진 산업 종사자로 충당하는 방식의 간접적 지원 형태로 공공사업을 활용하기도 하였다.

이 같은 정책 방향은 자유당계 그룹 리더인 이케다 총재의 등장과 무관하지 않았다. 자유당계 세력은 정책 성향 면에서 시장경제와 수출산업을 중요시 하고 재계·대기업계를 주요 지지기반으로 하는 세력이었다. 그로 인해 자파의 권력기반 확대 전략이 정책과 연계되어 나타나기 시작했다. 하지만 이케다가 구상한 성장 확대 정책이 정책 설정 및 추진 과정 속에서

그림 4-9 | 이케다 정권의 정책 변경 구조

1960년(제시)	1961~62년(추진)	1963년(수정)
성장확대파	성장확대파	성장확대파
+ 타협	↕ 견제	↑ 수용
균형발전파	균형발전파	균형발전파

주: 테두리 안은 우월연합

순조롭게 추진된 것은 아니었다. 자민당 정책이 변경하는 과정 속에 당내 그룹의 전략적 행동이 자리하고 있었다.

〈그림 4-9〉에 정리한 것처럼, 배증계획이 제시된 1960년 당시 자민당에는 크게 나누어 균형 발전과 성장 확대의 두 가지 경제관이 대립하고 있었다. 성장 확대를 중심으로 한 배증계획의 책정 과정에서 산업·지역 간 격차 시정을 명시하는 정책적 배려가 이루어질 수 있었던 것은 두 가지 정책 성향을 대표하는 그룹이 우월연합 내부 에 총재파와 지지파로써 공존함으로써 이들 간 정책적 거리 축소가 불가피하였다. 즉 당내 주도권의 획득·유지를 목표로 하는 이해관계가 얽혀 성장확대파인 총재파와 균형발전파인 지지파가 전략적 타협을 도모한 결과로 배증계획이 제시될 수 있었다.

정권이 안정기에 들어서자 배증계획의 방향성이 성장 확대로 경사한 것 또한 같은 맥락에서 이해할 수 있다. 총재파가 당내 리더십을 강화하기 위해서는 지지파와의 정책적 상이를 누르고 자파의 정책 성향을 적극적으로 반영할 필요가 있었다. 이에 우월연합 내부의 타협은 결렬되고 이들 간 정책적 거리는 다시금 벌어졌다. 이 때, 총재파는 균형발전파로 구성된 지지파를 대신하여 자파의 정책 성향을 지원할 수 있는 새로운 대체연합을 구축에 성공함으로써 균형발전파의 당내 영향력을 배제하는 데 성공한다.

그러나 이케다 정권 후기에 들어서자 이케다 정권을 둘러싼 정치 상황은 변하기 시작하였다. 배증계획의 모순이 선거의 주요 쟁점으로 떠오르면서 총재 주도의 성장 확대 정책에 대한 당 내외의 비판이 거세져 반대파로 돌아선 균형발전파의 영향력이 증대되기 시작했기 때문이다. 이 때 이케다는 정책 궤도 수정을 통해 총재파의 당내 주도권 유지를 도모하였으며 그 과정 속에서 균형발전파의 의견을 수용하는 형태로 자민당 경제정책의 기본 방향이 재설정되었다.

이처럼 이케다 정권 후기에 완성된 이른바 '안정 경제성장', 즉 수출 주도와 국내 산업 육성을 양립한 자민당의 정책 노선은 당내 주도권 유지전략의 일환으로 도출된 총재파의 대응의 결과이다. 이와 같은 당내 견해 수렴을 계기로 한편에서는 경제성장을, 다른 한편에서는 다양한 유권자 집단에서 개별적으로 분출하는 불만을 해소하는 자민당 정치 운영의 원형이 완성된 것이다.

5장

사례 연구 2 : 1972~76년 다나카·미키 정권기

반대세력의 영향력과 이익배분형 정책의 정착

두 번째 사례는 다나카 가쿠에이(田中角栄)정권의 일본열도 개조론(이하 개조론) 및 미키 다케오(三木武夫) 정권의 복지 확대 정책을 거치는 가운데 완성된 자민당의 이익배분형 정책이 안착하는 과정이다. 주지하듯이 개조론은 사회 개발, 도시지역의 공해 문제 및 주택 문제의 해소, 그리고 복지를 연계한 다나카 정권의 주요 정책이다. 이 정책은 도시지역을 중심으로 한 일반 유권자의 지지 이탈을 막고, 동시에 건설업계의 정치력을 강화함으로써 이들을 신지지층으로 편성하고자 하는 자민당의 지지기반 확대 전략이었음에 유의할 필요가 있다. 그러나 1972년 12월의 중의원 선거 패배, 1973년의 오일 쇼크의 파급으로 개조론은 추진력을 상실하고 궤도 수정이 불가피해진다. 더욱이 1974년 7월 참의원 선거의 잇따르는 패배, 다나카의 정치 스캔들 등이 겹치면서 당내 위기의식은 극에 달하였고, 이를 타개하고 정권의 이미지 쇄신을 피력하고자 하는 가운데 미키를 후임 총재로 하는 신우월연합이 탄생하였다.

미키는 공공사업을 중심으로 한 다나카의 경기부양책을 비판하고, 복지 확충에 우선순위를 부여한 정책 궤도 수정과 더불어 정치개혁을 추진함으로써 유권자의 지지 이탈을 극복하고자 하였다. 그러나 복지정책을 제외하면 그의 추진 정책은 대부분 좌초되고 만다. 관련 정책들은 당내 저항에 부딪혀 다시금 다나카 정권 시절로 정책적 U턴이 나타났다. 그 결과 대형 건설사업 및 경기부양에 중점을 둔 토건형 정치와 복지정책 확대가 공존하게 된다.

이 장에서는 1970년대 자민당의 당세 하락과 여·야 백중세라는 불안정한 상황 속에서 나타난 자민당의 정책 변경, 그리고 그 귀결이라 할 수 있는 이익배분형 정책의 정착 과정을 검토한다. 결과적으로 다나카·미키 두 정권을 거치는 가운데 정착한 자민당의 이익배분형 정책은 야당세력의 선거 이니셔티브를 삼소시키기 위한 방안인과 동시에, 반대파 회유를 통해 자파의 주도권을 유지하려는 두 총재파의 권력기반 전략적 선택이라 할 수 있다.

1. 개조론의 비전과 다나카파의 승리

1) 당세 하락과 자민당의 딜레마

경제 호황기가 막을 내리자, 지금까지 경제발전과 국민생활 향상을 정

그림 5-1 | 일본의 산업별 종사자 구성비 변천 추이(1950~95년)

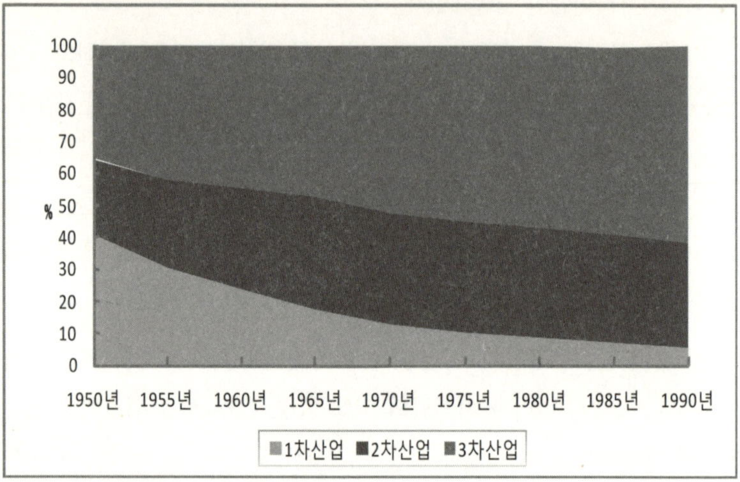

출처: 総務庁統計局編.『労働力調査年報』. 東京: 総務庁統計局.(각년)의 산업별 종사자 구성비를 토대로 필자 작성.
주: 1차 산업 종사자는 농림, 어업, 수산 양식업 종사자, 2차 산업 종사자는 공업, 건설업, 제조업 종사자, 그리고 3차 산업 종사자는 1·2차 산업 종사자를 제외한 그 외의 산업, 주로 사무직·판매·운유·통신·서비스업 종사자가 이에 해당한다.

치적 비전으로 내걸고 유권자의 지지를 흡수해 왔던 자민당의 선거 이니셔티브는 급격히 쇠퇴하였다. 1960년대 중반 이후 자민당은 지속적인 당세 하락을 겪는데, 그 배경에는 사회·경제적 환경 변화에 따른 유권자의 정당 지지 구도 변화가 자리하고 있다. 자민당은 창당 이래 자영·상공업자와 농림·어업자의 강력한 지지를 받아 왔으며 이들 직업군이 고정지지층의 대부분을 차지하고 있었다. 그러나 도시화가 진행됨에 따라 지역 인구의 도시 유출이 급증하였고, 대부분 1차 산업 종사자에 해당하는 자민당의 고정지지층 또한 점점 감소하였다. 〈그림 5-1〉에 나타나 있듯이, 1970년대에 들어서자 일본의 산업구조는 사무직 및 서비스업 등의 3차 산업 종사자가 전체의 50% 이상을 점하였고 이후 증가 추세가 지속되었다. 한편, 제조업 및 건설업 등 2차 산업 종사자도 증가 추세를 보이면서 1970년대에는 30%를 상회하였다. 하지만 이들 산업군은 이후 뚜렷한 증가를 보이지 않고 고정된 점유율로 정착하는데 그 정점이 되는 것이 바로 1970년대이다. 반면, 1차 산업 종사자는 해마다 감소하여 10%까지 급감하면서, 도시지역 거주자로 분류되는 2·3차 산업 종사자가 일반적인 유권자 상으로 탈바꿈하였다. 지역 유권자로 대표되는 1차 산업 종사자가 자민당의 표와 이익의 교환 메커니즘 속에서 일찍이 조직화되었던 것과는 대조적으로, 해당 메커니즘에 편입되지 않은 도시 유권자는 유동적이고 분산적인 정당 지지 형태를 보이고 있었다. 이처럼 자민당의 당세 하락은 확실한 지지를 보장해 주지 않는 유권자 집단, 즉 도시 유권자의 증가에서 비롯된다.

한편, 당시 도시지역에서 당세를 확대하고 있던 세력은 제1 야당인 사회당이 아니라 공산당과 공명당과 같은 중소 정당들이었다. 이는 자민당과 사회당으로 대별되는 양대 기성 정당의 약세와 중소·신생 정당의 약진으로 정당 간 경쟁이 구조적 변화를 맞이하였음을 의미한다. 정당 간 세력 배치의 변화 규모를 나타내는 EV(Electoral Volatility)지수를 이용하여 이 시기의 변화를 살펴보자.[1] 〈그림 5-2〉에 나타나 있듯이, 1967년과 1969년 두 번의 중의원 선거에서 득표의 이동 규모가 크게 나타나고 있다. 해당 EV지수는 1993년 정계 재편이 일어나기까지 자민당 일당우위 체제기 하에서 가장 큰 수치를 보이고 있다는 점에서, 정당 간 경쟁구도의 재편성을 가져

1_EV지수를 통해 기존의 정당 간 경쟁구도가 얼마나 변화했는지를 확인할 수 있다. 수치가 높을수록 기존의 정당 간 세력 배치에 큰 변화가 나타났음을 의미한다. 계산 방법은 다음과 같다. $P=\sum|Pt-Pt\text{-}1|/2$ (Pt: 해당 선거 정당 세력비(%), Pt-1: 직전 선거 정당 세력비(%))

그림 5-2 | 자민당 정권 하 중의원 선거의 EV지수 변화 추이(1960~93년)

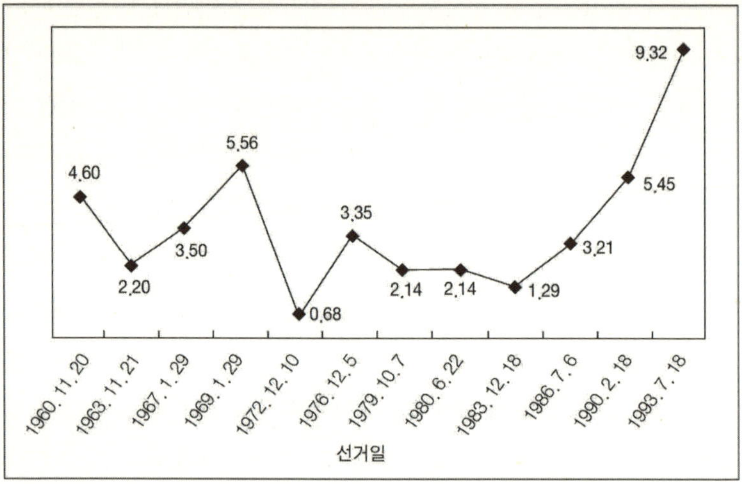

출처: 권말부록 II의 중의원 선거결과를 EV지수 산출방식을 적용하여 필자 작성.

온 중요 선거(critical election)이다. 한 가지 더 지적할 것은 1960년대 중후반 선거에서 눈에 띄게 상승한 EV지수가 1972년의 선거에서 낮게 나타났다는 점이다. 이는 1960년대 후반에 나타난 정당세력의 재배치가 1972년 선거를 기점으로 정착되었음을 의미한다. 즉 자민당과 사회당이라는 양대 정당의 당세 정체와 공명·민사·공산당 등의 중소 정당의 당세 확장이 맞물려 새로운 정당 간 경쟁구도로 안착한 것이다.

이처럼 당시 자민당의 당세 하락은 단순한 선거전략 실패에 기인한 일시적인 현상이 아니며, 정당세력의 재배치라는 장기적이고 구조적 변화에 유래한 것이었다. 따라서 자민당이 당세를 회복하기 위해서는 도시지역에서의 지지 확보, 특히 득표를 담보하는 지지구조의 조직화가 선결 과제가

표 5-1 | 사토 정권 말기와 다나카 정권 발족 직후 내각 지지율 비교

시기 구분	지지	비지지	기타	무응답
사토 내각(1971년 8월)	32%	49%	6%	13%
사토 내각(1971년 12월)	24%	58%	8%	10%
다나카 내각(1972년 8월)	62%	10%	15%	13%

출처: 朝日新聞世論調査室編. 1976.『日本人の政治意識』. 東京: 朝日新聞社. pp. 65-71을 토대로 필자 작성.

되지 않을 수 없다. 그러나 유동적인 도시 유권자의 지지를 조직화하는 데에는 장기적인 선거전략이 필요하다. 반면, 소수 유권자 집단을 형성하고 있다 할지라도 조직화된 지역 유권자의 고정적인 지지는 자민당 집표 전략의 중요한 요소임에 틀림없다. 이러한 상황 하에서 자민당은 두 유권자 집단의 지지를 어떠한 형태로 구조화해 낼 것인가라는 집표 전략의 딜레마를 안고 있었다.

2) 다나카 정권 탄생의 의미

자민당은 우선 총재 교체를 통해 정권의 이미지 쇄신을 기하고자 하였다. 1964년 11월 이래 장기간 지속된 사토 에이사쿠(佐藤栄作) 정권의 이미지를 탈피하기 위해서는 사토와는 정반대의 이미지를 가진 정치 리더의 출현이 필요했다. 이 때 후임 총재로 선출된 것이 바로 다나카이다. 정권 출범 당시 다나카는 결단과 실행을 슬로건으로 내거는 한편 관료·엘리트 출신이 아닌 서민적 이미지를 강조하였다. 〈표 5-1〉에 나타나 있듯이 사토 정권 말기에 24%까지 떨어졌던 내각 지지율은 1972년 7월 다나카 정권이 탄생하면서 62%까지 상승하였다. 당시 여론조사를 보면 신내각을 지지하는 이유로 '서민적인 수상' 19%, '실행형 수상' 11% 등 다나카 개인의 인품이나 이미지를 꼽는 응답자가 전체의 반 이상을 차지하였다(朝日新聞世論調査室編 1976, 67). 사토와는 정반대의 이미지를 갖는 다나카의 출현으로 리더 교체를 통한 자민당의 이미지 쇄신 전략은 성공적인 출발을 맞이한다.

(1) 당내 지지구조와 다나카파의 승리

다나카가 신총재로 등장한 경위를 보면, 당내 지지 동원 전략이 특히 주목된다. 총재 선출을 둘러싼 당내 경쟁에서 다나카가 후임 총재로 선출된 이유는 크게 두 가지로 나눠 볼 수 있는데, 그 하나는 이른바 와카테(若手)라 불리는 젊은 의원들의 수직적 지지 흡수이며, 다른 하나는 당시 유력한 총재 후보이던 후쿠다 다케오(福田武夫)의 세력 확대를 견제하는 각파 리더의 수평적 지지 흡수이다.[2]

먼저 수직적 지지 흡수를 보면, 다나카는 사토 정권까지 지속된 장로 지배(長老支配)의 수직적·폐쇄적 의사 결정 구조에 대한 젊은 의원들의 반감을 흡수하여 이를 규합함으로써 다나카파를 조직하는 데 성공할 수 있었다. 사토는 재임기간 중 인사(人事)의 사토라 불릴 만큼 치밀한 인사 시스템을 구축했는데 이는 당선 횟수에 의거한 연공서열 주의로 내각 및 당직을 배분하는 것이었다(北岡 1995, 135). 정책 결정에서도 장로 지배의 정치 스타일을 최대한 포진하여 파벌 간 견제와 균형을 유지하였다. 사토 정권이 장기간 지속되는 동안 당내 의사 결정 및 인사 배분에서 배제된 젊은 의원

2_당내 역학 속에서 수직적 지지와 수평적 지지의 필요성에 관한 견해로는 Mule(2001, 45-46), Panebianco(2005, 47-48)등을 참조.

들의 불만을 키우는 역효과를 가져왔다. 이들의 불만은 사토의 네 번째 연임이 결정된 이른바 사토 4선(佐藤四選) 이후 극에 달하였다.[3] 그 가운데 다나카는 사토파 내에서 차기 리더로 자신을 옹립하고자 하는 세력들과 은밀한 회동을 가지고 사실상 사토파를 계승하는 다나카파를 조직하였다. 그런 의미에서 다나카파의 성립은 젊은 의원들 사이에 공유되고 있던 반감을 시의적절 하게 흡수하여 장로 지배에 대항하는 세력으로 결집시킨 다나카의 수직적 지지 흡수 전략으로 볼 수 있다.

다음으로 수평적 지지 흡수를 보면, 당내 주도권을 둘러싼 각파의 움직임 속에서 다나카는 각 그룹 리더의 견제를 반(反)후쿠다라는 공통의 이해관계에 연계시킴으로써 당내 권력 게임을 유리한 형태로 이끌어 갔다. 1972년 1월 9일, 다나카·오히라(大平)·나카소네 3파가 은밀하게 모여 반후쿠다 연합인 '3파 연합'을 조직하였다. 각파가 다나카 지지를 결단한 데에도 각파 소속의 젊은 의원들의 영향력이 크게 작용하였다. 지지기반 확립이 미숙한 젊은 정치가들에게 리더의 이미지는 선거의 승패를 좌우하는 중요한 요소이다. 당시 다나카를 지지하는 젊은 의원들은 파벌 횡단적인 확대를 보이고 있었는데, 여기에는 대중적인 인기를 고려할 때 후쿠다보다는 다나카를 추대하는 것이 1972년 중으로 예정된 중의원 선거에서 유리할 것으로 여겨졌기 때문이다(田中 1981, 301-302). 각파 리더들은 이러한

3_사토 4선은 사토 측근과 중간파, 그리고 장로들을 중심으로 총재 선출 방법을 획책한 것이었다. 당시 자민당 내 젊은 의원들은 이러한 4선 공작 과정을 격렬하게 비판하며 반대하였다. 당선 2회 의원 43명으로 조직된 친목단체 다세카이(打世会)의 반발이 전형적인 예가 된다. 다세카이는 권력정치 및 금권정치와의 결별, 정권 교체를 기대할 수 없는 비현실적인 2대 정당제 하에서 자민당 내 건전 야당의 필요성 등을 호소하면서 당 장로들이 모든 것을 결정해 버리는 선출 방식을 비판했다(清水 2003, 288).

구성원의 요구에 더하여 리더 간 역학관계에서 후쿠다에 대한 견제가 바람직하다는 판단 하에 세력을 결집하기 시작하였다. 이후 다나카 추대의 움직임은 더욱 가속화되었고 6월 19일, 미키파가 가세함으로써 반후쿠다 연합은 수적 우위를 점하였다. 이로써 후쿠다 견제라는 리더들 간 전략적 이해관계는 유력한 차기 후보를 누르고 다나카 정권을 탄생시킨 원동력이 되었다.

3) 지지조달 전략으로 본 개조론의 비전

다나카 정권 발족 이후 개조론은 자민당의 주요 정책으로 자리매김하였다. 개조론은 사토 정권 하에서 다나카가 간사장을 역임할 무렵부터 비서 그룹과 함께 구상해 온 '열도 개조론'에 기초한 것으로, 도시에서 지방으로 공업을 재배치함으로써 각 지방에 인구 25만 명 규모의 도시를 건설하고 주요 거점지역을 묶는 교통 네트워크를 완성시키는 등의 제언이 포함되어 있었다. 이는 도시와 농촌의 격차, 과밀 과소 문제에 대한 해결책을 제시하고 있다는 점에서 주목을 받았다(河野 2002, 255).

개조론 추진에 대한 당내 인식은 협조적이었다. 당시 새로운 정치·사회 문제로 대두한 도시지역의 공해 문제, 복지와 연계시켜 사회 개발을 추진한다는 점에서 암묵적인 이해를 얻고 있었다. 여기서 당시의 당내 인식, 특히 선거전략 면에서 개조론이 가지는 유효성을 지적할 필요가 있다. 〈그림 5-3〉에 도식화하였듯이 이케다 정권 이후 자민당은 수출산업 주도와 국내 산업 개발을 양립시켜 유권자의 지지를 흡수한다는 데에서 당내 합의가 형성되었다. 그러나 1970년대에 들어서면서 정책 방향을 둘러싼 당내

그림 5-3 | 1970년대 초 자민당 내부의 정책 성향

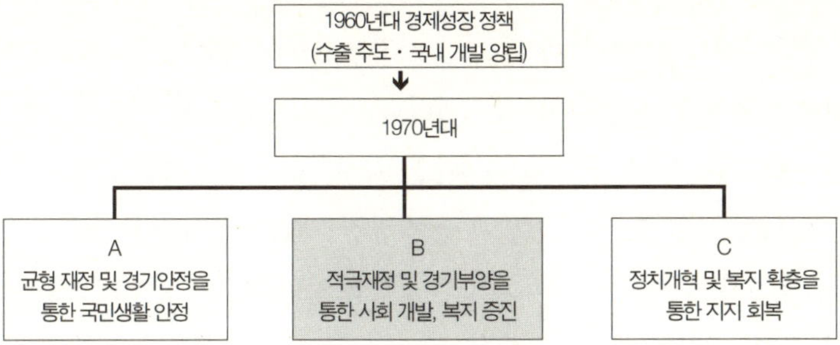

출처: 필자 작성

인식은 다시금 분열된다. 이 시기는 경제성장의 둔화, 산업화 추진에 따른 공해 문제 발생, 그에 따른 유권자 요구 변화 및 지지의 유동화로 자민당은 지지조달에 부심하고 있었다. 이 때 자민당에서 공론화된 대안은 당내 그룹의 정책 성향을 반영하는 형태로 양분되었다. 그 하나는, 균형 재정을 유지하여 경기를 안정시킴으로써 국민생활 안정을 도모하고 기존 지지구조를 유지하는 방식이며(A), 다른 하나는 정치개혁 및 복지 확충을 통해 적극적으로 일반 유권자의 지지를 조달하는 방식(C)이다. 이러한 상황 속에서 다나카는 서로 다른 유권자 집단을 공략하고 있는 두 가지 정책 방향을 양립하는 정책 아이디어를 제시하였다. 다나카의 개조론은 적극재정을 통한 경기부양으로 둔화된 경제에 활기를 불어넣고, 지역 개발과 복지를 병행하는 방식(B)을 택함으로써 고정지지층을 유지함과 동시에, 일반 유권자의 지지 흡수를 양립하는 대안으로 자리매김 하였다.

개조론의 가장 큰 장점은 농업계나 상공·중소기업계 등의 고정지지층에 대한 보호·육성책의 철회 없이 도시지역 일반 유권자의 지지조달이 가

능하다는 것이었다. 개조론이 제시한 25개 신도시 건설을 통한 지역 균형 발전 구상은 농촌지역을 중심으로 한 소외지역에서 큰 기대를 불러 모았다. 더불어 적극재정을 통한 엔 절상 저지를 통해 중소기업 관련 고정지지층의 이해관계 또한 반영하는 것이었다(田中 1981, 343-334). 더불어 공장 이전을 통한 도시 문제 접근 방식은 환경, 복지, 삶의 질에 대한 근본적인 대안은 아니었을지라도 지역 개발과 균형 발전, 생활환경 개선을 유기적으로 접목시킴으로써 경기 회복과 삶의 질 향상을 양립한다는 정치 비전을 일반 유권자에게 제시하였다.

더욱이 개조론은 신지지층으로써 건설업계 개척의 가능성을 열어 두고 있었다. 여기서 특히 주목되는 것이 바로 다나카파가 중요시 하는 지지기반이다.[4] 개조론은 이른바 '토건형 정치'를 기반으로 건설업계를 육성하고,[5] 그들의 정치력을 높임으로써 건설업계를 자민당의 신지지층으로 조직화하는 정책이라는 점에서 기대가 컸다. 도시지역에서 안정된 고정지지층을 갖고 있지 못했던 자민당에게는 건설업계의 정치세력화를 통해 득표 확대가 가능해지기 때문이다. 그런 의미에서 개조론은 고정지지층 유지와 신지지층 개척을 도모하는 정책임과 동시에, 일반 유권자 지지조달을 양립시키는 정책 구상으로 인식되었다.

4_정치자금 면에서 다나카와 토건업계와의 관계는 밀착되어 있었다. 토건업계의 기부금액은 다나카의 정치헌금 중 50 %를 가 차지하고 있었으며, 25%는 그의 지반인 니가타현(新潟県)을 출처로 하고 있다. 더불어 니가타현에서 출자된 25% 가운데, 76%가 토건업계의 기부에 의한 것이었다(立花 1976, 53-54).

5_토건형 정치 구상은 정책의 확대·개발이라는 전후 보수체제의 흐름을 따르고 있으며, 공공사업을 중심으로 한 지역 이익 유도 및 지반(地盤) 강화를 도모하는 자민당 정치의 특징이다. 토건형 정치에 관해서는 清水(2003, 297-299)를 참조.

그러나 개조론이 상정한 지지조달 전략이 득표 최대화에 부합한다고 보기는 어렵다. 만약 정책이 득표 최대화를 목적으로 하는 것이라면 도시 유권자의 선호를 반영하는 정책이 도출되어야 한다. 논리적으로 보면, 득표를 확대하기 위해 정당이 공략해야 하는 것은 유권자 집단의 50% 이상을 차지하는 3차 산업 종사자, 특히 이들 대부분이 거주하는 도시 유권자이기 때문이다. 이 점에서 다나카의 개조론은 조직화된 득표의 확대를 바라는 당내의 기대가 결부된 총재파 주도의 지지층 대응의 일환으로 볼 수 있다. 후술하듯이 개조론은 일반 유권자의 요구를 의식하면서도, 실제로는 건설업계 강화를 연계한 총재파의 권력기반 확대 전략이 내재되어 있었던 것이다.

2. 개조론의 궤도 수정과 야당 견제

1) 개조론 실패와 일반 유권자 대응의 강화

실제, 개조론에 대한 유권자의 평가는 지역별로 온도차가 있었다. 개조론은 지역 유권자에게 관심을 모았던 것과는 대조적으로, 도시 유권자에게 강한 지지를 받지는 못하였다. 물가 대책을 비롯한 관련 시책들이 국민생활 안정과 복지에 직결되지 않는다는 의식이 존재하고 있었기 때문이다. 1972년 12월의 중의원 선거는 신정책에 대한 여론의 온도차가 여실히 반영되었다. 이 선거에서 자민당은 271석을 획득해 단독으로 과반수 확보에는 성공했으나, 의석수는 지난 선거 대비 17석이 감소한 결과에 그치고 말았다. 득표율 또한 46.9%를 기록하여 1960년대 후반 이래 지속적으로 50%를 밑돌기 시작한 득표율 감소 추세를 벗어나지 못하였다. 특히 도시지역에서 자민당의 부진이 현저하게 나타났다는 점에서 일반 유권자 지지 조달을 자신하던 다나카의 예측은 빗나갔다.

그렇다면 왜 당내 여론은 개조론에 대한 도시지역의 기대 저조를 읽어내지 못했을까? 다나카가 총재 선거를 준비하는 단계에서 개조론이 득표에 유효할 것으로 보았던 이유는 무엇일까? 여기서 총재 후보 시절 다나카가 제시한 정책 구상과 당선 이후 추진한 정책 사이의 간극을 지적할 수 있다. 다나카 정책 구상은 토건형 정치에 바탕을 두고 있으되, 이른바 '공익 우선의 원칙'에 입각하고 있었다. 그러나 이 공익 우선의 원칙은 보좌진과 비서그룹이 제안한 것으로, 다나카의 인식과는 괴리가 있었다. 비서 그룹은 공공사업의 활성화를 위해서 공익 우선을 명기하지 않으면 용지(用地) 매수가 곤란하다는 실리주의적인 이유로 다나카를 설득함으로써 비로소 정책 구상을 완성할 수 있었다(御厨 1995, 73). 당내는 공익 우선의 원리에 입각한 개조론의 가능성에 주목하고 있었으며, 경제성장 둔화와 지지 하락을 직시한 다나카의 정책 아이디어에 지지를 보냈다. 그러나 취임 이후 개조론은 다나카의 토건형 정치 구상에 입각하여 전개되었다. 그 가운데 국민생활 및 복지와의 접점은 희박해져 갔다.

(1) 선거 패배와 정책 궤도 수정 압력

중의원 선거 패배로 당내 여론은 개조론에 회의적인 태도를 보이기 시작했다. 다나카의 지지세력인 젊은 의원 및 우월연합 내부에서도 개발 노선에 치중한 개조론에 대해 우려의 목소리를 높였다. 지지파 리더인 오히라 마사요시(大平正芳)도 "지금 방향 전환을 요구받고 있다. 국민의 불안과 초조를 없애 줘야 한다. 당분간 생산 확대 가속화를 완화시켜야 한다." 는 입장을 밝혔다(清水 2003, 306-307). 그러나 이 같은 우려에도 불구하고, 다나카는 정책 궤도 수정을 용인하지 않았다. 그는 국회를 통해 하루 빨리 개조론 관련 법안을 실현시켜 개조론을 전면 시행하는 것이 적합한 대책임을 강조하며 지속적인 추진 의사를 굽히지 않았다(『朝日新聞』 1973/06/29).

정책의 수정과 고수를 주장하는 당내 대립 속에서 개조론 추진이 어려워진 결정적 계기는 바로 1973년 10월의 오일 쇼크였다. 그 영향으로 확대 예산을 전제로 해왔던 세부적인 사업 운영이 곤란한 상황에 놓였다. 또한 물가상승 및 인플레이 등의 경기 악화가 국민생활에 직접적인 타격을 안겨 주었다. 당시 1974년에 참의원 선거를 앞두고 있던 자민당은 경기 악화로 인한 유권자의 불만이 과반수 분열로 이어질 것을 우려하였다. 이에 지지 이탈을 막기 위해서는 복지 및 행성 서비스 확대가 시급하다는 데 의견을 같이 하고, 정책 궤도 수정을 강하게 요구하였다. 당내 신인 의원 모임인 쇼와카이(昭和会)도 물가, 토지, 공해 등 당면 과제에 대해 정책 변경을 요구하는 의견서를 다나카에게 전달했다. 의견서는 선거 이후 계속 되고 있는 자민당 지지 하락 현상은 국민들에게 절망감을 주는 물가 문제 등에 관해 대담한 정책적 입장을 밝히지 않았기 때문이라 보고, 수상을 비롯한 당 집행부에게 정책 전환을 요구하는 것이었다. 또한 신풍정치연구회(新風政治研究会)에서도 인플레 고공 행진을 멈추기 위해서 예산 규모 억제가 필요하며, 자민당 지지 하락 현상이 현저한 도시지역 근로자에 대책을 중점을 두어야 한다는 인식 하에 당 지도부의 근로자 대책과 1974년도 예산 편성에 대한 제언을 정부·자민당 지도부에 전달하였다(『朝日新聞』 1973/06/29;

1973/08/26). 이렇듯 선거 대책과 맞물려 정책 수정이 불가피하다는 인식이 정설로 자리하자, 비로소 다나카는 정책 궤도 수정을 용인하였다.

(2) 야당의 영향력: 일반 유권자 대응의 강화

참의원 선거가 치러진 1974년은 일본정치에서 복지 원년(福祉元年)으로 불린다. 공공정책을 통한 경기부양에 주력하던 자민당이 복지 확충에 우선순위를 두기 시작한 배경에는 당시 도시지역에서 급속히 당세를 확장 중이던 야당, 특히 공명당과 공산당의 선거 이니셔티브가 존재한다. 환경과 복지 문제에 집중하던 공명당과 공산당의 의석 증대는 사회당의 침체와 대비되는 결과를 보여 주었다. 두 정당은 중앙 정계보다도 지방의회에서 생활에 직결되는 문제들을 중심으로 활발한 의정 활동을 펼침으로써 서민들의 요구를 지방 정계에 반영하는 견인차 역할을 하였다. 사회당과 공산당을 비롯한 일본 혁신세력의 '생활정치'에 대한 도시 유권자의 지지 확산은 자민당의 위기의식을 현실로 만들었다(박철희 2011, 148-149). 특히 두 정당의 정책 노선과 집표 전략이 유권자의 대수를 차지하는 도시 유권자를 겨냥하고 있는 점에서 자민당의 위기의식은 증폭되었다.

공명당과 공산당의 정책 노선과 지지구조는 자민당과는 이질적인 성격을 가진다. 우선 공명당은 종교단체인 창가학회(創価学会)를 모체로 출발한 정당으로 1972년에 정교(政教) 분리 및 체질 개선을 표명하고 중도주의를 채택하여 독립된 정당의 이미지를 강조하였다(堀 1999, 92-100). 창가학회를 지지기반으로 한 공명당의 조직력은 견고했으며, 종교적인 색채를 강하게 띠면서 중·저소득층, 여성, 청소년 등의 약자에 대한 배려를 중요시하는 정책적 입장으로 지지를 모았다(堀 1999, 166-167).

한편, 공산당은 전후 초기 레드 퍼지(red purge)의 영향 등으로 지지층의 확보 및 당세 확대에서도 고전을 면치 못하고 있었으나, 1960년대에 들면서 이른바 '소프트 노선' 을 표방하고 일본공산당의 자주 독립과 평화혁명을 강조하기 시작하였다. 그 가운데 1960년대 안보 투쟁을 중심으로 한 학생운동, 그리고 1970년대 여성, 환경, 소비자, 반핵, 평화 운동 등의 이른바 신사회 운동을 거치면서 시민과의 제휴를 확대하고 노동세력 이외의 정치적 지지층 구축에 성공하였다. 공산당은 대도시 거주자, 고학력층, 산업노동자 및 사무직 노동자 등을 대표적인 지지층으로서 확보하면서 당원 조직을 중심으로 한 조직 정당의 면모를 확보하기에 이르렀다. 1961년 당시 8만 당원을 목표로 하던 공산당은 1971년에는 30만 당원과 200만 명에 가까운 당 기관지 독자 확보를 목표를 할 만큼 당 조직이 확대되었다. 1972년 12월 중의원 선거에서 나타난 공산당의 현저한 약진은 이 같은 당원 조직의 확대와 무관하지 않다. 이후 공산당은 국정선거에서 10%대의 고정적인 득표율을 확보하는 제2 야당으로 자리매김한다(飯塚 1977, 461-465).

자민당에게 가장 위협적인 요소는 환경 및 복지를 우선하는 이들의 생활정치 노선이 도시 유권자에게 공명하고 있었다는 점이다. 개조론을 중심으로 한 경기부양책과 토건형 정치 구상에서 파생된 공해, 주택 문제 대처만으로 도시 유권자의 환심을 사기에는 역부족이었던 자민당은 비로소 도시지역을 중심으로 약진한 두 정당의 영향력이 정책과 조직 구조에 있음을 인지하고 이들의 선거 이니셔티브에 큰 자극을 받기 시작하였다. 야당의 활약은 자민당 내에 반향을 불러 일으켜 보다 직접적인 방식의 복지정책 확대가 필요하다는 인식을 넓히는 데 기여하였다. 자민당의 태도 변화가 확인된 것은 1973년 7월의 도쿄 도의원 선거였다. 이른바 '미니 총선거' 라로 불리던 이 선거는 차기 총선거의 결과를 가늠하는 척도가 될 것이라 회

자되며 주목을 받았다. 여기서 자민당은 '도쿄고향계획'(東京ふるさと計画)을 내걸었는데, 이는 도민에게 불만이나 좌절감을 주고 있는 상황을 반성하면서, 대도시 문제에 적극적으로 임할 것을 골자로 하는 정책이다. 특히 대기업의 토지 투기 및 독점을 비판하고 당시 현직이자 혁신계 지자체 수장의 대표 격이던 미노베 료키치(美濃部亮吉) 도지사가 정부에 수차례 요구해 온 내용과 같은 맥락의 토지 정책 및 물가 대책을 제시하고 있었다(『朝日新聞』 1973/04/13).

이처럼 자민당은 혁신계 지자체의 증가와 지방정부 운영에서 파급된 야당의 이니셔티브를 잠식시키고자 이들의 정책적 입장을 중앙정부 레벨에서 수용, 추진하였다. 나아가 1974년도 예산 편성 과정에서도 공공사업비는 전년 대비 증액을 없애는 한편, 사회보장 관련 비용은 36.7% 증가시킴으로써 공공사업 억제 및 복지 확충의 기조를 명확히 하였다(真渕 1994, 250-251). 이는 자민당이 개조론의 중심을 이루는 공공사업 정책을 최대한 억제하고, 복지를 비롯한 생활정치에 정책의 우선순위를 부여했음을 말해준다.

2) 1974년 참의원 선거를 통해서 본 자민당의 지지단체 활용

1974년 7월의 참의원 선거를 앞두고 과반수 획득이 어려울 수 있다는 예측이 나오는 가운데, 자민당은 정책 궤도 수정을 통한 일반 유권자 회유에 임하는 한편, 고정지지층을 확보하고 당세를 확장 중인 야당세력에 대항하기 위한 지지층 대응전략을 펼친다. 더욱이 직능 대표의 성격이 강한 참의원 선거에서 고정지지층의 집표 기능 강화 및 신지지층의 구축 여부가 선거의 성패를 좌우하는 중요한 요소가 되기 때문이다.

그림 5-4 | 자민당_참의원 전국구 후보자의 지지단체 분야별 비중 추이(1956~74년)

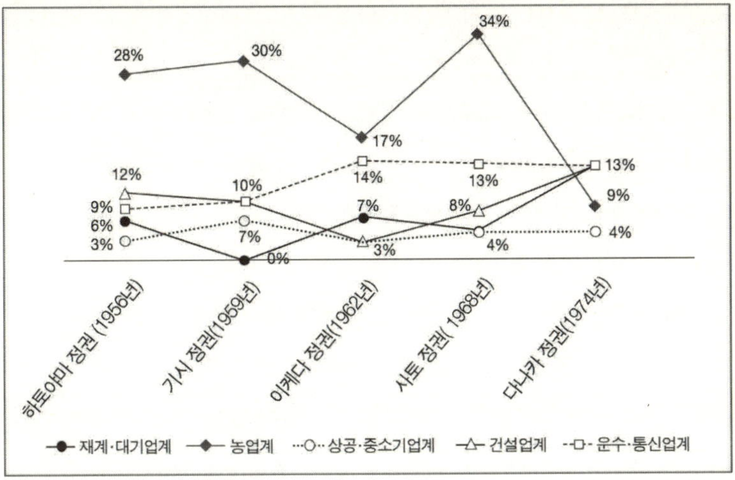

주: 지지단체 업계별 분류는 권말부록 III 을 참조.
출처: 『朝日新聞』(1956/06/24; 1959/05/19; 1962/06/17; 1968/07/06; 1974/07/06) 선거공보 후보자 일람을 토대로 필자 작성.

자민당은 전국적 규모의 단체 후보자를 전국구에 공천하여 이들의 조직력을 득표에 활용해 왔다. 한편, 1974년 선거 또한 농업계, 의료·복지 업계, 운수·통신 업계 등 자민당의 대표적인 지지단체 후보자 공천은 지속되었으나 그 비중은 감소하였다. 〈그림 5-4〉를 보면, 우선 농업계의 경우는 단체 관련 후보자의 25~35%를 점할 정도로 높은 비중을 차지하고 있었지만, 이번 선거에서는 9%에 그쳐 눈에 띠게 감소했다. 일본의사회 등으로 대표되는 복지·의료 업계의 경우도 13%에 그쳐 1960년대까지 지속되던 후보자 증가 추세에 제동이 걸렸다. 또한 점진적인 증가 추세를 보이던 운수·통신 업계도 1960년대 이케다 정권 하에서 13%로 정점을 찍은 후 같은 수준에 머무르는 등 고정지지층 관련 후보자의 정체 경향이 뚜렷하게 나타났다.

표 5-2 | 1974년 참의원 전국구 후보자 중 다나카파 지지기반 관련 인사

업계 구분	후보자명	지지단체명
건설업계	内田 稔	하천협회
	坂野重信	하천협회
	おかべ保	일본항만건설협회
농업계	小林国司	전국토지개량단체연합
재계·대기업계	糸山栄太郎	신일본기획사장, 부동산 레저산업 중역
군·유족관계	源田 実	수교회(水交会), 일본공항협회

출처: 『朝日新聞』(1974/07/06)참의원 선거 후보자 일람을 토대로 필자 작성.

이와는 대조를 이루는 것이 바로 건설업계와 재계·대기업계 후보자의 증가이다. 우선, 건설업계는 단체 관련 후보자 중 13%를 차지해 역대 가장 높은 수준의 후보자 비중을 차지하였으며, 운수·통신 업계, 재계·대기업계와 더불어 1974년 선거에서 가장 많은 단체 후보자를 세운 업계 중에 하나가 되었다. 또한 토지 개량, 부동산, 공항협회 등 건설업계 연계 산업 부문의 조직화 및 후보자 증가가 나타난 것 또한 이 선거의 특징 중 하나이다(〈표 5-2〉).

한편, 자민당의 주요한 자금원인 재계·대기업계는 업계 후보자를 내세워 조직적 득표를 행사하는 업계는 아니었다. 이들은 1959년 하토야마 정권, 그리고 1962년 이케다 정권에서 치러진 참의원 선거에서 역대 최대 규모의 후보자를 내세웠으나 그 비중은 5~7% 수준에 그친다. 그러나 1974년 선거에서는 13%의 후보자가 공천을 받아 가장 많은 후보자를 배출한 업계로 급부상하였다.

그렇다면 건설업계와 재계·대기업계 관련 후보자가 증가한 이유는 무엇일까? 우선 건설업계 관련 후보자의 증가는 총재파의 권력기반 확대 전략과 연계시켜 생각해 볼 수 있다. 다나카의 대표적인 지지기반인 건설업계는 1960년대 후반부터 현저하게 정치력을 높이고 있었으며, 다나카의

수상 취임 이후 자민당의 유력한 정치세력으로 자리매김하였다. 다나카는 건설업계의 정치력 강화를 통해 2차 산업 종사자 및 지역 유권자의 지지를 연계하고, 이를 바탕으로 한 자민당 지지구조 재편을 도모하였다. 그런 의미에서 건설업계의 강화는 당 내외의 지지구조를 연계시킴으로써 자민당 지지기반 재편을 도모하는 한편, 자파의 권력기반 확대에 환원하고자 한 총재파 주도의 지지층 대응 전략이라 할 것이다.

한편, 재계·대기업계 관련 후보자 증가는 대기업의 조직력을 이용한 도시 유권자 조직화 전략으로 볼 수 있다. 자민당은 35명의 전국구 공천 후보에게 기업 그룹이나 유력 회사를 할당해 조직적 선거 활동을 실시하였다(升味 1988, 396). 이는 대기업을 통한 선거자금 조달뿐만 아니라 비조직화된 사무직 노동자층을 공략한 자민당의 도시 유권자 조직화 전략이라 할 수 있다. 1974년의 선거가 기업 유착 선거(企業ぐるみ選挙)로 불린 것처럼, 대기업의 자금과 조직을 활용하는 자민당의 선거전략은 도시지역 지지 확대 및 조직화에 부심하던 자민당의 고육지책이었음을 말해 준다.

3. 미키 정권기의 일반 유권자 대응

1) 총재 선출 과정의 당내 역학

1974년의 참의원 선거 패배로 자민당의 당세는 더욱 하락하였다. 게다가 선거운동 과정에서 나타난 기업 유착으로 금권선거에 대한 여론의 비판이 거세지면서 당 이미지도 크게 실추되었다. 당내에서는 후쿠다·미키·나카소네 세 그룹을 중심으로 반(反)다나카 연합이 형성되었다. 이들은 1974년 7월 18일, 당 체질 개선을 주창하는 '당 재건 의원 연맹'을 정식 발족하기에 이른다(立花 1980, 110-111). 다나카를 지지하던 젊은 의원들도 이에 동조하면서 총재파의 당내 입지는 급격히 약화되었다. 같은 해 10월, 다나카 개인의 정치자금 스캔들(이하 록히드 사건)이 불거지면서 총재 퇴진 요구는 극에 달하였고, 다나카는 사임을 수용하였다.

그 직후 당내에서는 후임 총재 선출을 둘러싼 전략적 협력 및 대결이 본격화되었다. 다나카파와 오히라파로 구성된 우월연합은 당내 주도권을 타 그룹에게 양도하지 않도록 상호 협력을 약속한 가운데, 유력한 총재 후보로 주목을 받아 오던 후쿠다와의 양대 대립구도가 형성되었다. 한편, 양극 구도에서 벗어나 제3의 극을 형성한 세력이 있었는데, 이것이 바로 후임 총재직을 차지하게 될 미키였다. 미키는 참의원 선거 직후, 부총리직을 사임하고 당파를 초월한 초당연합정권 수립을 주장하면서 탈당의 가능성을 내비친다. 그는 탈당을 다수파들과의 협상 카드로 활용하면서 총재직을 둘러싼 당내 경쟁에 가세한다.

(1) 당내 충돌의 균형점

부패 정치에 대한 여론의 비판에 노출된 가운데, 자민당은 유권자의 신뢰 회복을 차기 정권의 과제로 두고 적합한 후임자를 물색하기 시작하였다. 그 결과, 당시 부총재이던 시나 에츠사부로(椎名悦三朗)의 결단에 맡겨 후임 총재를 결정하는 이례적인 총재 선출 수속인 이른바 시나 재정(椎名裁定)을 통해 미키 정권이라는 위기관리 체제를 만들어 냈다.

미키가 총재로 선출된 데에는 무엇보다 미키의 청렴한 이미지가 유효하였다. 깨끗한 미키(クリーン三木)로 불릴 만큼 청렴한 그의 이미지는 금권정치 개선 및 자민당 체질 개선을 국민에게 납득시키기에 효과적이었다. 더불어 미키의 혁신적 이미지도 시의적절 하게 활용할 수 있었다. 전후 정당정치 속에서 미키는 국민협동당, 개진당을 거쳐 자민당에 합류한 이를테면 가장 혁신적인 성향을 가진 보수 정치가를 대표한다. 복지 및 행정의 충실, 서민생활 안정이 강하게 요구되는 시점에서 당면 과제에 가장 근접한 정책 성향을 가진 세력은 미키파였던 것이다. 미키는 유권자가 바라는 것은 '생활 제일주의의 중도 정치' 임을 강조하며, 자민당 정치 속에 중도적 정책 성향이 절실히 요구되고 있음을 피력하였다.

더불어 당내 그룹 간 경쟁이 격화되는 가운데 약소 그룹 리더인 미키의 입지가 오히려 유리하게 작용하였다. 후임 총재로 미키를 선택한 시나 조정은 다나카·오히라파와 후쿠다파 간 대결구도 속에서 도출된 절충안이었다.[6] 당내 권력기반이 약한 미키는 두 세력에게 결코 위협이 되는 존재는 아니었으며, 총재직을 양보하더라도 상호 협의를 통해 통제 가능한 세력으로 보였기 때문이다. 더욱이 미키의 탈당 움직임이 회자되는 가운데 그를

6_후쿠다는 시나 재정을 다음과 같이 회상하고 있다. "시나 씨는 12월 1일 오전 10시 넘어 자민당 본부에서, 신에게 기도하는 마음으로 미키 씨를 후임 총재로 지명한다고 말했다. 나는 사전에 그 내용을 알고 있어 즉시 이를 받아 들였다. 그러나 오히라 씨는 생각할 시간을 달라며 즉답을 피하고 자리에서 일어났다. 다나카 씨의 의견을 듣고 난 후라고 하는 것 같았다. 시나 재정에 이르는 과정에서 나는 후쿠다와 오히라의 관계라는 예민한 문제를 떠안고 있었다. 둘 사이를 중재해 주는 이들도 있었다 ···(중략)··· 회담을 가졌지만 결정은 내려지지 않았다. 이런 식의 회담이 몇 번이고 가졌지만, 결국 합의점을 찾지는 못했다. 두 사람의 문제에 결착을 보고, 후쿠다가 먼저라고 선언했더라면 시나 재정은 없었을 것이다."(福田 1995, 218-219).

끌어안음으로써 당 분열 확대를 방지할 수 있었다.

2) 총재파 권력기반 확대 전략

미키는 취임 직후 정치개혁과 당 체질 개선에 우선순위를 부여하고, 관련 법안 개정을 추진하였다. 공직선거법과 정치자금 규정법 개정, 독점금지법 개정이 이에 해당한다. 우선, 공직선거법 개정은 과소·과밀 지역에 대한 의원 정수를 개선함으로써 지역 단위로 환원되는 정치적 대표성에 평등을 구현하기 위한 것이다. 또한 대규모 단체 및 기업에 대한 의존을 줄이고 정치자금을 공개하는 것을 골자로 한 정치자금 규정법 개정을 통해서 선거운동의 흐름을 후보자 본위에서 정당 본위로 바꾸고자 하였다. 아울러 독점금지법 개정은 대기업의 독과점을 막아 시장경쟁의 공정을 기하고 소비자 이익 확보를 목적에 둔 것이다.

아울러 요람에서 무덤까지 복지를 구현한다는 이른바 '라이프사이클 플랜' 을 내걸고 복지국가 건설을 제창하였다. 노인의료 무료화, 건강보험 개정에 따른 가족급부 상향 지급, 후생연금 제도 등 1973~74년의 거치면서 완성된 사회보장 제도는 예산 확대를 통해 더욱 가속화되었다.

(1) 권력기반 확대 전략과 정책 변경

미키의 간판 정책이라 할 수 있는 위 정책들은 정당 근대화를 통한 금권정치 탈각, 그리고 복지국가 건설을 내걸고 일반 유권자에게 지지를 호소한 것이다. 여기서 지적할 것은 미키가 추진한 정책 속에 내재된 전략적 여지, 즉 정책 추진을 통한 총재파의 권력기반 확대 전략이다. 약소 그룹 출신인 미키가 당내 리더십을 강화하고 자파의 권력기반을 확대하기 위해서는 선거·자금·포스트 등의 권력자원 재배분을 통해 다수파를 견제하고, 자파의 권력기반을 강화할 필요가 있다.

우선 자파의 권력기반 강화 전략으로 미키가 선택한 것은 일반 유권자 대응이다. 정치개혁 및 복지 확충을 통해 일반 유권자의 지지를 얻고 이를 자파의 지지기반으로 환원함으로써 당내 수적 열세를 만회하고자 하였다. 미키는 자신의 신념과 노선에 자신을 갖고 있었던 반면, 자민당 정치가들과의 동료 의식은 그다지 강하지 않았다(大江 1987, 399). 또한 다수의 논리(数の理論)가 통용되는 현실 정치 속에서 소수파 정치의 생명력은 정치적 이상을 추구하는 데 있다는 인식을 견지해 왔다(大江 1987, 380). 타 그룹과의 연계보다 유권자의 지지 흡수를 우선한 것은 이 같은 정치적 아이덴티티에서 유래하는 당연한 결과이다. 더욱이 깨끗한 정치와 복지국가 실현이 요구되는 현 시점에서 미키의 정책 방향은 일반 유권자의 강력한 지지를 받고 있었기 때문에 타 그룹과의 전략적 타협이 필요한 단계는 아니었다.

정권 발족 직후 아사히신문에서 실시한 여론조사를 보면, 내각에 대한 요망으로 물가 대책(65%)이 압도적으로 많은 가운데, 복지정책(7%), 생활 안정(6%), 불황 대책(5%), 청결한 정치(4%), 공평한 정치(2%) 등이 뒤를 잇고 있었다(『朝日新聞』 1974/12/29). 1975년 6월 조사에서도 물가 대책(49%), 복지와 공해 대책(14%), 생활 안정(12%), 불황 대책(8%), 공약 실행(6%)이 요구되는 등 생활의 질 향상과 공정한 정치를 바라는 경향이 지속적으로 나타나고 있었다(『朝日新聞』 1975/07/06).

한편, 당내 역학에서 자유롭기 위해서는 권력자원의 재배분이 필수적이었다. 그런 의미에서 정치자금 규정법과 독점금지법 개정은 대규모 단체

표 5-3 | 자민당 5대 파벌의 수입 개요

(단위: 만 엔)

구 분		1972년	1973년
다나카파	에츠잔카이(越山会)	46,653	34,928
	재정조사회	25,062	10,258
	정치경제조사회	21,253	6,778
	신정경신풍회	22,558	532
	정치사회연구회	19,231	528
	합 계	**134,759**	**53,027**
오히라파	신산업정책연구회	74,073	43,133
	신재정연구회	65,669	44,383
	합 계	**139,742**	**87,516**
후쿠다파	시국경제문제혼담회	86,781	43,188
	치요다(千代田)경제혼담회	47,965	33,363
	신경제연구회	32,705	20,431
	합 계	**167,452**	**96,982**
미키파	정책혼담회	87,070	45,010
	근대화연구회	18,000	8,100
	합 계	**105,070**	**53,110**
나카소네파	근대정치연구회	38,476	26,175
	신정치조사회	36,649	42,640
	山王경제연구회	9,200	2,820
	합 계	**84,325**	**71,635**

출처: 『朝日新聞』(1974/09/28)에서 발췌하여 필자 작성.

및 기업을 대상으로 한 다수파의 자금원을 제한하기 위한 목적이 강하다. 〈표 5-3〉에 제시한 것처럼, 당시 공표된 자민당의 수입은 186억 3,426만 엔에 달하여 규모 면에서 타 정당과 비교가 되지 않을 만큼 독보적이었으며, 파벌이 개별적으로 자금원을 관리하면서 그룹별 수입 편차 또한 심하다. 자금 면에서 보더라도 3대 파벌에게 자금이 집중되는 가운데 약소 그룹인 미키파는 상대적으로 열세에 놓여 있었다. 미키는 지론인 정치자금의 당 일원화 추진으로 정당 본위 실현과 당 집행부 권한 확대를 추구함과 동시에, 다수파와 재계·대기업계와 연계가 약화될 것으로 예상하였다.

독점금지법 개정 또한 당내 역학과 불가분의 관계에 있는 재계·대기업계에 대해 규제를 가한 것으로 풀이된다. 재계·대기업계는 자민당 창당 이래 주요한 자금원이자 정권 운영의 조력자 역할을 해왔다. 자금 및 인적 네트워크를 통한 이들과의 연대 정도가 당내 역학과 연동하고 있었음은 주지의 사실이다. 미키가 재계·대기업계로부터의 반발이 충분히 예상되는 민감한 독과점 문제를 중점 과제로서 설정한 것은, 일반 유권자의 지지를 바탕으로 재계·대기업계-다수파의 연결고리를 약화시켜 당내 역학구도를 전환하기 위해서였다.

3) 반대파의 저항과 총재파의 전략 실패

라이프사이클 플랜을 제외한 미키의 중점 정책은 대부분이 당내 반발에 부딪혔다. 그가 주장하는 정책 방향이 정치개혁을 통한 정당 이미지 쇄신을 넘어 각파가 보유한 권력자원의 손실을 야기할 수 있었기 때문이다. 1975년 7월 4일, 정치자금 규정법 개정안은 양원을 통과하고 가결되었지만 개정 내용은 대폭 수정되었다. 당초 미키는 3년 이내 기업 헌금 전면 폐지를 추진했으나 당내의 반대로 인해 이를 단념하지 않을 수 없었다(新川 1995, 241). 전략적 협력을 보이던 당내 그룹이 미키의 추진 정책에 반대를 표명하기 시작한 것은 록히드 사건 발각 이후 다나카 체포에 이르는 과정에서 미키가 이를 관망하는 태도를 보였기 때문이다. 정치개혁의 연장선에서 철저한 진상 규명이 반드시 필요하나, 다나카의 정치 스캔들로 상징되는 일련의 사건들은 단순한 개인의 오직 사건이라기보다는 자민당 전체에 만연한 문제였다. 공공사업을 중심으로 지역을 보조하는 다나카식 이익조달 방식은 대표적인 자민당 정치 스타일이다(居安 1983, 271). 유사한 방식으로 선거운동을 펼치고 지지기반을 구축해 온 각파는 다나카의 체포를 관망하는 미키의 자세에 불신감이 싹트게 되었다. 더욱이 지지 하락으로 고전해 온 개별 정치가의 입장에서 보면 미키의 정치개혁이 후원회 및 지역의 고정지지층을 대신할 집표 기능을 가질 것인가는 미지수이다. 재선을 제1 목표로 하는 개별 정치가에게 미키의 정치개혁에 의존한 선거전략은 위험부담이 클 뿐만 아니라, 개별 정치가의 이해관계를 반영하지 못하였다.

독점금지법 개정 또한 마찬가지이다. 재계·대기업계의 강한 반발과 이들의 이해관계를 반영하는 당내 그룹의 저항으로 법안 마련은 난항을 겪었다. 미키 정권을 탄생시킨 장본인이자 당시 부총재직을 맡고 있던 시나는 미키의 강경한 태도에 노골적인 반감을 드러냈으며, 다나카·오히라파 또한 유권자의 요구라는 당위성을 강조하던 미키에게 선거를 통해 유권자의 의견을 묻지 않았다며 미키를 강하게 비난했다. 그 외 당 지도부 및 유력 파벌들도 개정 법안 추진에 소극적인 의견을 보였다. 재계·대기업계 또한 기업 헌금 규제 강화에 대해서는 침묵했지만, 독점금지법 개정은 기업의 국제 경쟁력을 감퇴시켜, 불경기를 장기화시킬 우려가 있다고 주장하면서 강경한 입장을 보였다. 이러한 당내 의향을 살핀 나카소네 당시 간사장은 1975년 6월 19일, 독점금지법 개정을 미룰 것을 시사했다(新川 1995, 242-243). 이처럼, 당내 반발로 개정 추진이 곤란해지자 미키는 사회당에게 협력을 구해 중의원을 통과시켰다. 그러나 이러한 미키의 행동은 당내 조절을 도모해야 할 리더가 당내 절차를 무시하고 오히려 야당과 손을 잡았다는 인식을 심어 주어 총재에 대한 불신감을 증폭시키는 계기가 되었다. 결국, 법안 개정은 다나카파 소속 젊은 의원들과 일부 의원의 의도적인 불참으로 참의원을 통과하지 못하고, 결과적으로 국회 제출은 무산되었다.

미키에 대한 당내 불신과 반발이 불거지면서 당내 역학은 총재파의 행동에 제약을 가하는 방향으로 움직였다. 그 결과, 취임 초기에 미키가 구상

한 권력기반 확대 전략은 좌초되고 만다. 당내 기반이 약한 미키는 일반 유권자에게 직접 지지를 호소하는 방식을 통해 열악한 당내 기반을 보완하고자 하였으나, 이를 위해서는 선거를 통해 유권자의 지지가 뒷받침되어야 한다. 그러나 미키는 당내 역학의 제약 속에서 재임 중 선거를 치를 수 없었다. 록히드 사건 및 독점금지법 개정 법안을 둘러싼 일련의 과정 속에서 다나카파는 물론 시나를 위시한 장로파, 다나카를 지지해 왔던 젊은 의원들의 반발을 샀고 이들을 중심으로 미키 끌어내리기(三木おろし) 작전이 본격화되었다. 당내 다수가 반대파로 돌아선 상황에서도 미키는 선거를 통해 국민의 신임을 묻겠다는 강경한 의지를 밝혔으나 내각 구성에서 다수의 반대파를 등용하고 있던 미키는 중의원 해산에 관한 각료의 동의를 얻지 못했고, 일반 유권자의 지지를 자파의 권력기반으로 환원하고자 했던 그의 전략은 효과를 발휘하지 못하였다.

신우월연합 내의 응집성 결여 또한 미키의 권력기반 강화에 큰 제약으로 작용하였다. 정권 발족 시 연합을 형성한 후쿠다파와 나카소네파는 견고한 파트너이기보다는 다나카·오히라 두 그룹이 주축이 된 기존 우월연합의 반대파가 결집한 전략적 제휴였다. 록히드 사건으로 다나카가 체포된 뒤, 다나카·오히라·시나파 등의 반대파는 후쿠다에게 연합에서 탈퇴할 것을 권하였다. 반대파가 당내 다수를 형성하자 차기 주도권을 염두에 두고 있던 후쿠다 또한 이러한 당내 움직임을 묵과할 수 없었다. 당내 역학의 전환을 기하는 미키파에 대한 당내 반발이 거세지자 차기 주도권 경쟁에서 역효과가 파급될 것을 우려하여 미키파에게 비협조적인 태도를 보이기 시작했다. 후쿠다파의 이탈로 신우월연합은 사실상 붕괴되었다.

4. 정책적 U턴과 이익배분형 정책

1) 지지층 대응 강화와 정책적 U턴

당내 비협조와 반대에 노출된 미키는 이후 총재직을 유지하기 위해서는 당내 조절이 필수적이라고 판단하고, 융화적인 자세로 전환하기 시작하였다. 미키는 독점금지법 개정안의 국회 제출을 사실상 단념하고, 예산 편성에서 증액을 미뤄왔던 공공사업을 재개하는 등 본격적인 정책 궤도 수정에 들어갔다.

미키가 공공사업 확대 정책으로 돌아선 첫 번째 이유는, 독점금지법 관계로 소원해진 재계·대기업계를 회유하여 당내 반발을 누그러뜨리기 위해서이다. 1975년 7월, 미키는 재계 4단체 수뇌와 회담을 갖고 대형 프로젝트 공사 촉진을 포함한 대형 보정 예산(補正予算)을 제출해 경기부양에 적극적으로 임할 것을 약속했다(真渕 1994, 270-271). 두 번째 이유는 당내 각파의 이해관계를 반영하기 위해서이다. 공공사업은 지역 개발을 도모함으로써 개별 정치가의 지지기반을 강화할 수 있는 정책이다. 이후 공공사업은 경기 회복을 위한 중점 시책으로서 자리매김 하면서 예산 편성 과정에서 중점적인 증액 대상이 되었다(財務省財務総合政策研究所財政史室編 2004, 111). 〈표 5-4〉에 나타나 있듯이, 1974년에는 0%, 1975년에는 2.4%로 억제되었던 증액 비율은 1976년 예산 편성에서는 전년 대비 21.2%까지 증가하여 사회보장 관계비의 뒤를 잇는 중요한 예산 편성 항목이 되었다. 이로써 미키는 공공사업 억제로 상징되던 기존의 입장을 철회하고 경기부양과 지역 이익을 중요시 하는 다나카 정권 시절과 유사한 정책적 U턴을 감행하였다

표 5-4 | 일반회계 예산 중 공공사업비와 사회보장 관계비의 점유율(1971~76년)

구분 \ 년도		1971년	1972년	1973년	1974년	1975년	1976년
공공사업비	구성비	17.7	18.7	19.9	16.6	13.7	14.5
	전년 대비 증가율	+18.1	+29.0	+32.2	±0	+2.4	+21.2
사회보장 관계비	구성비	14.3	14.3	14.8	16.9	18.4	19.8
	전년 대비 증가율	+17.8	+22.1	+22.8	+36.7	+35.8	+22.4

출처: 大蔵省主計局調査課編. 1976.『財政統計 昭和51年度』. 東京: 大蔵省主計局調査課. pp. 28-29의 일반회계 예산의 주요 경비별 분류를 참고로 필자 작성.

(1) 권력기반 유지·강화 전략과 정책 변경

당내 반대를 무릅 쓰고 야당의 협력을 구해서라도 자신의 정치이념을 관철시키려던 이상주의자 미키가 당내와 타협하고 정책적 U턴을 선택한 이유는 무엇일까? 이에 대해 정치 리더의 개인적 성향에 주목한 연구에서는 미키의 양면성, 즉 이상주의자임과 동시에 발칸 정치가라고 불릴 만큼 교묘한 타협을 반복하면서 세력을 키워 온 현실주의자적인 측면에 기인한다는 견해가 지배적이다(後藤 외 2006, 298-299). 한편, 개인적 성향에서 나타나는 양면성이라는 해석에 대해 회의적인 견해도 존재한다. 신가와 도시미츠(新川敏光)의 지적처럼, 미키의 이질적인 두 가지 패턴의 행동을 평가하기 위해서는 정책과 지도력을 나누어 재고할 필요가 있다. 예컨대, 권력동원 어프로치를 적용할 경우 자칫 모순되어 보이는 미키의 정책 변경 행보는 당내 역학의 제약 속에서 자신의 정치이념을 추구하기 위한 전략적 행동으로 볼 수 있다. 정치가로서 이상주의자 미키는 정치이념 실현을 위해 두 가지 방법을 취했는데, 그 하나는 분쟁의 장(arena)을 여론 및 야당까지 확대시켜 취약한 당내 권력기반을 보완하는 전략이며, 다른 하나는 후쿠다·나카소네파와 연합을 형성하고 당내 협력을 얻어 내는 전략이었다.

따라서 권력 유지를 위한 타협 및 책략은 권력 정치 속에 있는 미키로써는 당연한 행동이며 이상주의와 모순되는 것은 아니다(新川 1995, 251-255).

신가와의 분석은 정책적 U턴에 대한 논리적 이해를 가능하게 한다. 여기서 한 가지 지적할 것은, 당시 추진 정책을 단순히 총재 개인의 정치이념에 직결시킬 수 있는가 하는 것이다. 정치세력 간 경쟁은 다양한 영역에서 복수의 목표를 가지고 수행되며, 정치 리더는 각각에 대해 다양한 전략적 행동을 취한다. 선거에서는 득표를, 의회 및 행정 영역에서는 정책과 포스트 획득을 추구하는 가운데 각 영역은 역학구도와 연계되며, 결과 또한 상호 연계되어 있다(Narud 1996, 499-525). 당내 경쟁에서도 자파에 유리한 교섭을 추진하기 위해서는 당내 역학상 우위를 점하는 것이 무엇보다 중요하다.

그런 의미에서 미키의 행동은 권력기반 확대 또는 유지 전략이라는 면에서 일관된다. 즉 타파의 저항이 강할 경우에는 타협을 통한 권력기반 유지를, 저항이 약할 경우에는 권력기반 강화를 도모하였다. 취임 직후 미키는 자금 및 선거 등의 권력자원과 연계된 법안의 개정 작업을 통해 당내 역학을 재편함으로써, 자파의 권력기반 강화를 도모하였다. 그러나 법안 개정을 둘러싸고 반대파의 공격에 노출된 미키는 총재직을 양도를 피하기 위한 전략적 타협으로 돌아서면서 자파의 권력기반을 유지하고자 하였다. 그런 가운데 1976년 5월, 록히드 사건이 발각되자 당내 격렬한 반대 속에서도 철저한 진상 규명의 입장을 표명하며 유권자의 높은 지지를 얻었다. 이러한 태도 변화는 여론의 지지를 당내에 끌어들임으로써 권력기반 확대 전략을 재점화시킨 미키의 전략적 판단에 유래한다. 그러나 같은 해 7월 27일, 다나카가 체포된 것을 계기로 반대파의 저항이 극에 달하고 미키 끌어내리기가 본격화되자, 다나카·시나·오히라·후쿠다파로 구성된 '거당 체제 확립 협의회'와의 조화를 통해 중의원 해산을 포기하는 대신 총재직의 유지에 대한 합의를 얻어내는 권력기반 유지 전략으로 다시금 선회하였다.[7] 이처럼, 미키는 권력기반의 강화 및 유지를 통해 총재직을 유지하고 최적의 입지를 찾고자 하였다. 정책 추진과 U턴은 총재파와 반대파 간 상호작용 속에서 권력기반을 둘러싼 미키의 전략적 선택의 결과라 할 수 있다.

2) 당내 경쟁과 정책 수렴

일반 유권자에 대응한 미키의 정책 중 성과를 남긴 것은 당내 그룹의 이해관계 조정에 크게 영향을 미치지 않는 복지 확충에 국한되었다. 미키는 취임 직후에 사회적 약자의 구제를 전면에 밝히고, 복지연금 인상, 중증 심신 장애자에 대한 재택 개호 치료 신설, 그리고 생활보호비 개선의 세 가지 정책을 내걸었다(真渕 1994, 260-261). 미키의 의향을 적극 반영하는 형태로 1975년도 예산 편성 과정에서 사회보장 관계비는 전년 대비 35.8% 증가를 기록하였다. 이러한 추세는 1976년 예산에서도 지속적으로 나타나 전년 대비 22.4% 증가하여 사회보장 관계비는 예산 편성 항목 중 가장 높은 증액율과 점유율을 보였다. 더불어 1976년에는 앞서 지적한 것처럼 공

7_록히드 사건을 철저히 규명한다는 입장 표명을 통해 유권자의 높은 지지를 얻은 미키는 그 지지를 배경으로 신속하게 총선거에 임하는 것이 유리하다고 생각했으나, 총재직 양도를 바라는 반대파와의 대립을 완화하기 위해 총선거를 봉인하고 있었다. 당시 거당 체제 확립 협의회는 총선거의 결과에 관계없이, 후임 총재로 후쿠다 옹립에 합의하고 있었지만, 이에 대해 미키는 선거결과가 좋을 경우 자신이 퇴진할 이유는 없으며 국민의 신의를 얻은 정권을 그만두게 하는 대의명분은 없다는 판단 하에 유권자 지지에 신뢰를 갖고 있었다(大江 1987, 383-417).

그림 5-5 | 다나카·미키 정권의 정책 변경의 구조

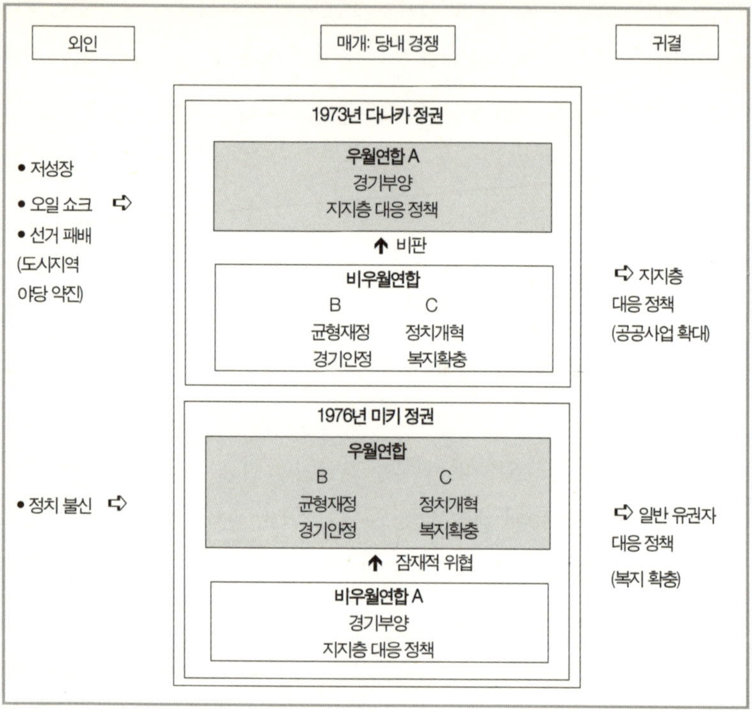

출처: 필자 작성

공사업의 확대도 동시에 추진되었다. 커티스의 지적처럼, 다나카의 퇴진과 함께 공공사업에 자금을 쏟아 붓는 시대가 종식된 듯이 여겨졌지만, 사실은 공공투자의 중간 휴식에 지나지 않았다. 1974년과 75년에는 공공사업비 예산이 억제되었지만, 1976년에는 21.2%, 77년에는 21.4%, 78년에는 34.5%, 79년에는 22.5%의 신장률을 기록하였다(Curtis 1987, 81-82). 이처럼 공공사업과 사회복지 관련비의 증가 추세는 이후 정권에서도 연속성을 지닌다는 점에서 1976년은 자민당 정책 방향의 중요한 분기점이 되었다.

아울러 1976년 미키 정권 하에서 완성된 정책적 귀결은 복지 강화와 공공사업을 동시에 추진한다는 점에서 다나카 정권으로의 정책적 U턴이기도 하였다. 그러나 두 정권은 정책 성향 및 유권자 지지조달 전략에 차이를 두고 출발했음을 잊어서는 안 된다. 다나카 정권에서는 지지층 이익조달 및 조직화에 초점을 두고 정책을 설정한 후, 파생되는 성과를 통해 일반 유권자의 요구에 연계시키고자 하였다. 반면, 미키 정권에서는 일반 유권자를 공략하기 위한 복지정책을 전면에 내거는 한편, 공공사업을 비롯한 지지층 대응 전략에는 소극적이었다.

한편, 지지층과 일반 유권자의 한 쪽으로 편향한 두 정권의 정책 설정은 당내 비판에 탄력적으로 대응하지 않을 수 없었고, 타협 과정 속에서 유사한 정책적 합의점을 도출하였다. 다나카 정권은 선거 패배 및 오일 쇼크를 계기로 일반 유권자의 지지 이탈을 우려하는 반대파의 비난에서 자유로울 수 없었으며, 그 가운데 복지 확충을 통해 일반 유권자 대응책을 강화하였다. 또한 미키 정권은 공공사업 축소 및 독점금지법 등으로 대표되는 지지기반 이해관계에 반하는 정책 추진으로 당내 합의를 이끌어 내지 못하고 총재직 양도를 요구받는 가운데, 반대파의 회유책으로 대형 인프라 건설 및 공공사업 추진을 약속하는 등 지지층 대응 정책을 강화하였다. 이처럼 자민당은 두 총재파의 정책 성향의 차이에도 불구하고 일반 유권자를 대변하는 그룹과 지지층을 대변하는 그룹이 지도부와 대립·타협을 반복하는 가운데 결과적으로는 두 유권자 집단의 선호를 양립하는 형태로 정책적 합의를 도출하였다(〈그림 5-5〉).

5. 소결: 반대세력의 영향력과 이익배분형 정책

1972~1976년 사이에 일어난 자민당의 정책 변경은 공공사업 확대와 본격적인 복지 확충으로 집약할 수 있다. 경제성장 둔화, 공해 문제, 삶의 질에 대한 관심이 높아지는 등 사회·경제적 환경 변화에 따른 정치적 대처가 필요한 이 시기에 자민당은 지역 개발 및 국내 산업 보호, 그리고 복지 확충에 역점을 두는 방향으로 정책기조를 변환하였다(〈그림 5-6〉).

이는 공공사업 확대를 통해 지역 발전을 유도함으로써 고정지지층의 이해관계 반영과 더불어 건설업계를 신지지층으로 조직화하는 자민당의 지지층 대응 전략이다. 또한 복지 확대를 통해 도시지역 일반 유권자를 겨냥한 양면 전략으로 파악할 수 있다. 단, 다나카 정권에서는 개조론을 중심으로 한 지역 개발 정책이, 미키 정권에서는 라이프사이클 플랜으로 대표되는 복지정책이 진행되는 등 두 정권 사이에는 정책의 우선순위에 차이를 보이기도 한다.

그런 의미에서 1970년대 자민당의 정책 변경은 득표 최대화 전략에 부합한다고 보기는 어렵다. 1972~74년 다나카 정권에서 추진한 개조론은 건설업계 강화책을 당면 과제와 연계시킨 것으로, 공해 및 환경 문제에 대한 근본적인 해결책과는 괴리가 있었다. 그로 인해 일반 유권자의 지지를 확보하는 데에는 유효하지 못하였다. 당시 자민당의 당세 하락과는 대조적으로 공명당과 공산당의 약진이 지속되면서 자민당 내부의 위기의식은 증폭되었다. 당내에서는 중소 정당의 정책 노선이 가지는 선거 이니셔티브에 주목하고 복지 확대에 중점을 둔 본격적인 일반 유권자 대응 전략의 필요성을 당 지도부에게 강하게 요구하였다. 지지층 대응을 우선하는 우월연합과 일반 유권자 대응을 우선하는 반대파 간 대립 속에서 록히드 사건의 발

그림 5-6 | 1960년과 1972년 중의원 선거공약을 통해서 본 자민당의 정책 위치 변화

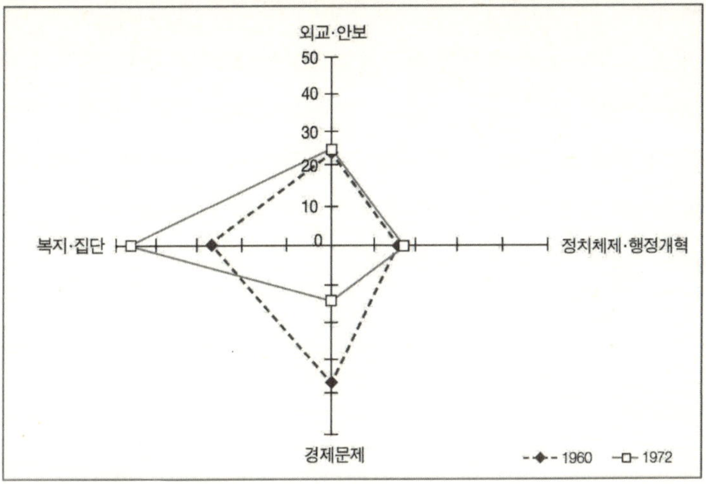

주. 선거공약 코딩 방식은 권말부록 IV를 참조.
출처: 『朝日新聞』(1960/10/25; 1972/11/19) 을 코딩하여 필자 작성.

각을 계기로 일반 유권자 의식을 중요시 하는 견해가 설득력을 가지고 당내 여론을 흡수하였다.

이후 당내 역학구도가 동요하여 미키 정권의 발족을 촉진하였다. 미키 정권은 총재파와 지지파의 전면 교체가 이뤄진 신우월연합 탄생과 궤를 같이 한다. 미키는 정치개혁·복지 확대에 역점을 두고 일반 유권자의 지지 흡수에 주력하고자 하였다. 이러한 정책 방향 설정 속에는 일반 유권자의 지지를 끌어들임으로써 취약한 당내 기반을 극복하려는 총재파의 권력기반 확대 전략이 내재되어 있었다. 그러나 당내의 거센 반발로 전략이 실패하자, 미키는 주도권 유지를 위해 타협을 도모하고 공공사업 확대로 방향을 수정하기에 이른다. 이러한 정책적 U턴은 다나카·오히라파를 중심으로 지

지층 대응을 중요시 하는 여론이 당내 우위를 점하는 가운데, 총재직 유지를 위해서 이들과 타협을 수용한 미키의 전략적 대응에 기인한다.

따라서 자민당의 정책 방향은 1972년과 74년 두 번의 선거 실패와 1973년 10월의 오일 쇼크, 그리고 1976년의 다나카 정치 스캔들을 거치는 가운데 비로소 완성되었다. 결과적으로 1976년에 완성된 자민당의 이익유도형 정책은 다나카파와 반대파, 그리고 미키파와 반대파의 사이에 전개된 대립과 타협의 균형점에 위치하고 있다.

6장

사례 연구 3 : 1980년대 스즈키·나카소네 정권기

재정재건·행정개혁과 당내 경쟁의 변화

세 번째 사례는 재정재건·행정개혁으로 정책기조를 변경한 1980년대이다. 이 시기는 정책 변경과 더불어 유권자 지지구조에 변화가 나타난 자민당 정치의 중요한 분기점이다. 당시 지역 발전, 공공사업, 그리고 복지정책 확대로 재정위기에 직면한 자민당 정부는 이른바 '증세 없는 재정재건'을 내세우고, 정책 전반을 재검토하였다. 자민당은 1980~87년 스즈키 젠코(鈴木善幸)·나카소네 야스히로(中曽根康弘) 정권을 거치는 동안 이른바 작은 정부 노선으로 이행하기 시작하였다.

그러나 선거-정당-정책 관계에서 보면, 1980년대 정책 변경 사례는 해명이 용이하지 않다. 정당(정치가)-유권자 관계 설정에서 전형적인 후견주의(clientelism)가 작동해 온 자민당 정치 속에서 지방교부금 및 국내 산업 지원 예산 삭감, 연금 및 의료보험 제도 등 복지정책 재검토에 이르기까지 대대적인 예산·보조금 삭감을 추진한 이 시기에 자민당은 오히려 결당 초기 10년 수준으로 득표율을 회복하여 당세를 회복하였다. 그러나 한편으로 이 시기 자민당에 대한 유권자의 지지는 구조화되지 못하고 휘발적인 형태를 띠게 되었다. 즉 장기적 맥락에서 1980년대는 자민당 정권의 재생과 붕괴로 이어지는 시점이 된다. 그렇다면 자민당이 유권자의 지지를 회복하고 선거에서 승리할 수 있었던 이유는 무엇이며, 유권자의 지지를 구조화하지 못한 이유는 무엇일까?

아래에서는 스즈키·나카소네 정권에서 자민당의 정책기조가 어떻게 변화됐는지, 정책 변경이 왜 일어났는지를 살펴보고, 위의 질문에 답하고자 한다.

1. 당내 경쟁과 재정재건의 방향 설정

1) 자민당의 정책적 합의와 위기의식

지금까지 자민당 정권은 지방 부금, 공공사업비, 산업 보조 및 융자 등의 예산 배분 정책을 통해 지방 및 농업, 상공·중소기업 등으로 대표되는 국내 산업을 지원해 왔다. 여기에는 보조금 정책을 통해 지역·산업 간 불균형을 보완하고자 하는 정책적 합의가 존재해 왔다. 더불어 1970년대부터는 복지의 확충을 요구하는 도시지역 유권자의 수요에 부응하여 관련 정책의 확대를 병행해 나아감으로써, 고정지지층과 일반 유권자의 선호에 대응하는 이른바 포괄 정당으로 자리매김 하였다. 이와 같은 정책적 합의가 형성된 데에는 서로 다른 정책 성향을 가진 당내 두 세력 간 경쟁이 자리하고 있다. 그 하나는 지역 유권자에게 정책적 편익을 제공함으로써 지지기반을 구축해 온 세력이며, 다른 하나는 정책적 편익에서 제외된 도시지역에서 살아남은 세력이다.

두 그룹 간 정책 성향 대립은 자민당이 안고 있던 이해관계가 상이한 두 가지 유권자 유형에 유래한다. 첫 번째 유형은, 지역 개발, 공공사업, 보조금 구조에 의존하는 지역 유권자이며, 이들은 전통적인 자민당의 고정지지층으로 분류된다. 한편, 상대적으로 보조금 행정의 수혜에서 벗어나 있는 도시 유권자는 자민당에 대한 지지가 유동적이며 조직화되지 않은 일반 유권자로 분류된다. 일반 유권자의 증가와 더불어 고정지지층에 의존해 왔던 자민당의 집표 메커니즘은 점점 쇠퇴하고 있었지만, 두 유권자 집단의 상반된 이해관계는 자민당이 도시 정당으로 변모하는 데 큰 제약으로 작용하고 있었다. 이러한 상황 속에서도 자민당은 장기간 집권여당으로 자리매김하면서 활용 가능한 자원의 제도적 제약에서 비교적 자유로울 수 있었으며, 사회적 변화에 따른 다양한 요구에 대해서도 탄력적으로 대응하면서 새로운 형태의 유권자 집단을 포섭해 나아갈 수 있었다.

그러나 1970년대 후반부터 당내 두 세력 간 이해관계 조절 및 균형점 모색에 근거한 기존의 정책적 합의에 균열이 나타나기 시작했다. 그 배경에는 대내외적 환경 변화 문제가 있다. 무엇보다 대미 무역 적자 해소를 요구하는 미국의 압력이 국내에 파급됨으로써 기존 정치·경제 시스템은 구조적 변화에 직면하였다(河野 2002, 293-298). 이는 미국의 시장 개방 압력에 반응하여 국내 산업의 보호 축소를 요구하는 대기업, 그리고 소비자로 대변되는 도시 유권자의 압력으로 나타났으며, 자민당은 시장에 대한 정부의 역할을 축소하고 시장 원리를 활용하는 방향으로 구조적 변환을 모색하

그림 6-1 | 1970~80년대 초 자민당 당내 그룹의 정책 성향

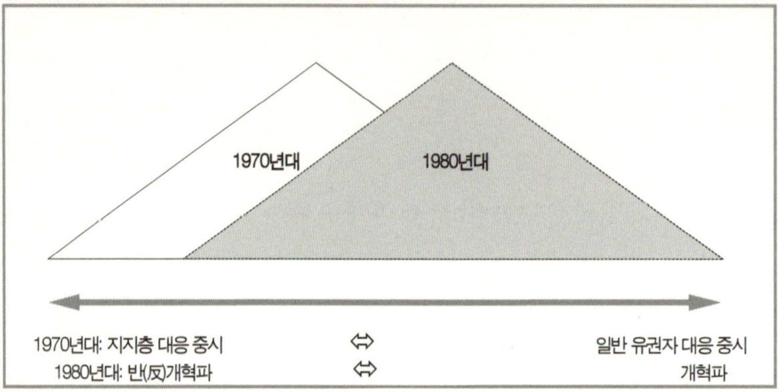

출처: 필자 작성

기 시작했다. 당내에서는 재정 문제 해소를 선결 과제로 보는 주장에 점점 힘이 실렸다. 이들은 기존의 정책적 합의가 재정적자를 야기하는 구조임을 지적하고, 세출의 주요 부분을 차지하는 정책 전반에 대한 재검토를 통해 재정적자를 최소화해야 할 것을 주장하였다(이하 개혁파). 기존의 정책적 합의를 중요시 하는 견해는 개혁파와 대비를 이룬다는 점에서 반(反)개혁파로 칭할 수 있을 것이다(〈그림 6-1〉).

실제 1980년대에 들어 공공사업 관계비, 중소기업 대책 비용, 식량관리비 등 고정지지층 관련 예산에 대한 삭감 폭은 해마다 증가하고 있었다(〈그림 6-2〉). 그러나 이러한 긴축재정 패턴은 반개혁파의 저항을 받기 쉽다. 예산 삭감은 선거에서 고정지지층의 지지에 의존해 온 개별 정치가에게는 당락을 좌우하는 치명적인 요인으로 작용할 수 있기 때문이다. 정책적 편익 제공과 득표를 연계해 온 자민당은 고도의 이해관계 조절과 정책

그림 6-2 | 일반회계 예산 편성을 통해서 본 주요 경비의 변화 추이

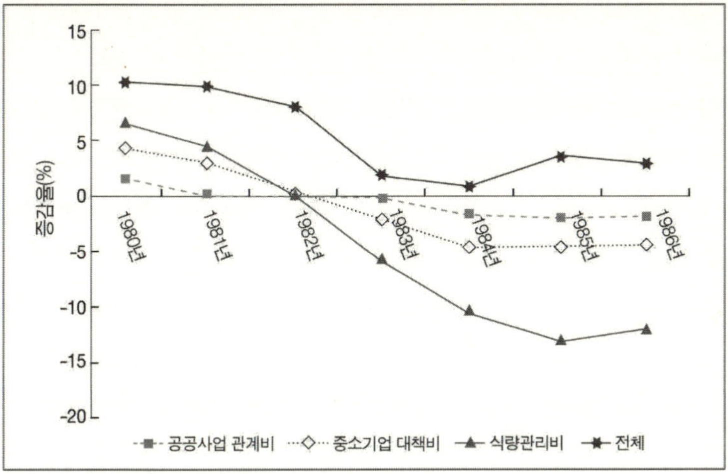

출처: 大蔵省主計局調査課編. 1986.『財政統計 昭和61年度』. 東京: 大蔵省主計局調査課. pp. 28-29를 참조하여 필자 작성.

변경이 불가피한 상황에 놓였다. 이는 국채 발행을 통한 확대 예산을 기조에 두고 고정지지층과 일반 유권자의 양측에 대응해 왔던 종래의 집표 전략이 더 이상 기능하기 어려움을 의미함과 동시에, 상이한 유권자 집단의 이해관계를 조합하고 정책의 우선순위를 재설정해야 하는 시기가 도래했음을 말해 주고 있다.

2) 스즈키 정권의 재정재건

그렇다면 변화하는 정치 환경 속에서 자민당이 선택한 정책기조와 집

표 전략은 무엇이며, 그 이유는 어디에서 찾을 수 있을까? 우선, 당내 경쟁과 정책 변경의 관계에서 살펴보도록 하자. 1980년 중의원 선거기간 중 오히라 마사요시(大平正芳) 총재가 사망하자, 같은 파 소속의 스즈키가 뒤를 이어 신내각이 탄생한다.[1] 스즈키는 미결 과제로 남아있던 재정재건을 최우선 과제로 설정하고 정권 계승을 당 내외에 각인시켰다. 스즈키 정권에서 재정재건 문제에 접근할 수 있었던 데에는 반대파의 협조가 중요하게 작용하였다. 일반소비세의 도입을 맹렬히 비판하며 우월연합을 공격하던 후쿠다파와 나카소네파가 협조적인 태도로 전향하였다. 강경 반대파의 입장 전환은 당내 합의 도출을 용이하게 하였는데, 그 과정에는 당내 권력자원 배분에서 파벌 간 균형을 도모하는 한편, 상호 대립을 되풀이하지 않겠다는 '신 거당 체제' 조성에 대한 사전 합의가 있었다.[2] 그런 의미에서 파벌 간 균형에 역점을 둔 내각 편성은 반목을 자제하고 당 운영 안정을 최우선 과제로 삼겠다는 스즈키의 의도가 반영된 것이라 할 수 있다.

여기서 우선 확인해 둘 것은, 재정재건의 방향이 행정개혁과 연계된 이를테면 '재·행정 개혁'으로 설정된 이유이다. 주지하듯이, 스즈키 정권 하에서 정책을 제안하고, 주도한 것은 반대파인 나카소네였다. 그는 행정관리청 장관으로 취임한 직후, 제2차 임시행정조사회(이하 2차 임조)를 설치할

1_후임 총재 후보로는 미키, 나카소네, 오히라 각파에서 각각 고모토 토시오(河本敏夫) 나카소네, 그리고 미야자와 기이치(宮沢喜一)가 거론되기도 하였지만, 1980년 선거에서 자민당이 승리함에 따라 총재 선출 직전까지 계속된 당내 대결에도 염전 분위기가 번져 오히라를 잇는 스즈키가 유력 후보로 급부상하였다(田中 1995, 316).

2_다나카파·스즈키파(구 오히라파)·후쿠다파의 삼자 협력 하에 후임 총재로 스즈키 단일화가 명확해졌다. 이 시점에서 당내에는 삼자를 잇는 신 거당 체제 구축이 주요 쟁점으로 부상하였고, 후임 총재를 둘러싼 타파의 대항도 사실상 마무리되었다(『日本経済新聞』 1980/07/06).

것을 스즈키에게 제안했으며, 스즈키가 이를 받아들임으로써 2차 임조를 무대로 재·행정 개혁의 골격이 완성되었다.[3] 이 때 나카소네가 적극적으로 행정개혁을 추진한 이유는 자파의 권력기반 확대 전략에 있다. 취임 당시까지 나카소네는 행정개혁에 대한 구체적인 구상을 갖고 있지 않았다. 그는 취임 직후 행정관리청 간부의 진언을 듣고 태도를 전환하였다.[4] 행정개혁의 필요성과 권력기반 확대의 가능성을 인지한 나카소네는 2차 임조의 설치를 주장하며 스즈키 총리의 결단을 촉구했다. 그런 의미에서 행정개혁은 나카소네의 정치적 구심력을 높이는 수단으로 작용했다고 볼 수 있다(大橋·平井 2003, 315).

한편, 나카소네의 제안에 대해 당초 스즈키의 반응은 소극적이었다. 그러나 경기 활성화를 통한 세수 확대 전망이 불투명한 가운데, 남겨진 선택지는 협소하였다. 스즈키는 재정재건의 수단으로 행정개혁이 필요하다는 인식을 보이며, 세출 삭감, 행정기구의 간소화, 행정 업무 감량에 중점을 둔 개혁을 추진하겠다고 밝힘으로써 사실상 행정개혁을 받아들인다(臨時行政調査会事務局 1981, 160-161). 그 결과, 나카소네는 재정재건·행정개혁의 주도세력으로 부상하여 스즈키·다나카 두 파벌로 구성되는 우월연합의 새로운 파트

3_1980년 11월 임시국회에서 임시행정조사회 설치법이 성립하였고, 1981년 3월 16일, 제2차 임시행정조사회가 정식으로 발족하였다.

4_나카소네는 자파의 우노 소스케(宇野宗佑)의 후임으로 행정관리청(이하 행관청) 장관에 부임하게 된 것을 내키지 않아 하였다. 우노는 이러한 상황을 살피고 나카소네를 위해 가시적인 성과를 낼 수 있는 사업을 검토하도록 행관청 간부에게 지시하였다. 한편, 행관청에서는 거물급 장관이 부임했을 경우 임시행정조사회 설치를 포함한 대규모 행정개혁 추진하겠다는 방침을 세웠다. 임시행정 조사회의 설치 가능성을 찾고 있던 행관청은 신내각 출범 직후 카지 나츠오(加地夏雄) 행관청 사무차관을 중심으로 나카소네에게 임시행정조사회 설치를 진언하고, 내부 검토에 들어갔다(飯尾 1993, 31).

너로 영입되었다. 그런 의미에서 재정재건·행정개혁은 차기 주도권을 노리는 나카소네파의 권력기반 확대 전략과, 반대파의 저항을 막아 안정적인 주도권 유지를 지향한 스즈키파의 권력기반 유지 전략의 균형점이 된다.

3) 총재 선출 과정의 당내 경쟁

1982년 10월 12일, 2차 임조의 주도 아래 재정재건·행정개혁의 골자가 마련되었다. 직후 구체적인 정책 추진 단계로 이행하는 가운데, 스즈키 총재가 사의를 표명한다.[5] 이를 계기로 후임 총재 선출을 둘러싼 당내 경쟁이 재점화되었다. 대결구도는 다나카·스즈키·나카소네 세 파로 구성된 우월연합, 그리고 후쿠다·고모토(구 미키파), 나카가와(中川)의 세 파로 구성된 비우월연합파의 양자 대립 형태가 되었다.

총재 선출을 둘러싼 당내 경쟁에서 특히 주목되는 것은 각파가 제시한 정책 방향이다. 각파는 재정개혁의 필요성에 대해서는 공감대를 형성하고 있었지만, 구체적인 추진 방향에 대해서는 의견차가 있었다. 먼저, 우월연합은 행정개혁의 주도세력인 나카소네를 내세워 재정재건·행정개혁의 지속적

5_스즈키 총재의 사임 이유에 관해서는 개인적 성격, 대미외교의 난항에서 비롯되었다는 해석이 지배적이다. 하지만 당시 신 거당 체제 구축 및 재정재건 추진과 관련하여 당내 여론이 좋지 않았다. 이 또한 스즈키가 사임을 결심하는 중요한 요인으로 작용하였다. 위 두 가지 과제는 당 운영과 정부 운영에서 선결 과제로 자리매김 하고 있었으나, 스즈키 정권은 가시적인 효과를 발휘되지 못하였다. 이에 대해 당내 불만이 커졌으며 지지파인 다나카파 또한 스즈키의 재임을 적극적으로 추진하지 않았다. 당내 분위기를 살핀 스즈키는 재임 의사를 철회하고 사의를 표명하기에 이른다.

인 추진이 필요하다고 주장했다. 우월연합 단일 후보가 된 나카소네는 스즈키 정권의 계승자이자 재정재건·행정개혁 추진의 적임자임을 강조하였다.

한편, 비우월연합파는 본선 이후 전략적 협력을 약속한 후, 그룹별로 후보자를 내세워 선거에 임하였다. 우선, 후쿠다파 후보인 아베 신타로(安倍晋太郎)는 2차 임조에 발맞추어 행정개혁을 추진하되, 행정개혁보다 경기부양에 중점을 둘 것을 주장했다. 그리고 고모토파 후보인 고모토 도시오(河本敏夫)는 재정재건 및 경기회복을 위해서는 정치개혁을 통한 국민 신뢰 회복이 필요하다고 지적하면서 정치개혁을 선결 과제로 내세웠다. 나카가와파 후보자인 나카가와 이치로(中川一郎)는 다나카파 주도의 당 운영을 비판하면서 방위 문제와 자주헌법 제정 문제의 중요성을 강조하였다(『日本經済新聞』 1982/10/30; 1982/10/31).

이처럼 총재 선거는 재정개혁의 방향성에 대한 당내 그룹의 정책 아이디어를 겨루는 계기를 마련하였다. 이들이 정책의 차별성을 강조하며 지지를 호소함으로써 최종 선출된 대표에 따라 향후 자민당의 정책 방향 또한 변화할 가능성이 있었다. 그러나 선거결과는 나카소네가 전체의 58%를 득표하여 뒤이은 고모토(27%)와 크게 격차를 벌리면서 후임 총재로 당선되었다. 이로써 재정재건·행정개혁의 견지하는 자민당의 정책 방향은 한층 굳어졌다.

4) 나카소네 정권의 행·재정 개혁

총재 선거와 관련해서 한 가지 지적해 둘 것은, 선출 과정에서 당원에게 투표권을 부여하는 예비선거가 치러졌다는 점이다. 예비선거는 나카소네의 정책 추진 리더십을 강화하는 요인으로 작용하였다. 그 이유는 예비

선거가 도입된 배경에서 찾아볼 수 있다. 계속되는 지지율 하락으로 정권 유지가 불투명해진 자민당은 경제성장에 따른 국민 의식의 변화와 부동층 증가에 주목하고, 지지자 및 당원 확충을 위해서 자유와 다양성을 존중하는 네트워크형 정당에 근접한 정당 조직 모델을 제시하고자 하였다. 그 일환으로 1977년, 당내 정치가에게 투표권을 한정하는 방식을 폐지하고, 일반 당원에게 투표권을 부여하는 예비 선거를 거친 후, 본선을 치루는 방식의 총재 선출 제도를 도입하였다(中北 2012, 22-23).

나카소네는 오히라에 이어 두 번째로 예비 선거를 거친 총재가 되었다. 특히, 예비선거가 정치가 레벨의 합의에 근거한 밀실정치에 대한 경계 및 반성에서 도입되었다는 점에서, 선거결과는 당원의 표로 투과된 상징적인 민의 반영 결과로 인식되었다. 더욱이 당시 예비선거에서 후보자 간 경쟁이 향후 재정개혁을 어떠한 방향으로 모색할 것인지에 초점이 맞춰졌으므로, 그 결과는 당원의 지지를 매개로 한 민의의 선택으로 받아들여졌다. 재·행정 개혁 추진에 회의적인 반대파의 대안과는 달리 지속적인 추진을 주장한 나카소네가 예비선거에서 압도적으로 승리를 거둠으로써, 정책 추진에 대한 반대파의 저항의 여지는 줄어든 반면, 재·행정 개혁 추진의 정당성은 한층 강화되었다.

한 가지 더 지적해 둘 것은, 정책 추진 과정에서 나타난 총재 교체의 영향력이다. 엄밀히 말하면, 나카소네 정권 출범 후 추진된 일련의 정책들은 스즈키 정권의 정책 방향을 계승한 것은 아니었다. 총재 교체 이후 나카소네는 재정개혁보다는 행정개혁에 정책적 우선순위를 부여하였고, 당의 정책기조는 재정재건·행정개혁에서 광범위한 행정개혁을 핵심에 두는 '행·재정 개혁'으로 전환되어 갔다.

행정개혁 추진에 대한 나카소네의 인식이 권력기반 확대를 겨냥한 전략적 선택에서 유래하듯이, 정책기조 변경 또한 같은 맥락에서 파악할 수 있다. 실제, 나카소네는 행정개혁 추진의 난점을 인지하고 있었으며 이에 태도 변경을 고려한 적도 있었다. 그러나 나카소네가 당내 최대 파벌인 다나카파와 스즈키파의 지지를 획득하고 우월연합의 후보 단일화가 가능했던 이유는 스즈키 정권에서 성공을 거두지 못한 재정재건 문제를 해결하는 정책적 대안을 제시했기 때문이다. 담당자의 태도 변경을 허용하지 않는 주위 상황 속에서 나카소네가 선택 가능한 주도권 획득 전략은 행정개혁이었던 것이다(飯尾 1993, 277).

총리 취임 후 나카소네는 관련 정책 중 실현 가능한 인기 정책을 모색하기 시작하였고, 그 중에서 민영화의 실현 가능성을 전망하였다. 나카소네는 민영화 사업을 행정개혁의 중심에 두고 적극 추진함으로써 결과적으로 전전(電電) 개혁과 국철(国鉄) 개혁을 중요한 성과로 인식시키는 데 성공했다. 민영화 추진 과정에서 자기 권력을 확대한 자민당 정치가들도 적지 않다. 예컨대, 하시모토 류타로(橋本龍太郎)와 미츠카 히로시(三塚 博) 등은 행정개혁 추진의 초기 단계에 개혁 실현을 지원하는 선견성을 발휘함으로써 국철 관계 이권에 대해 주도적 지위를 차지했다. 관련 정책 추진 이후, 당내에는 행정개혁 추진을 옹호한다는 의사를 명확히 하지 않으면 정권에서 멀어진다는 인식이 강해졌다. 이로써 당내 개혁파는 그 수적 세력을 점차 확대해 나아갔다(飯尾 1993, 259-261). 이처럼, 나카소네는 행정개혁을 함께 도모하는 세력에게 권력자원 확대의 기회를 제공함으로써, 총재파의 정책 추진에 힘을 보태는 이른바 '행정개혁파' 구축에 성공했다. 더불어 이들의 지지가 총재파의 권력기반 확대에 환원되어 행정개혁을 핵심으로 한 나카소네의 리더십은 한층 강화되었다.

2. 총재파의 권력기반 확대 전략과 지지구조 전환

1) 무당파층 흡수를 통한 지지구조 전환

다음으로 이러한 정책적 귀결과 유권자와의 관계 설정에 대해 살펴보자. 자민당은 재정재건·행정개혁이라는 과제 설정을 통해 일반 유권자의 지지를 흡수하고자 하였다. 특히 당 지도부를 비롯한 개혁파는 이익유도형 정책에 대한 일반 유권자의 반감을 활용해 정책 변경의 당위성을 찾고, 선거결과를 통해 정책 추진의 정당성을 당내에 각인시켰다. 이 때 선거전략면에서 정책 변경이 가지는 유효성은 선거의 성패를 좌우하는 중위투표자의 선호에 부응하여 정책을 조합함으로써 득표 최대화를 도모한다는 논리에 유래한다. 한편, 중위투표자 지지조달과 관련해서 특히 주목되는 것은 전체 유권자의 30% 전후까지 증가한 무당파층이다.[6] 특히 1980년대 이후 단순히 정치적 무관심이 아닌, 의식적이고 적극적인 판단 하에 지지 정당을 선택하지 않는 '적극적인 무당파층' 이 늘어나고 있었다(〈표 6-1〉). 정당의 입장에서 보면, 전체 유권자 중 가장 높은 비중을 차지하는 무당파층의 지지 흡수 여부가 선거 전략상 중요한 과제가 된 것이다.

실제, 1980년대는 보수 회귀로 칭해질 만큼, 국정선거에서 자민당이 압승을 거둔 시기이다. 당 지도부는 이와 같은 득표 상승을 정책 변경과 연계시켜, 재정재건 노선에 대한 일반 유권자, 무당파층의 지지가 선거 승리

6_1960년대에 10%대였던 무당파층은 1970년대에는 20%대로 증가하였고 1980년대에 들어서자 30% 안팎까지 늘어났다(田中 2009, 8).

표 6-1 | 정치적 관심을 가진 무당파층의 규모 변화(1976~91년)

년도	정당 지지층		무당파층		합계	응답자 중 무당파층 비율
	정치적 관심		정치적 관심			
	있음	없음	있음	없음		
1976년	43.8	35.2	7.2	13.8	100%	20.7%
1983년	40.7	30.5	11.8	17.0	100%	28.6%
1987년	46.7	17.4	20.6	15.3	100%	36.0%
1991년	43.4	19.8	20.7	16.1	100%	36.9%

출처: 다나카 아이지(田中愛治). 2004. "日本の政党システムの変容 - 一九八〇~一九〇年代の変化と無党派層の増大-." 曽根泰教·崔章集偏著.『日韓協同研究叢書 6 変動期の日韓政治比較』. 東京: 慶應大学出版会.(= 최장집 저. 2004. 『변동기의 한일정치 비교』. 서울: 아연출판부) p. 203.

의 요인이라 해석하였다.[7] 일반 유권자를 새로운 지지세력으로 편입할 것이라는 개혁파의 주장은 선거결과를 통해 설득력을 가지게 되었다. 더불어 정책 변경을 긍정하는 분위기가 당내에 조성되었다. 자민당이 내세운 정책 방향이 경제·산업 부문에 대한 정부의 통제를 줄이고 시장의 자율성을 최대한 유도하여 경제 활성화를 도모한다는 점에서 소비자로 대변되는 일반 유권자, 특히 1970년대 이후 급상승한 무당파층에서 지지를 얻은 것으로 인식되었다.

여기서 주목할 것은, 당시 자민당이 전개한 일반 유권자 지지조달 전략이다. 첫 번째는 여론 형성의 성공이며, 두 번째는 일반 유권자의 선호를 반영한 정책 조절이다. 먼저, 여론 형성의 경우, 자민당은 장기적 안목에서 재정재건이 향후 국가 진로를 고려한 목표 제시임을 강조하면서 정책 변경의 당위성을 호소하였다. 국민들 사이에서는 정부 지출의 급격한 증대가 인플레이션을 재연할 것이라는 우려, 그리고 증세에 대한 반감이 작용하면

7_나카소네는 1986년 중의원·참의원 동시 선거의 승리 이유를 지지층으로 흡수하지 못했던 부동층(grey zone)의 지지 흡수 성공으로 파악하였다(福岡 1988, 48-49).

서 자민당 정권의 과감한 긴축재정을 환영하는 분위기가 조성되었다. 더불어, 1980년대 들어서 발족된 2차 임조가 증세 없는 재정개혁의 필요성을 국민에게 납득시키는 대대적인 캠페인에 나서 긴축재정으로의 전환을 지지하는 여론 형성에 크게 기여하였다(Curtis 1987, 88-89).

다음으로, 일반 유권자를 고려한 정책 조절과 관련해 눈여겨 볼 것은 재정재건으로 야기될 수 있는 일반 유권자의 반감을 최소화했다는 점이다. 실제 자민당이 제시한 정책 방향은 득표 최대화 전략에 부합하지 않는 부분이 있다. 재정재건을 위해서는 예산 편성 중 20%대의 가장 높은 비중을 차지하는 복지 부문을 비롯한 행정 서비스 축소가 불가피했으며, 이는 오랫동안 고정지지층에 비해 상대적으로 자민당의 정책적 편익에서 벗어나 있던 일반 유권자의 박탈감을 더욱 심화할 가능성 또한 배제할 수 없기 때문이다. 1981년 6월에 실시한 요미우리신문의 여론조사를 보면, 재정재건을 통해 '복지 및 교육'을 포함한 전 영역에서 예외 없이 보조금을 삭감한다는 스즈키 정권의 기본 방침에 대해 응답자의 47.3%가 반대를 표명해, 찬성(26.7%)을 크게 웃돌았다. 같은 해 11월 조사에서도 1982년도 예산의 세출 삭감이 '재정재건에 집착한 나머지 행정 서비스의 저하를 초래할 우려가 있다.'고 대답한 응답자가 40.5%에 달해, '재정재건의 적절한 방침으로 본다.'(34.7%)를 웃돌았다. 특히 삭감하지 말아야 할 중요 항목으로는 사회보장(53.7%)이 1위로 꼽혔으며, 교육(39.1%)이 그 뒤를 이었다(新川 1993: 254). 이는 재정재건이 국민적 지지조달에 성공했다 할지라도, 복지 및 교육 예산 삭감 등의 행정 서비스 저하를 찬성한 것은 아니었음을 보여 주고 있다.

이에 대해 자민당은 추가적 기업 복지를 통해 공적연금 및 의료보험의 급부·부담 억제를 도모하는 등 일반 유권자의 부담을 덜어주는 조치를 취한다(樋渡 1995, 81). 일반 유권자들 사이에서 부정적인 시각이 존재할 수 있는 정치 쟁점에 대한 세부적 조정을 통해 정부의 재정 부담을 일반 유권자에게 전가하지 않는다는 재정재건의 기본 틀을 설계한 것이다. 이처럼, 자민당의 정책 방향은 일반 유권자의 선호를 반영하여 형성했기보다는 정치 리더 주도 하에 과제를 설정한 후, 선거전략 면에서 일반 유권자의 반감을 덜어 주는 차후 조치로 정책 조정을 부가하는 수순을 밟아 왔음을 알 수 있다. 그 과정 속에 일반 유권자를 중핵지지층으로 상정한 선거 동맹 구축과 이를 구심점으로 한 당 내외 지지를 연계를 통해 자파의 권력기반을 강화하고자 한 개혁파의 전략적 행동이 개재되어 있었다.

한편, 재정재건의 필요성을 주창한 것은 자민당뿐만이 아니었다. 혁신계 시장 및 지사들도 복지 서비스 경쟁을 지방 재정을 경직시키는 요인으로 보고, 기존 복지정책의 방향 전환을 꾀하는 이른바 '복지 재검토론'이 확산되었다(Curtis 1987: 87-88). 1980년대에 자민당이 선거에서 우세한 것은 여론이 재정적자 삭감의 중요성을 인지한 단계에서 야당세력이 자민당의 긴축재정 노선을 이길 수 있는 정책 아이디어를 제시하지 못했기 때문이다. 즉, 정당 간 경쟁구도에서 자민당이 야당을 압도하는 상황이 조성되자 야당세력은 유권자 지지조달에 필요한 쟁점 마련에 수동적 입장을 고수하지 않을 수 없었다.[8] 더욱이 야당세력의 영향력 저하로 재정 및 복지 정책에 대한 여·야 간 타협이 진행되면서 야당의 요구는 자민당 내부의 합의를

8_자민당은 쟁점 선정에서 우위를 선점하였다. 1970년대 후반 이후 자민당의 전략은 혁신계 지방자치체의 비능률적인 복지·행정 정책을 공격하고 유권자에게 재정위기를 호소함으로써 야당세력 봉쇄를 도모하는 것이었다. 이에 유권자들은 혁신계의 이상주의를 신뢰하지 않는 한편, 지방정치에 필요한 것은 이데올로기가 아닌 관리 능력이라는 보수의 논리를 받아들이게 되었다(新川 1993, 194).

표 6-2 | 정당 지지율 변동(1971~85년)

시기	자민당	사회당	공명당	민사당	공산당	신자유클럽
1971년	28.6	14.7	3.7	2.5	1.7	-
1972년	29.6	14.8	3.7	2.4	1.8	-
1973년	26.7	14.6	3.9	1.8	3.6	-
1974년	24.7	13.2	4.1	1.8	2.8	-
1975년	26.8	11.4	3.8	1.9	2.3	-
1976년	25.1	11.1	3.9	1.7	2.3	1.1
1977년	28.2	10.5	3.8	2.5	2	1.9
1978년	29.2	9.7	3.8	2.3	1.7	1.1
1979년	29.6	9.1	3.5	2.5	2	0.6
1980년	32.7	9.5	4	2.7	2	0.4
1981년	30.8	8.7	3.5	2.7	1.8	0.5
1982년	30.7	8.8	3.6	2.5	1.7	0.6
1983년	30.5	9.3	4.4	3.2	2.3	0.6
1984년	33.3	9.6	4.5	3.2	1.7	0.5
1985년	34.4	8	4.1	2.7	1.6	0.4

출처: 다나카 젠이치로(田中善一郎). 2004.『日本の総選挙』. 東京: 東京大学出版会. p. 116.

추가적으로 보완하는 역할을 하였다. 이러한 구도는 정당 간 경쟁에서 유권자의 정치적 동원을 배양해 내지 못함으로써 결과적으로 자민당 주도의 이해관계 조절을 재생산하였다.

이로써 보수와 혁신이라는 이념적 대립에 기초한 여·야 간 경쟁구도는 점점 희박해져 갔으며, 유권자 간에는 새로운 정책적·이념적 다원화가 나타나게 되었다. 1980년대에 자민당 지지율이 30%대의 안정세를 회복하였던 것은 이러한 유권자들의 의식 변화를 반영하고 있다(〈표 6-2〉). 이 시기를 대상으로 한 다수의 투표 행태 연구가 실증한 것처럼, 당시 유권자들에게 생활 만족도 및 장래에 대한 낙관 여부 등 전반적인 사회생활 의식이 여·야당을 분별하는 요인으로써 작용하면서, 자민당의 통치 능력과 경제 대처 능력에 대해 신뢰감을 높이고 자민당의 정권 운영을 지지하였다.[9]

2) 당내 이해 조절과 고정지지층의 회유

정책 변경을 추진한 개혁파의 전략적 행동으로 한 가지 더 지적해 둘 것은, 당내 이해관계 조절이다. 여기서 주목되는 것이 바로 스즈키·나카소네 두 정권에서 나타난 총재파의 전략적 행동이다. 권력기반 확대를 도모할 때 두 총재가 추구한 전략은 당내 반대파와의 대결과 억압의 형태는 아니었다. 오히려, 반대파와의 대결을 피하고 당내 역학을 활용하는 전략적 타협이 총재파의 행동에서 보이는 특징이라 할 수 있다. 스즈키, 나카소네 양자가 정권을 획득하는 데에는 주요 파벌과의 연계가 필수적이었으며, 정권 출범 후 안정적인 정권 운영을 이끌어 내는 데에서도 마찬가지였다. 그런 의미에서 인적 네트워크 및 자금 면에서 최대 파벌인 다나카파와의 제휴는 지극히 자연스러운 결과라 할 수 있다(草野 1995, 345). 하지만, 이들은 다나카파에 편향된 것만은 아니었다. 특히 신기 및 정책 추진 면에서 후쿠다파를 비롯한 반대파와의 충돌을 최소화하는 가운데 파벌 간 균형을 고려한 사례는 적지 않다.

예산 삭감 완화 정책의 운용은 총재파의 전략적 타협을 여실히 보여 주고 있다. 주지하듯이 두 정권은 긴축재정을 기조에 두고 있었으므로, 보호·지원 관련 융자 및 보조금 삭감이 불가피하였다. 이 때 특정 산업이나 지역에 치우친 형태의 예산 배분 형태를 시정하기보다는 모든 세출 항목에 대

9_일본 투표 행태 연구에서는 연구자별로 독자적인 분석 모델을 제시하는 가운데 1980년대의 자민당 일당우위 체제로의 회귀를 설명하고 있다. 미야케의 '정당의 정책 이미지설', 이노구치의 '경제적 현실주론', 그리고 카바시마의 '버퍼 플레이어론'이 대표적인 예가 된다. 이들은 분석 결과를 통해 1980년대 정권 담당자로서 자민당을 신뢰하는 유권자 의식 변화가 투표에 반영되었음을 입증하였다(三宅 1989, 135-144; 猪口 1983; 蒲島 2004, 73-91).

한 일률적 삭감(제로 또는 마이너스 실링)을 적용함으로써 반개혁파와 연계된 지역 및 산업 부문의 이해관계를 균등하게 처리하였다. 즉 평등에 기초한 어프로치를 통해 예산 삭감을 단행함으로써 반대파의 저항을 최소화한 것이다. 평등 어프로치는 예산 편성에 국한되지 않고 정책 전반에 걸쳐 폭넓게 적용됨으로써 강한 구심력을 갖게 된다(Curtis 1987, 90).

한편, 지역 개발 및 국내 산업 관련 보조금 정책을 눈에 띄지 않는 형태의 대응책으로 전환함으로써, 고정지지층 관련 예산 삭감으로 인한 지지 이탈을 완화하고자 하였다. 예를 들면 공공사업의 경우 중앙정부 레벨에서는 긴축재정 기조로 인해 일률적인 예산 삭감 규정이 적용된 데 반해, 제2재정이라 불리는 재정 투융자를 통해 축소된 공공사업을 보완하는 형태로 고정지지층에 대한 배려책을 마련하였다.[10] 또한 농업과 중소기업 등 비효율 산업 부문에 대한 보호 삭감율을 완만하게 유지하면서 관련 업계에 대한 보호 철회에 신중한 입장을 견지해 나갔다.

나카소네 정권의 행정개혁 추진 방식 또한 예외는 아니다. 그가 추진한 행정개혁은 이익유도 정치의 전형이라 불리는 자민당 정치 전반의 구조적 전환을 유도한 것은 아니었다. 오히려 당내 역학을 반영하고, 반대파와의 협조를 이끌어 낼 수 있는 사안으로 개혁 범위를 교묘히 좁힌 것이다. 정권의 최대 업적으로 불리는 3공사 민영화의 경우를 보더라도, 2차 임조를 필두로 민영화 실현을 위한 기틀을 마련했다 할지라도, 추진 과정은 제도권

10_1973년에 지방정부의 건설사업비 중 중앙정부 보조 사업은 33.2%, 지방정부 단독 사업은 13.1%를 차지했다. 그러나 1985년에는 중앙정부 보조 사업이 18%로 급감한 반면, 지방정부 단독 사업은 32.4%로 증가하였다. 또한 재정 투·융자를 통한 공공사업비는 1985년에 3조 6,000억 엔이던 것이 해마다 증가하여 1990년에는 5조 4,000억 엔에 이르렀다(宮本 2008, 124-127).

의 정치구도를 최대한 활용한 것이었다.[11] 3공사의 경영 개선이 문제시 되는 가운데, 민영화 문제를 경영 개선 이외의 타 영역으로 파생시키지 않을 것을 확인한 상태에서 실행되었다(飯尾 1993, 289). 이러한 정책 추진 방식에서 알 수 있듯이, 나카소네의 행정개혁은 정치 전반에 걸친 개혁이기보다는, 실현 가능한 특정 정책의 성과를 어필함으로써 자파의 권력기반 강화로 환원하는 수단으로 활용되었다.

이처럼 총재파는 다나카파의 안정적인 지지를 활용함과 동시에, 반개혁파의 저항을 야기할 수 있는 전면적인 개혁을 지양함으로써 당내 합의 도출을 용이하게 이끌어 내는 효과적인 개혁 방식을 택하였다. 국민들에게 깊이 침투한 정책 변경의 당위성을 기반으로 일반 유권자 지지 확대의 가능성, 그리고 보이지 않는 형태로 전환된 고정지지층 대응 조치를 통해 반대파의 저항은 완화될 수 있었으며, 그 가운데 일련의 가시적인 정책 성과를 거둘 수 있었다.

3. 참의원 선거를 통해서 본 고정지지층 대응전략

자민당의 정책 변경과 관련하여 마지막으로 검토할 것은 고정지지층 대응이다. 아래에서는 참의원 선거의 대응 사례를 중심으로 고정지지층에

11_2차 임조가 다룬 대부분의 과제는 관계기관의 동의를 얻어 냄으로써 실현 가능하였다. 이때, 관계기관의 위상에 큰 변화를 가져 오는 형태의 개혁안은 배제되었고, 관계자의 동의가 불필요한 개혁만이 추진되었다.

대한 선거전략을 검토한다. 그 결과 자민당이 일반 유권자의 선호를 중시하는 도시형 정당으로의 이행을 지향하면서도, 한편으로는 당내 역학과 연계하여 고정지지층의 집표 기능에 대한 의존을 고수하고 있었음을 확인할 수 있을 것이다.

1) 집표 메커니즘 기능 저하와 비례구 도입

1980년대의 정책 변경을 논의할 때 빼놓을 수 없는 것이 바로 참의원 선거를 통해 나타난 자민당의 당세 안정이다. 자민당은 1980년, 83년, 그리고 86년 세 번의 참의원 선거에서 안정적인 과반수를 확보함으로써, 1970년대 중후반의 과반수 획득 불투명 상태에서 벗어났다. 참의원의 안정이 1980년대 자민당의 정책 변경 및 정권 운용에서 참의원의 안정이 중요한 요인으로 작용하였음은 이론의 여지가 없다.

〈그림 6-3〉에서 확인할 수 있듯이, 자민당은 참의원 선거에서 지속적으로 안정 과반수를 획득해 왔다. 이는 전국적 규모를 가진 고정 지지단체의 조직력을 활용한 것으로, 정치 환경 및 유권자 의식 변화에 민감하게 연동하는 중의원 선거와는 달리, 참의원 선거에서는 일정 수준의 안정적인 득표를 담보하였다. 즉 지지단체를 활용한 자민당의 집표 메커니즘이 참의원 선거에서 유효하게 기능했다. 그러나 1971년 선거를 기점으로 자민당의 당세 하락은 가속화되어 74년, 77년 선거에서는 가까스로 과반수를 만들어 내기에 이르렀다. 이에 대해 자민당은 기존 집표 메커니즘의 기능 저하를 의석 감소의 원인으로 판단하고 득표 확대 방안을 적극적으로 모색하기 시작하였다.

그림 6-3 | 자민당의 참의원 선거 의석율(1956~86년)

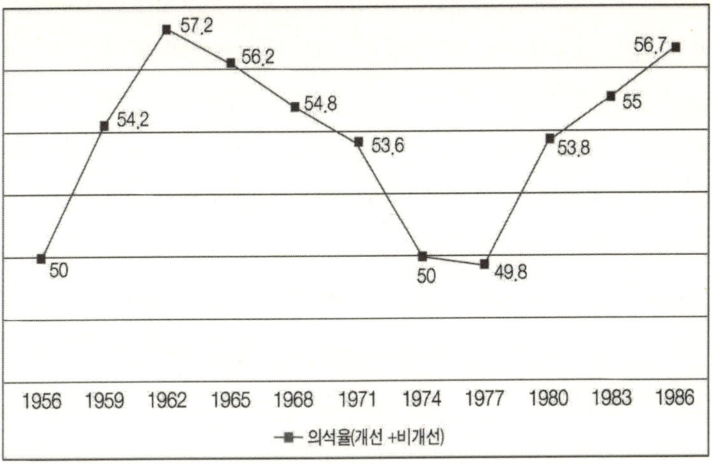

출처: 권말부록 II 참의원 선거결과 의석수를 의석율로 환산하여 필자 작성.

자민당이 최종적으로 선택한 방법은 선거제도 개정을 통한 집표 메커니즘의 변환이었다.[12] 기존 참의원 선거는 전국구와 지역구의 두 가지 제도로 운용되었으나, 이 중 지지단체의 조직력에 의존해 온 전국구 제도가 금권정치 및 이익유도 정치의 온상이라는 비판을 받기 시작하면서 비례구 제도의 도입이 적극 검토되었다. 이에 1982년 8월 18일 스즈키 정권 하에

12_자민당은 득표 하락 현상을 반영하여 1977년 7월 참의원 선거에서 전국구 후보자 수를 줄여 선거에 임했음에도 불구하고 현직 의원 2명 낙선으로 상징되는 참패의 결과를 낳았다. 이후 각료를 중심으로 전국구 제도의 개정이 시급하다는 주장이 잇따르게 되었다(『朝日新聞』 1977/07/12/석간).

서 비례구 도입을 골자로 한 공직선거법 개정안이 통과되고, 1983년 참의원 선거부터는 비례구 제도가 적용되었다. 전국구 제도는 후보자의 득표에 따라 당락이 결정되므로 각 후보자는 조직의 득표 능력에 크게 의존하지 않을 수 없지만, 비례구 제도는 정당이 얻은 득표수에 비례하여 의석수가 할당되며, 정당이 제시한 후보자 명부 순위에 따라 당선이 결정되므로 지지단체에 대한 의존 및 집표 메커니즘 쇠퇴를 보완하는 것이 가능하다.

그러나 당내 일각에서는 후보자 순위 부여에 대한 우려가 존재하였다. 그 이유는 지지단체 관련 후보자에 대해 정당이 순위를 부여할 경우, 특정 지지단체에 대한 차별 또는 우대로 작용할 수도 있기 때문이다. 즉, 제도 운용 면에서 당내 역학 및 당 지도부의 의향이 강하게 반영될 수 있기 때문이다. 이에 당 내부, 특히 비우월연합파는 선거법 개정 관련 법안 심의 단계에서 특정 파벌 및 지지단체에 대한 우대가 되지 않도록 명부 순위 기준 제정을 선행할 것을 요구하며 당 집행부에 압력을 가했다. 법안 통과를 위해 당내 합의를 도출해야만 하는 지도부는 ① 현직 우선, ② 후보자 및 지지 조직의 당 기여도, ③ 유력한(지명도가 높은) 신인 후보자에 대한 취급의 세 가지 사항을 골자로 명부 작성 기준을 명시함으로써 당내 합의를 얻어 내었다.

2) 비례구 운용의 문제점

그런데 실제 선거 준비 단계에 들어서자, 자민당은 여전히 지지단체의 조직력에 의존하는 선거전략을 답습하였다. 자민당은 비례구 후보자 순위 선정에서 지지단체의 득표 능력을 기준으로 삼고, 단체와의 연계를 통해 선거 활동을 전개한다는 방침을 굳힌다. 예를 들어 1983년 2월 24일 결정된 자민당의 참의원 선거 기본 방침을 보면, 비례구 후보자와 지역구 후보자의 연계 강화를 위해서 지지단체와의 회합 시 지역구 후보자가 동석할 것, 당원·당우 등의 지원 조직 확대를 위해 노력할 것을 의무화하고 있다. 더불어 비례구 후보자에게는 '100만 명 이상 지원자 획득'이라는 과제가 부과되었다(『日本経済新聞』 1983/02/24).

또한 비례구 명부 작성 과정에도 당내 역학 및 지지단체와의 관계 조절에 역점을 둠으로써, 사실상 지지단체의 조직력에 의존하는 기존 방식으로 제도를 활용하였다. 1983년과 86년의 참의원 선거의 비례구 공천 상황은 이러한 경향을 단적으로 보여 주는 사례가 된다. 앞서 언급했듯이 자민당 지도부는 제도 도입을 둘러싼 심의 단계에서 이미 현직 우선 및 지지단체의 득표 능력을 토대로 순위를 결정하고 제도 변경에 따른 수혜와 차별을 최소화할 것을 약속했지만, 두 선거 시기에 자민당이 제시한 명부 순위는 제시한 기준에 부합하지 않았다. <표 6-3>에 정리해 놓은 것처럼, 전국구가 적용된 마지막 선거인 1980년 선거에서 자민당 전국구 당선자의 득표수를 기준으로 당선 순위를 부여하면, 농업계가 가장 높은 득표 능력을 가지고 있음을 알 수 있다. 이 선거에서 농업계 후보자 2명이 각각 5위, 6위의 상위 랭크로 당선되었다. 한편, 건설업계와 운수업계도 2명의 복수 당선자를 배출하였다. 건설업계의 경우는 12위와 20위, 그리고 운수업계의 경우는 10위(체신 관계)와 21위(국철 관계)로 각각 중위와 하위권에서 당선이 확정되었음을 알 수 있다.

지지단체의 득표 능력을 기준으로 할 경우, 이들 업계 관련 후보자에게 부여된 명부 순위는 흥미롭다. 농업계 후보자에 대한 순위는 조직력에 비해 평가 절하된 반면, 건설업계와 체신업계에 대한 우대가 명확히 드러나기 때문이다. 1983년의 경우, 건설업계 후보자는 8위와 11위에, 운수업계 후보

표 6-3 | 참의원 전국구(비례구) 지지단체 관련 후보자의 당선 순위 및 비례구 명부 순위 비교 (1980~86년)

1980년 지지단체 관련 후보자 당선 순위	1983년 지지단체 관련 후보자 명부 순위	1986년 지지단체 관련 후보자 명부 순위
5 농업계(토지 개량)	1 군·유족관계(군은)	2 운수업계(체신 관계)
6 농업계	3 농업계	4 농업계
9 종교계	4 운수업계(체신 관계)	7 운수업계(국철 관계)
10 건설업계(체신 관계)	5 군·유족관계(군은)	8 건설업계
11 군·유족관계(군은)	6 운수업계(국철 관계)	9 운수업계
12 건설업계	7 상공업계	10 농업계(토지 개량)
13 의료·복지(치과의사회)	8 건설업계(하천협회)	13 군·유족관계(군은)
14 군·유족관계(유족)	9 운수업계	18 의료·복지(의사회)
15 군·유족관계(자위대)	11건설업계(도로협회)	
16 의료·복지(의사회)	12 의료·복지(의사회)	
17 운수업계	13 의료·복지(간호연맹)	
19 의료·복지(보육)	14 교육관계	
20 건설업계(하천협회)	18 군·유족관계(자위대)	
21 운수업계(국철 관계)		
비당선	20 의료·복지(약제사연맹)	21 군·유족관계(자위대)
의료·복지(간호연맹)	21 종교계(生長の家)	24 교육관계(청년회의소)
	22 종교계	
	24 운수업계(체신 관계)	
	26 농업계(임업 관계)	
	29 교육관계(청년회의소)	

주 1: 테두리 안은 다나카파.
주 2: 괄호 안은 후보자의 관련 지지단체.
주3: 점선 아래는 비당선.
출처: 『朝日新聞』(1980/06/12/6; 1983/06/05/6; 1986/07/05/6)에 개제된 참의원 선거 후보자 일람을 토대로 필자 작성.

자는 4위(체신 관계)와 6위(국철 관계)에 배정되었다. 또한 1986년 선거에서도 건설업계 후보자는 8위와 10위, 운수업계 후보자는 2위(체신 관계)와 7위(국철 관계)에 배정되어, 사실상 당선이 확실한 상위 랭크에 복수의 후보자가 안착하고 있었다. 즉 다수의 지지단체 중에서도 건설업계와 운수업계가 과대 대표되고, 기존 득표 능력을 상회하는 상위 랭크가 주어진 것이다.

이처럼 명부 작성 과정은 당내 역학에서 자유로울 수 없었다. 건설업계를 주요 지지기반으로 하는 최대 그룹 다나카파, 그리고 국철 민영화 관련

이권 관계에서 국철 관계자의 정치력을 높이고자 하는 나카소네파의 전략이 반영되었다. 기존 전국구에서 자민당의 당선 인원이 20명 전후임을 감안하면, 당선권인 20위 이내에 다나카파 후보자가 집중 포진해 있는 상황은 다나카파의 주도 하에 명부가 작성되었음을 여실히 보여 주고 있다. 결국 당내 역학과 연동하여 특정 단체에 우선순위를 부여하는 당 지도부의 권력기반 확대 전략으로 활용된 것이다.

특정 지지단체 후보자의 당선을 보장하는 비례구 제도의 기능적 측면은 이후 우월연합의 권력기반 확대를 담보하는 제도로 활용되었다. 자민당 파벌화와 선거제도 효과를 분석한 콕스(Cox, Gary)의 연구에서 밝혀진 것처럼, 비례구 제도 도입 이후 무파벌 출신의 정치가의 입문은 현저하게 제약되었다. 이는 자민당의 참의원 비례구 공천이 파벌화 및 당파 간 이해관계에 제약되고 있었음을 말해 주고 있다(Cox, eds., 2000, 115-122). 앞선 분석 결과를 토대로 부언하자면, 콕스의 주장처럼 비례구 제도 하에서 참의원의 파벌화가 심화된 이유를 단순히 제도의 규정력에서 찾기보다는, 제도 운용에서 나타난 당내 역학이 반영된 효과로 볼 수 있다.

결과적으로 자민당은 1983년과 1986년의 2회의 참의원 선거에서 각각 68석과 72석을 획득하면서 1970년대의 부진을 만회하고 안정 과반수를 확보하는 데 성공한다. 그러나 이를 제도 변화에 따른 집표 기능 상승으로 보기는 어렵다. 자민당이 비례구 도입을 주도한 이유는 고정지지층 및 지지단체의 집표 메커니즘의 기능 저하에 있다. 이 때 자민당은 금권정치 및 이권정치로 상징되는 전국구 제도의 문제점에서 제도 변경의 당위성을 찾고자 하였다. 이는 재정재건·행정개혁 시기와 맞물리면서 자민당이 중핵지지층으로 상정한 일반 유권자의 지지 확대를 유도한 것이라 할 수 있다. 그러나 후보자 공천을 둘러싼 당내 결정에서 자민당은 고정적인 지

표 6-4 | 선거구 타입별로 본 자민당 정치가의 파벌화 비중

선거구별 자민당 정치가 분류	정치가 총수	무파벌로 입문한 정치가	무파벌 정치가
참의원 전국구 출신(1965~80년)	77	42.9%	15.6%
참의원 지역구 출신(1962~92년)	294	23.1%	13.3%
중의원 출신(1958~93년)	832	12.3%	2.2%
참의원 비례구 출신(1983~95년)	51	5.9%	5.9%

출처: Cox, Gary eds. 2000. "Electoral Rules, Career Ambitions, and Party Structure: Comparing in Japan's Upper and Lower Houses." American Journal of Political Science, 44(1). p. 120을 재구성하여 필자 작성.

지표를 벗어 던질 수 없었으며, 후보자 및 지지단체의 조직화에 압력을 가함으로써 이들의 집표 능력 강화에 중점을 두는 선거전략을 전개하였다.

자민당은 명부 순위에서 안정적인 당선권을 확보 받지 못한 고정지지층의 위기의식을 자극함으로써 집표 기능 활성화를 도모했다. 자민당과 연계를 유지하면서 집단의 이해관계를 반영할 정치적 대표를 원내에 진입시키고자 하는 이들에게 개척 가능한 선택지는 협소했다. 지속적인 보호 정책의 축소 속에서도 이들이 자민당 지지를 철회할 수 없었던 것은 오랫동안 이해 반영 채널 역할을 담당해 온 자민당을 대신할 정치세력을 찾기 어려웠기 때문이다. 자민당의 고정지지층은 장기간에 걸친 표와 이익의 교환 메커니즘 속에서 이념적 성향이 강한 사회당의 지지층과는 구별되는 성향을 지니고 있었다. 반면, 사회당은 노동조합과 강한 연대를 보이는 반면 타 집단에게 폐쇄적인 인상이 강하였다(〈표 6-5〉). 또한 보호 정책 철회를 둘러싼 이해관계 조절에서도 자민당과 연계한 정치적 대표가 필요하였다. 이러한 이해 반영 채널의 협소성 때문에 고정지지층은 보호 철회의 방식과 정도를 두고 또 다시 자민당과 연계를 지속해 나아갈 수밖에 없었다.

이처럼 1980년대 참의원 선거에서 자민당이 당세를 회복한 것은 고정지지층의 지지 철회 보류와 더불어 특정 집단에 대한 이익조달 및 금권선

표 6-5 | 스즈키·나카소네 정권기의 유권자 정당 지지와 그 이유

지지이유 / 시기	자민당 지지		사회당 지지		
	정책이 좋아서	다른 정당은 좋지 않아서	주장이 좋아서	다른 정당은 좋지 않아서	직업, 조직, 지인과의 관계로
1982년 1월(스즈키 정권)	5.5%	11.0%	2.3%	1.3%	4.9%
1986년 1월(나카소네 정권)	7.4%	10.3%	2.3%	1.9%	4.6%

출처: 이키다 겐이치(池田謙一). 1992. "政党支持率の変遷." 時事通信社中央調査社編.『日本の政党と内閣 1981~91 -時事世論調査により分析-』. 東京: 時事通信社. pp. 33-35를 재구성하여 필자 작성.

거 배제를 약속한 자민당에 대한 일반 유권자의 지지가 작용했기 때문이다. 그러나 고정지지층과 일반 유권자 양면 대응에 기초한 집표 기능 향상은 단기적인 현상에 불과했다. 정치적 대표를 통한 이해관계 조절이 불투명해진 1980년대 후반 이후, 고정지지층의 이탈은 가속화되었다. 한편, 조직표 의존을 답습하는 자민당의 선거전략은 일반 유권자를 대상으로 전개한 제도 변경의 당위성에 부합하지 않게 되어 정치개혁 및 이권정치에 염증을 느끼는 일반 유권자의 지지를 흡수하는 데에도 한계를 노출하였다.

3) 재정재건·행정개혁, 정권의 재건인가 붕괴인가

1980년대 들어 자민당의 정책 변경 및 선거제도 변경에서 일반 유권자를 중요시 하는 경향이 강해졌음을 부정할 수 없다. 한편, 보조금 대신 보이지 않는 형태의 지원책 마련, 그리고 참의원 선거를 활용한 연계 지속 등 고정지지층의 이해를 반영하는 양면 전략을 유지한 것 또한 사실이다. 그런 의미에서, 재정재건·행정개혁은 기존 정책 및 지지구조의 변환을 추구했다 할지라도, 당내 이해관계 조절에 제약된 한정적인 개혁이라 할 수 있다.

이는 1980년대에 나타난 자민당 당세 회복과 유권자 지지의 휘발성에 대해 시사하는 바가 크다. 자민당은 정책과 유권자 관계 설정의 구조적 전환이 불가피한 시점에서 당내 역학 및 각파와 연계된 지지기반의 이해관계 조절에 어려움을 겪게 되었다. 그 가운데 자민당은 구조적 전환 없는 일률적인 규모 축소 방식을 선택하였다. 이 때 예산 동결을 지속해 나아가면서도 정치적 입장을 강화할 수 있었던 배경에는 정책 변경에 대한 일반 유권자의 지지가 존재한다. 재정재건을 내걸고 일률적이고 평등한 삭감 방침을 추진하여 특정 집단에 대한 특혜를 막는다는 인식이 바로 그것이다. 그러나 이 평등의 논리는 정책의 우선순위 선택을 통한 전면적인 개혁을 회피하고, 자민당 정치의 구조적 전환을 늦추는 요인이 되었다. 즉, 자민당이 정책적 편익 제공의 철회를 둘러싸고 고정지지층과의 이해관계를 조절하여 표와 이익을 대신하는 이를테면 '표와 규제 완화의 교환 메커니즘'이 작동되었으며, 그 결과 이익배분형 정책의 해소가 아닌 변용된 온존을 허용하였다.

더욱이 행·재정 개혁의 당위성이 유권자들 사이에 널리 공유되면서 정치가 레벨에서 선택 가능한 정책 조합은 한정되었다. 이는 단기적으로는 총재파의 권력기반을 강화하는 역할을 했지만, 장기적으로는 여당과 야당, 그리고 당내 그룹 간 정책 수렴 현상이 심화되는 가장 중요한 요인이 되었다. 반대세력의 영향력 쇠퇴가 1990년대의 자민당 장기 집권의 종결로 이어진 것은 이후 일본 정당정치의 역사적 전개 속에서도 여실히 드러난다. 바로 이것이 다양한 유권자 집단의 요구를 흡수하고 집약하는 정치 본연의 역할을 활성화하는 데 정당 간은 물론 당내 정치세력 간 경쟁의 중요성을 각인시켜 주고 있다.

이와 관련하여 1980년대에 자민당 당내 경쟁과 정책과의 관계에서 나타난 한 가지 변화가 주목된다. 주지하듯이 1980년대에는 규모 면에서 타파를 압도하는 거대 그룹(다나카파)이 형성되고 이들의 정치적 영향력 확대와 더불어 각파는 대결을 피하려는 경향이 강해졌다. 총재파 또한 다나카파의 영향력에서 자유로울 수 없었다. 당내 다수를 형성하고 주도권을 보장받기 위해서는 다나카파의 지지를 흡수함과 동시에 반대파와의 대립을 조정하는 균형 감각이 필수적이었다. 스즈키 정권의 신 거당 체제 구축, 그리고 나카소네 정권의 정책 조절은 이러한 당내 경쟁구도의 변화를 집약하고 있다. 이처럼 각파의 전략적 타협이 축적되어 1980년대 후반에 이르러서는 상호 대립을 최소화하는 제도적 장치가 마련되고, 이후 파벌 간 협력체제가 구축되었음은 널리 알려져 있다(佐藤·松崎 1986, 70-72; 石川·広瀬 1989, 218-232; 野中 1995, 172-179). 이 점에서 스즈키·나카소네 정권기는 그룹 리더들이 상호 협조를 중요시 하는 이른바 '대파벌 시대' 이행의 토대가 되었다 할 수 있다.

당내 그룹 간 행동 변화는 자민당의 정책 결정에도 큰 영향을 미쳤다. 종래 자민당에서는 정부의 추진 정책이 여론의 비판을 받을 경우, 반대파가 총재 교체를 포함한 주도권 양도를 요구하면서 정책 궤도 수정을 촉진시켰다. 그러나 1980년대를 거치는 동안 당내에 구축된 협력 구도는 이러한 당내 그룹 간 긴장을 둔화시키고 정책 변경의 역동성을 쇠퇴시키는 요인이 되었다. 당내 공존 시스템 속에서 각파는 상이한 지지기반의 이해 반영에서 비롯되는 정책 성향의 차이를 묵인하고, 유권자 의식 변화에서 비롯되는 외부의 자극에 둔감해졌기 때문이다. 결국 반대파의 저항을 매개로 당 내부에 투영되던 유권자 의식 변화에 민감하게 대응하지 못하는 가운데, 자민당은 무당파층의 지지를 구조화하는 데에도 실패했으며, 고정지지층의 이탈 또한 제어하기 어렵게 되었다. 그런 의미에서 1980년대의 자민당의 정책 변경과 당내 역학 변동은 가시적인 효과를 통해 여론의 지지를 적극적으로 끌어들여 단기적으로는 유권자의 지지를 흡수하는 데 유효했으나, 정책의 우선순위 선택을 통한 전면적인 개혁을 회피하면서 장기적으로 노출된 구조적 문제점에 대한 해결책을 제시하지 못하였다. 여기에 자민당 장기 집권의 종식을 촉진한 중요한 요인으로 당내 경쟁을 매개로 한 정책 변경 메커니즘의 기능 쇠퇴가 자리하고 있다.

4. 소결: 당내 경쟁의 변용과 정치개혁의 한계

1980년 스즈키 정권의 출범과 함께 자민당은 재정재건을 기축으로 한 재정재건·행정개혁을 내걸고 대대적인 긴축정책에 돌입하였다. 복지 확충과 지역 유권자 및 국내 산업에 대한 보호·지원을 중요시 하던 1970년대의 정책기조에서 벗어나 정치체제 및 행정개혁에 경도된 정책 노선으로 이동하였다(〈그림 6-4〉).

한편, 1980년대의 정책 변경에 대한 해석은 주의가 필요하다. 고정지지층에 대한 보호 및 지원 정책을 철회가 불가피한 상황 속에서도 자민당은 당세를 회복했다. 그런 의미에서 1980년대 자민당의 당세 회복은 일반 유권자를 겨냥한 정책 변경의 유효성, 즉 재정재건·행정개혁 추진을 통한 득표 최대화 전략의 성공이라는 해석 또한 일정 부분 타당성을 가지지만, 이에 부합하지 않는 면을 동시에 지니고 있다.

이 책에서는 정당의 정책과 유권자 관계 설정을 잇는 당내 경쟁에 주목하여 1980년대의 자민당의 정책 변경이 무엇에 기인하는지를 검토하였다. 그 결과, 다음과 같은 두 가지 결론이 도출되었다. 첫째, 권력 확대를 추구

그림 6-4 | 1972년과 1980년 중의원 선거공약을 통해서 본 자민당 정책 위치 변화

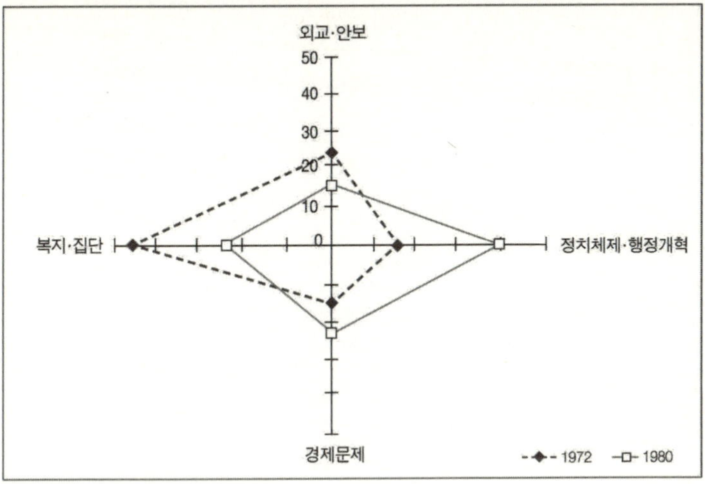

주: 선거공약 코딩 방식은 권말부록 IV를 참조.
출처: 『朝日新聞』(1972/11/19; 1980/06/03) 을 코딩화하여 필자 작성.

하는 개혁파의 전략적 행동이 재정재건 및·행정개혁이라는 정책적 방향성을 유도하고, 이와 결부되는 새로운 지지구조 재편을 도모하였다. 우선, 정책 변경에서는 안정적인 당 운영을 통해 주도권 유지를 도모한 스즈키파, 그리고 차기 주도권을 노리는 나카소네파의 전략적 상호작용의 균형점으로 재정재건·행정개혁의 골격이 형성되었다. 나아가 나카소네 정권 이후 총재파의 권력기반 확대 전략으로 행정개혁이 활용되는 가운데 당의 핵심 정책은 광범위한 행정개혁에 중점을 둔 행·재정 개혁으로 변환되었다.

다음으로 유권자 관계 설정에서는, 약소 그룹인 총재파의 권력기반 확대 전략이 연동하여 비조직화된 일반 유권자를 중핵지지층으로 상정한 지지구조의 재설정이 일어났다. 이 때 신정책이 자민당의 정책기조로 자리매

그림 6-5 | 1980년대 자민당 정책 변경 구조

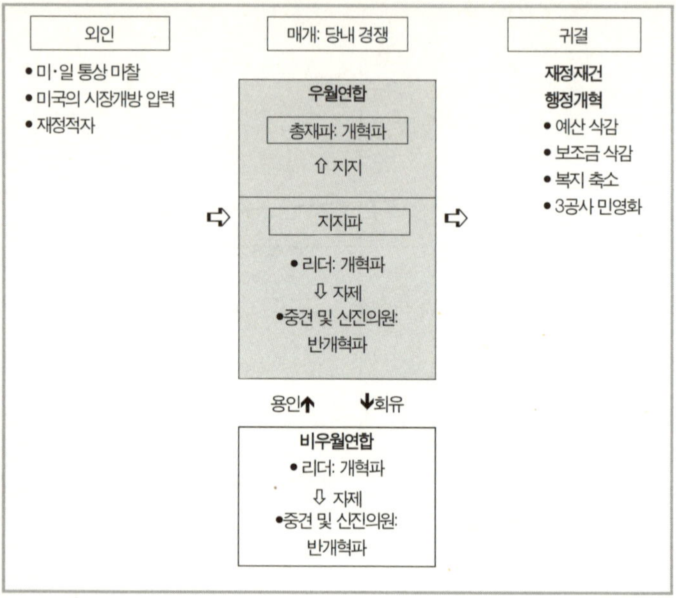

출처: 필자 작성

감할 수 있었던 이유는 일반 유권자에게 정책 추진의 당위성을 호소하여 이들의 지지를 당 내부에 끌어들였기 때문이다. 아울러 일반 유권자의 이해를 반영하여 정책을 조절함으로써 선거 전략상 정책 변경의 유효성이 상승하게 되었고, 총재파의 리더십 강화로 이어질 수 있었다.

두 번째 결론은, 자민당의 정책 변경은 일반 유권자와의 관계를 중요시하고 있었지만, 그 추진 과정에서 고정지지층의 이해관계를 반영하는 양면성을 지니고 있었다는 점이다. 당 지도부는 재정재건·행정개혁을 통해 일반 유권자의 지지를 당내에 끌어들임으로써 당내 저항을 최소화하는 한편,

이익배분형 정책을 토대로 구축된 반개혁파의 이해관계를 반영하여 정책적 조절을 도모했다. 당내 저항을 최소화하고 자파의 당내 주도권을 강화하기 위해서는 정책 및 선거 전략적 이해관계 조절이 필수적이었기 때문이다.

한편, 1980년대에 들어서자 정책 조절이 난항을 겪은 경우, 총재파가 반대파의 리더를 설득하고 각 리더들이 자파 내의 저항을 억제하는 사례가 늘어났다. 앞서 언급한 것처럼 이러한 정치 리더 간 전략적 협력이 자파의 권력기반 유지를 위한 새로운 행동 패턴으로 자리함으로써 결과적으로 재정재건·행정개혁을 촉진하였다. 즉, 1980년대의 정책 변경은 반대파의 저항을 최소화하고, 전략적인 이해관계 조절을 통해 당내 합의를 이끌어 냄으로써 적극적으로 추진될 수 있었다(〈그림 6-5〉). 이는 1980년대의 정책 변경이 정치 전반에 걸친 구조적 개혁이기보다는, 당내 이해관계를 반영한 이익배분형 정책의 변용이라는 한정적인 개혁에 머무를 수밖에 없었던 이유를 설명하고 있다.

7장

결론: 당내 경쟁과 정책 변경의 다이너미즘

1. 비상시형 정책 변경 모델의 유효성

왜 일본에서는 자민당 장기 집권이 지속되었는가? 이 책은 자민당 정권의 불안정성에 주목하여 자민당 장기 집권을 재조명한 것이다. 특히, 정권유지를 담보할 수 없는 위기 시에 자민당이 제시한 돌발적이고 가변적인 정책에 주목하여 자민당 정책의 역동성, 정책 변경 메커니즘을 해명함으로써 위 질문에 답하고자 하였다. 이 때 일반 유권자와 지지층에 대한 자민당의 정책적 대응이 도출되는 당내 결정에 주목하고, 이를 분석하기 위해 뮬의 당내 경쟁 어프로치를 원용한 비상시형 정책 변경 모델을 제시하였다. 이 모델은 선거결과와 지지층·지지단체의 관계 변화에 직면한 자민당, 특히 당내 그룹 간 상호작용이 어떠한 정책적 귀결을 도출했는가를 파악하기 위해 제안된 것이다. 더불어 당내 역학을 둘러싼 그룹 간 전략적 행동이 어떠한 정책적 귀결과 연계되는가에 대한 논리적 추론을 바탕으로 4개의 시나리오를 상정하였다. 아래에서는 먼저 본문에서 살펴본 세 가지의 정책 변경 사례 결과를 바탕으로 시나리오 및 모델의 유효성을 검토할 것이다. 그런 다음 자민당 정책 변경 메커니즘을 종합하고, 자민당 일당우위 체제의 정치 과정과 일본정치의 향후 과제에 대한 함의를 제시하고자 한다.

1) 시나리오 검증

시나리오 검증 방법과 판단 기준은 다음과 같다. 우선 세 가지 사례 연구에서 나타난 정책 변경이 어떤 시나리오에 해당하는지를 살펴보겠다. 만약 정책 변경 후 궤도 수정 등의 이차적인 변경이 발생하여 복수의 정책 변경이 일어났다면, 그 시기를 나누어 해당 시나리오를 적용한다. 〈표 7-1〉은 각 시나리오를 외인, 매개, 귀결로 구분하여 정리한 것이다. 이를 바탕으로 각 사례별 해당 시나리오를 판별하면 〈표 7-2〉와 같다. 먼저, 첫 번째 사례 연구인 1960년대 초기 이케다 정권의 경우는 배증계획을 적극 추진한 시기와 이에 대한 수정이 가해진 시기로 나누어지며 전기는 1960~62년, 후기는 1963~64년에 해당한다. 전기의 정책 변경은 시나리오 3 또는 시나리오 2, 후기의 정책 궤도 수정은 시나리오 1과 가장 높은 합치를 보인다.

두 번째 사례 연구인 1972~76년은 다나카·미키 두 정권에서 나타난 정책 변경이다. 이 시기 또한 정권 출범과 동시에 정책 변경을 실시하였으며, 정권 후반에 정책 궤도 수정이 나타났다. 그 결과 모두 네 가지 정책 변경 패턴이 관찰되었는데, 우선 다나카 정권 발족과 함께 개조론을 추진한

표 7-1 | 비상시형 정책 변경 모델의 네 가지 시나리오

시나리오	외인	매개(당내 그룹 행동)	귀결(정책 변경 방향)
1	비상사태	기존 우월연합 구성이 유지되는 가운데 지지파가 총재파에게 정책 변경을 설득	우월연합 주도형 정책 변경: 총재파가 설득을 받아들여 정책 변경
2		총재파가 중추 행위자를 우월연합 내에 영입하여 지지파 구성 변화	우월연합 내 균형점 조절형 정책 변경: 새 멤버 영입으로 우월연합 내 균형점이 조절되어 정책 변경
3		지지파가 총재파에게 총재 교체를 설득하고, 우월연합 내에서 총재 교체	신·구총재간 배분 조절형 정책 변경: 우월연합 내 역학 구도를 반영하여 신총재 주도 하에 정책 변경
4		대항세력으로 새로운 연합이 형성되어 우월연합 및 총재 교체	신총재·신우월연합주도형 정책 변경: 신총재와 신우월연합이 주도하여 정책 변경

출처 : 필자 작성

1972년부터 73년까지의 다나카 정권 전기는 시나리오 4, 개조론을 수정한 1974년의 다나카 정권 후기는 시나리오 1, 미키 정권 발족과 궤를 같이하여 정치개혁과 복지 확대로 정책 우선순위를 변경한 1974~75년의 미키 정권 전기는 시나리오 4, 그리고 이를 수정한 1976년 미키 정권 후기는 시나리오 1에 해당한다.

세 번째 사례 연구인 1980년대는 재정재건·행정개혁을 추진한 스즈키·나카소네 두 정권으로 대별된다. 두 정권에서도 재정재건과 행정개혁 중 어디에 중점을 두느냐에 따라 정책 방향에 차이를 보였으므로 스즈키 정권기와 나카소네 정권기의 두 가지 정책 변경 사례로 파악할 수 있으며 두 시기 모두 시나리오 3에 해당하는 사례가 된다.

시나리오에서 상정한 외인, 매개가 실제 정책 변경에서 나타난 외인, 매개와 부합 여부를 세 가지 레벨로 나누어 평가한 후 그 이유와 검증 결과를 살펴보도록 하자.

표 7-2 | 각 사례별 해당 시나리오 목록

사례 구분		해당 시나리오
사례 1	이케다 정권 전기(1960~62년)	시나리오 3(또는 시나리오 2)
	이케다 정권 후기(1963~64년)	시나리오 1
사례 2	다나카 정권 전기(1972~73년)	시나리오 4
	다나카 정권 후기(1974년)	시나리오 1
	미키 정권 전기(1974~75년)	시나리오 4
	미키 정권 후기(1976년)	시나리오 1
사례 3	스즈키 정권기(1980~82년)	시나리오 3
	나카소네 정권기(1982~86년)	시나리오 3

출처 : 필자 작성

(1) 시나리오 1 검증

시나리오 1은 위기가 도래하면, 우월연합 내 지지파가 총재파에게 정책 변경을 설득하고 총재파가 이를 수용함으로써 우월연합 주도 하에 정책이 바뀌는 경우이다. 이에 해당하는 것은 1963년 이후 이케다 정권 후기, 1974년 이후 다나카 정권 후기, 그리고 1976년의 미키 정권 후기의 세 가지 경우이다. 각 사례를 살펴보면, 우선 이케다 정권 후기에는 성장 확대에서 국내 산업 육성을 가미한 균형 성장으로, 다나카 정권 후기에는 개조론에 따른 지지층 대응형 토건형 정책에서 일반 유권자 대응을 강화한 복지정책 추진으로, 그리고 미키 정권 후기에는 정치개혁과 복지 확충을 중심으로 한 일반 유권자 대응 정책에서 지지층 대응형 공공사업 확대로 정책을 수정하였다.

정책 궤도 수정이 나타났을 때 외인을 보면, 우선 이케다 정권 후기에는 배증계획에 대한 야당의 공격 및 보수계 정당의 득표율 하락 등으로 자민당 내 위기의식이 높아졌지만, 그 외인의 정도가 정권을 양도할 만큼 강력한 것이었다고는 보기 어렵다(해당 수준 2). 한편, 다나카 정권 후기에는

표 7-3 | 시나리오 1형 정책 변경

해당 사례	외인	매개(당내 그룹 행동)	귀결(정책 변경 방향)
	위기	기존 우월연합 구성이 유지되는 가운데 지지파가 총재파에게 정책 변경을 설득	우월연합 주도형 정책 변경
이케다 정권 후기(1963~64년)	2	3	3
다나카 정권 후기(1974년)	3	3	3
미키 정권 후기(1976년)	3	2	3

출처 : 필자 작성

1973년 오일 쇼크에서 파급된 경기 악화, 1974년 참의원 선거 참패 등으로 과반수 획득이 보장되지 않는 위기에 직면했다(해당 수준 3). 그리고 미키 정권 후반부에서도 다나카 정권 하에서 나타난 위와 같은 위기 상황이 이어지는 가운데 1976년 록히드 사건이 겹치면서 자민당 정권 이래 최대의 위기를 맞았다(해당 수준 3).

이 때 매개가 되는 당내 그룹의 행동을 보면, 이케다와 다나카 정권의 후기에는 지지파가 정책 수정을 설득해 총재파가 이를 받아들이는 형태로 정책 변경이 이루어졌다(해당 수준 3). 한편, 미키 정권 후기에는 당시 지지파인 후쿠다파와 나카소네파가 이미 총재파 지지를 단념하고 반대파에 동조함으로써 미키파가 당내 주도권을 유지하고 정책 추진의 리더십을 발휘하기 곤란한 상황에 직면하면서 반대파의 요구를 받아들였다(해당 수준 2).

〈표 7-3〉에서 나타나듯이 위 내용을 바탕으로 시나리오 1을 평가하면, 정책 변경이 나타났을 때 정권 유지를 곤란하게 하는 외인이 작용하고, 총재파가 정책 궤도 수정을 받아들이는 정책 변경 패턴이 나타나고 있다. 단, 외인의 정도와 총재파의 의향을 움직이는 당내 그룹(지지파와 반대파)의 행동은 다양한 경우의 수를 보이고 있다. 그런 면에서 외인의 정도 그 자체보다 당 내부가 외인을 어떻게 인식하고 자파의 권력기반 확대 전략과 연계

시켜 행동하는가가 정책 변경에 직접적인 영향을 미쳤다. 또한 지지파의 설득은 총재파가 정책 수정을 유도하는 요인으로 작용한 것이며, 궁극적으로는 총재파의 당내 주도권 유지전략이 정책 수정 여부를 결정하는 중요한 요인이라 할 수 있다.

(2) 시나리오 2 검증

다음으로 시나리오 2는 위기가 도래하면, 당면 과제로 떠오른 정책 분야에서 독자적인 정책 대안을 지닌 중요 행위자를 우월연합의 내에 영입함으로써 우월연합의 구성이 바뀌고, 정책 변경이 일어나는 경우이다. 검토한 사례 연구 중 이에 완전히 부합하는 정책 변경 패턴을 찾기는 어려우나, 배증계획이 추진된 이케다 정권 전기의 경우 기시 정권의 당내 역학구도가 유지되는 가운데 일어난 정책 변경이었음을 감안하면, 해당 사례를 통해 시나리오 2형의 정책 변경을 검토해 볼 수 있다.

우선 정책 변경에 작용한 외인을 보면, 기시 정권의 미·일 안보 개정 문제를 둘러싸고 내각 지지율이 급감하였으며, 이것이 이케다 정권 발족과 경제성장을 최우선 과제로 하는 정책 변경의 외인이 작용했다(해당 수준 3).

매개가 되는 당내 그룹의 행동은 총재파가 교체되었다는 점에서 총재 교체 없이 중추 행위자 영입을 통한 정책 변경을 상정한 시나리오 2에 완전히 부합하지는 않지만, 다음의 세 가지 사항을 고려할 때 시나리오 2가 상정한 당내 역학구도와 유사한 면을 발견할 수 있다. 첫째, 기시 정권 후기에 당시 중추 행위자인 이케다파를 지지파로 영입하였다. 둘째, 이케다 정권은 기시·사토, 이케다 세 파를 우월연합으로 하는 기시 정권의 당내 역학구도가 계승되었다. 셋째, 배증계획 추진 과정에서 기시 정권 후기에 일

표 7-4 | 시나리오 2형 정책 변경

해당 사례	외인	매개(당내 그룹 행동)	귀결(정책 변경 방향)
	위기	총재파가 중추 행위자를 우월연합 내에 영입하여 지지파 구성 변화	우월연합 내 균형 조절형 정책 변경
이케다 정권 전기(1960~62년)	3	2	3

출처 : 필자 작성

어난 정책 궤도 수정은 이케다파를 영입한 뒤 우월연합 내 상호 협력을 위한 균형점 조절형 정책 변경이었으며, 이러한 움직임이 이케다 정권 초기에도 지속되었다. 그런 면에서 이케다 정권 전기의 사례는 시나리오 2가 상정한 것처럼 우월연합 내 구성 멤버의 권력자원 배분을 둘러싼 균형점 조절로써 정책이 변경되었다고 볼 수 있다(해당 수준 2).

〈표 7-4〉에서 나타나듯이 위 내용을 바탕으로 시나리오 2를 평가하면, 우월연합 구성 멤버가 바뀌고 신 지지파를 영입하는 가운데 나타나는 당내 역학구도의 변화와 정책 도출의 상관관계는 일정 부분 설득력을 가지고 있다. 다만 자민당 정책 변경 사례에서 해당 패턴에 완전히 합치하는 경우를 발견하지 못했다는 점에서 시나리오 2의 타당성은 보류해 두어야 할 것이며, 추후 사례 연구의 확대를 통한 재검토가 필요하다.

(3) 시나리오 3 검증

시나리오 3은 위기가 도래하면, 지지파가 총재파에게 리더 교체를 설득하여 연합 내에서 총재가 교체되고, 신총재의 주도 하에 정책 변경이 일어나는 경우이다. 이에 해당하는 사례는 전술한 이케다 정권 전기와 재정재건·행정개혁이 추진된 1980년대 스즈키·나카소네 정권기이다.

이케다 정권 전기의 경우, 정책 변경의 외인으로 작용한 것은 앞서 살펴본 바와 같다. 매개인 당내 그룹의 행동을 보면, 우월연합 내부에서 총재가 교체되고 신·구 총재파의 정책 성향을 조정하는 형태로 정책 변경이 일어났다(해당 수준 3). 이 때 총재 교체 이후 신총재파의 권한이 강화됐다는 점에서 지지파 주장하는 균형 발전보다는 총재파가 주장하는 성장 확대 노선에 방점을 두는 경향이 강하게 나타났다.

한편, 스즈키·나카소네 두 정권의 경우는 외인, 매개 모두 해당 수준이 낮게 나타나고 있다. 우선, 외인으로 작용한 것은 미국의 통상 압력에서 오는 외압, 그리고 재정적자라는 정권 운영의 문제점들이다. 정치 전반에 걸친 구조적 변화의 압력에 직면한 자민당은 기존의 경제·산업 정책을 재검토하지 않을 수 없었으나, 유권자-정당 간 관계에서 보면 당시의 위기는 유권자의 지지 철회에서 오는 정권 유지 불투명과는 거리는 두고 있다(해당 수준 2). 또한 매개가 되는 당내 그룹의 행동을 보더라도, 총재 교체가 지지파의 설득으로 나타난 것은 아니었다. 스즈키 정권은 오히려 사망이라는 돌발적인 상황에서 나타났다(해당 수준 1). 그리고 나카소네 정권은 신 거당체제 구축 및 재정재건 문제를 해결에 어려움을 느낀 스즈키 총재의 사임 표명에 따른 것이었다. 스즈키 연임과 관련하여 다나카파의 우려가 있었음은 확인되었으나 총재 사임에 결정적인 역할을 했는지는 미지수이다. 스즈키의 사임은 총재 본인의 심적 변화와 중압감에 따른 결과로 파악할 수 있다(해당 수준 2). 이처럼 1980년대 총재 교체 패턴은 리더의 신상 문제를 포함한 개인적인 이유에 기인하므로 총재 교체와 정책 변경과 관계는 논리적으로 설명하는 데에는 한계가 있다.

〈표 7-5〉에서 나타나듯이 위 내용을 바탕으로 시나리오 3을 평가하면, 이케다 정권 전기는 전형적인 일례로 자리매김 한다. 해당 사례는 시나리오 3이 상정한 당내 역학구도의 변화와 정책 변경의 상관을 잘 보여 주고

표 7-5 | 시나리오 3형 정책 변경

해당 사례	외인	매개(당내 그룹 행동)	귀결(정책 변경 방향)
	위기	지지파가 총재파에게 총재 교체를 설득하고, 우월연합 내에서 총재 교체	신·구총재간 배분 조절형 정책 변경
이케다 정권 전기(1960~62년)	3	3	3
스즈키 정권기(1980~82년)	2	1	3
나카소네 정권기(1982~86년)	2	2	3

출처 : 필자 작성

주고 있기 때문이다. 한편, 우월연합 내 총재교체의 다른 사례인 1980년대의 경우는 외인 및 매개의 해당 수준을 평가하는 데 한계가 있다. 이는 논리적으로 해명할 수 없는 돌발적 상황, 그리고 당내 경쟁의 쇠퇴로 인한 매개변수의 비활성화에서 그 이유를 찾을 수 있다. 1980년대의 당내 경쟁 쇠퇴에 관해서는 다음 절에서 구체적으로 살펴보도록 하자.

(4) 시나리오 4의 검증

마지막으로 시나리오 4는 위기가 도래하면, 대항세력으로써 신연합이 형성되어 당내 역학구가 전복됨으로써 기존 우월연합이 붕괴되고, 신총재와 신우월연합의 주도 하에 정책 변경이 일어나는 경우이다. 이에 해당하는 것은 1972년 다나카 정권의 개조론 추진, 그리고 1974년 미키 정권의 정치개혁 및 복지 확충 사례이다.

정책 변경에 작용한 외인을 보면, 먼저 1972년에는 경제·사회 구조의 변화에 따라 자민당 지지율이 급감하고 있었으며 특히 다수의 유권자가 분포하는 도시지역에서 이러한 현상이 가속화되고 있어 당내 위기의식이 고조되고 있었다(해당 수준 3). 1974년의 경우에도 연이은 선거 패배와 다나카의 정치 스캔들로 인해 유권자 지지 이탈이 심화되어 과반수 획득 불투

표 7-6 | 시나리오 4형 정책 변경

해당 사례	외인	매개(당내 그룹 행동)	귀결(정책 변경 방향)
	위기	대항 세력으로 새로운 연합이 형성되어 우월연합 및 총재 교체	신총재·신우월연합주도형 정책 변경
다나카 정권 전기(1972~73년)	3	3	3
미키 정권 전기(1974~75년)	3	3	3

출처 : 필자 작성

명이 회자되는 등 정권 유지의 위기가 도래하였다(해당 수준 3).

다음으로 매개가 되는 당내 그룹의 행동을 보면, 두 사례 모두 신우월연합이 형성되고 총재 교체가 나타났다. 3장에서 확인한 것처럼, 다나카파는 사토파를 계승한 그룹이지만, 다나카 정권 출범 당시 형성된 다나카파와 그 지지파는 사토 정권과 동일하지 않았다. 이에 다나카 정권의 탄생은 신우월연합 형성으로 보는 것이 타당하다(해당 수준 3). 다음으로 미키 정권은 비우월연합인 후쿠다파와 나카소네파가 미키파를 지지하는 세력으로 참가하면서 다나카 정권의 우월연합이 완전히 전복되는 형태의 신우월연합이 구성되었다(해당 수준 3).

〈표 7-5〉에서 나타나듯이 위 내용을 바탕으로 시나리오 4를 평가하면, 기존 우월연합의 대항세력으로 당내 그룹 간 새로운 동맹이 형성되고 이들을 중심으로 우월연합 교체와 총재 교체가 일어났으며, 신총재·신우월연합이 주도하여 정책이 변경되었다는 점에서 시나리오 4에서 상정한 당내 역학구도와 정책 변경은 유의미한 상관을 보이고 있다.

사례 연구 결과를 토대로 네 가지 시나리오의 타당성을 평가해 보았다. 그 결과, 위기가 도래했을 경우 당내 그룹 간 상호작용의 영향력이 정책 방향을 좌우하는 중요한 요인으로 작용했음을 확인할 수 있었다. 그러나 정책 변경에 이르는 과정에서 각 시나리오에서 상정한 외인과 매개의 합치

그림 7-1 | 사례 분석 결과와 시나리오의 일치도

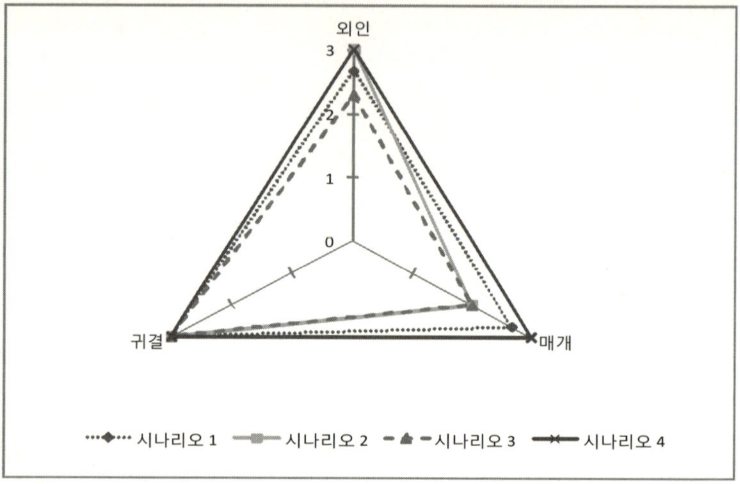

출처 : 필자 작성

여부는 다소 차이를 보인다. 〈그림 7-1〉에 도식화 한 것처럼, 연합 내부의 총재 교체를 통한 정책 변경을 상정한 시나리오 3의 경우는 해당 사례에서 외인과의 상관도가 다소 낮게 나타난다. 그리고 당내 그룹의 행동과 정책적 귀결의 상관을 보여 주는 매개변수의 경우, 총재파 주도 하에 정책이 변경한 시나리오 1과 시나리오 4에서는 높은 상관을 보이는 반면, 우월연합 구성의 변화에 따른 균형점 조절 및 우월연합 내 총재 교체에 따른 균형점 조절로써 정책 변경이 이루어지는 시나리오 2와 시나리오 3에서는 그다지 높은 상관도를 보이고 있지 못하다.

시나리오 2의 경우는 사례의 부족에 따른 검증 보류, 시나리오 3의 경우는 1980년대 당내 경쟁 쇠퇴와의 관련성 여부에 대해 추가적인 논의가 필요하다. 다음 절에서는 외인의 강도, 그리고 매개로 작용한 당내 그룹의 행동과 정책 변경의 인과관계에 대한 추가적 논의 와 더불어 비상시형 정책 변경 모델의 경험적 유효성을 살펴보도록 하자.

2) 모델의 타당성과 경험적 유효성

(1) 정책 변경과 당내 그룹 간 경쟁의 인과관계

이 모델의 이론적 전제는 바로 당내 그룹 간 경쟁과 정책 변경의 인과관계이다. 즉, 위기가 도래했을 때 나타나는 당내 역학 변동이 정책 변경에 어떻게 연계되어 있는지를 밝히는 것이 모델의 타당성을 검증하는 핵심이 된다. 이에 관하여 자민당의 비상시형 정책 변경에서 나타난 세 가지 현상이 주목된다. 첫 번째는 총재가 교체될 때 대대적인 정책 변경이 나타났다는 사실이다. 1960년 배증계획, 1972년 개조론, 그리고 1980년 재정재건·행정개혁 모두 총재 교체를 동반한 정책 변경 사례이다. 이는 정책 변경에서 총재 교체로 상징되는 당내 역학구도의 변화로 권력자원 재배분이 이루어지고, 그 과정 속에서 기존의 정책 노선의 탈피와 정책 변경이 나타났음을 말해 준다.

두 번째는 정책 변경 방향이 총재파의 권력기반 확대 전략과 연계되어 있음을 지적할 수 있다. 사례 분석 결과를 통해서 알 수 있듯이, 당내 그룹은 상이한 지지기반과 정책 성향을 가지고 있으며, 새로운 리더가 출현한 경우 이들은 정책 변경을 통해서 자파의 지지기반을 강화하고자 하는 전략적 행동을 취하였다. 이케다 정권에서는 배증계획으로 대표되는 성장 확대

표 7-7 | 각 사례별 추진 정책과 총재파의 지지기반

시기	추진 정책	지지기반
이케다 정권	국민소득 배증계획	대기업 및 재계
다나카 정권	일본열도 개조론	토목 및 건설업계
미키 정권	정치개혁, 복지 확충(라이프사이클 플랜)	일반 유권자
나카소네 정권	행·재정 개혁(3공사 민영화, 규제 완화)	일반 유권자(무당파층)

출처 : 필자 작성

정책을 추진하는 가운데 재계·대기업계 연계를 강화하고자 하였으며, 다나카 정권에서는 개조론 추진을 통해 공공사업을 확대하고 그 속에서 건설업계의 정치력 강화를 도모하였다. 한편, 미키 정권의 정치개혁은 다수파에 집중되는 권력자원 재배분을 도모하고자 하는 전략적 여지를 가지고 있었으며, 라이프사이클 플랜으로 대표되는 복지 확충 정책을 통해 일반 유권자의 지지를 당내에 끌어들여 자파의 입지를 강화하고자 하였다. 나카소네 정권의 행·재정 개혁 또한 정책 우선순위를 행정개혁에 두고 가시적인 성과를 어필함으로써 일반 유권자의 지지를 당내에 끌어들이고자 하였으며, 이를 통해 총재파의 리더십을 강화하고자 하는 전략적 의도를 내포하고 있다는 점에서 미키 정권의 일반 유권자 대응과 유사하다(〈표 7-7〉).

홍미로운 것은 자민당의 정책 변경이 일반 유권자 대응을 우선하는 경우와 지지층 및 지지단체 대응을 우선하는 경우가 나타나고 있는데, 이것이 당내 역학구도 속에서 총재파의 입지와 관련성을 가진다는 점이다. 이는 다수파 리더인가 소수파 리더인가에 따라 강화하려는 지지기반이 명확히 구분되는데, 우선 당내 역학 구도상 안정된 우위를 확보한 다수파 리더의 경우는 이미 자금 및 인적 네트워크에서 자파와 연계된 지지기반이 구축되어 있으므로, 기존 연계를 강화하는 방향으로 정책을 조합하는 경향이 강하게 나타났다. 이케다 정권과 다나카 정권의 정책 변경이 이에 해당한

다. 반면, 당내 입지가 약한 소수파 리더의 경우, 당내 역학에서 오는 제약에서 자유로울 수 없으며 기존 구도 속에서 자파의 권력기반을 강화하기에는 한계가 있었다. 이에 일반 유권자 대응 정책을 강화하고 여론의 지지를 통해 당내 역학을 만회하고자 하는 경향이 강하였다. 미키 정권과 나카소네 정권의 정책 변경이 이에 해당한다. 물론 두 정권은 당세 및 야당의 약진 정도 등 자민당을 둘러싼 정치 환경이 상이하며, 당내 그룹에 대한 전략적 대응 방법에도 차이가 있었다. 결과적으로 외인의 강도와 당 내외 반대세력의 영향력 정도, 이에 대한 총재파의 전략적 행동 방향의 차이에 따라 두 정권의 권력기반 확대 전략의 성패가 좌우되었지만, 양자 모두 소수파의 핸디캡을 극복하기 위한 권력 동원 수단으로서 일반 유권자 전략을 도모했음은 이론의 여지가 없다. 따라서 일반 유권자와 지지층 중 어떤 유권자 집단을 중핵지지층으로 설정하고 정책을 조합할 것인가는 총재파의 세력 규모와 유의미한 상관을 가지고 있었음을 알 수 있다.

마지막으로 총재파 주도 하에 정책 변경이 이루어지더라도, 추진 과정에서 리더십이 약화된 경우, 기존의 강경 자세를 철회하고 반대파의 의견을 수용하는 형태로 정책 궤도 수정이 이루어졌다는 점이다. 이는 반대파의 영향력 증대에 따른 총재파의 권력기반 유지 전략으로 파악할 수 있다는 점에서 정책 궤도 수정과 당내 역학의 상관을 명확히 보여 주고 있다. 예를 들어 이케다 정권에서는 1963년 이후 반대파의 저항이 거세지자 성장 확대에 기초한 기존의 배증계획은 균형 발전을 양립하는 형태로 궤도를 수정하였다. 1970년대 다나카·미키 두 정권에서도 반대파의 저항으로 정책 궤도 수정이 나타났는데, 다나카 정권의 공공사업의 억제와 복지의 증진, 미키 정권의 공공사업 증대와 정책적 U턴이 그 예가 된다. 1980년대 나카소네 정권의 행정개혁 또한 반개혁파와의 타협을 도모하는 과정에서 보이지 않는 형태의 지원책을 강화하는 등 한정적인 개혁에 머물렀다. 이처럼 총재파는 당내 주도권 유지를 위해 반대파의 저항을 최소화하고자 하였으며, 전략적 타협을 도모한 결과로 정책 궤도 수정이 촉진되었다.

(2) 당내 그룹의 행동을 규제하는 외인의 정도

모델의 유효성을 검증과 관련하여 두 번째로 논의할 것은 당내 그룹 행동을 규제하는 외인에 관해서이다. 앞서 언급한 것처럼, 비상시형 정책 변경 모델은 당내 그룹 간 경쟁과 정책 변경과 사이에 일정한 인과관계가 성립한다고 보고 있으나, 역사적으로 보면 자민당 파벌 항쟁 중에서는 정책 변경에 결부되지 않는 사례도 적지 않다. 이에 당내 그룹 간 경쟁과 정책 변경 사이에 반드시 인과관계가 성립한다고 볼 수는 없다는 반론은 설득력을 가진다.

여기서 생각해 볼 것은, 당내 그룹의 행동을 규제하는 요인으로 작용하는 정치적 환경이다. 예컨대, ① 경제 상황, ② 야당세력의 선거 이니셔티브의 정도, ③ 유권자 의식 변화는 당내 경쟁을 활성화(또는 비활성화) 시키는 중요한 요인으로 작용한다. 이 책에서는 이러한 요소들을 당내 그룹의 인식과 행동에 변화를 주는 외인으로 설정하였다. 따라서 환경의 차이는 자민당 내부에 투입되는 외인의 강도가 되는 것이며, 여기서 주목한 사례들은 자민당 장기 정권의 분기점이 되는 시기이자 정책 변화가 나타난 시기라는 점에서 각 시기에 강한 외인이 주어졌는지의 여부를 판단해야 한다. 사례 분석 결과에서 나타난 것처럼, 1960년대 초두와 1972~76년의 사례에서는 정책 변경과 당내 그룹 간 경쟁과 사이에 강한 인과관계가 나타난다. 그러나 1980년대에의 정책 변경은 앞선 사례와 비교할 때 당내 경쟁과의 인과관계가 그다지 강하다고만은 볼 수 없다.

여기서 지적할 것은, 각 사례에서 나타나는 인과관계가 반대파의 저항 정도와 크게 결부되어 있다는 사실이다. 즉 1960년대와 1970년대에는 앞서 제시한 세 가지 환경적 요소가 모두 작용하고 있다는 점에서 외인의 강도가 강하였고, 그로 인해 당내 위기의식이 고조된 사례임에 반해, 1980년대는 자민당의 당세 확대 및 야당의 선거 이니셔티브 감소 등으로 반대파의 공격이 약하였다. 이는 외인의 강도와 반대파의 저항이 정의 관계를 가지고 있음을 말해 주고 있다. 즉, 외인의 정도가 높을수록 반대파의 저항은 정당성을 가지며, 이는 반대파가 우월연합을 공격하고 총재 교체 및 정책 변경을 요구할 수 있는 근거로 작용한다. 유권자 지지 회복을 위해 현상 유지는 바람직하지 못하다는 반대파의 주장은 외인의 강도가 강할수록 보다 설득력을 가지며, 기존의 당내 역학에 균열을 가져옴으로써 정책 변경으로 이어질 수 있다. 인사 배분, 지역구 후보자 공천 등 선거를 둘러싸고 연출되는 자민당 내부의 파벌 항쟁이 반드시 정책 변경에 결부되지 않은 것은 이러한 이유에서 설명할 수 있을 것이다.

(3) 1980년대 당내 경쟁 변화와 정책 변경

마지막으로 1980년대 사례에 대한 논의가 필요하다. 여기서 지적할 것은 자민당의 정책 변경 다이너미즘의 시계열적 변화이다. 자민당의 집권이 지속되는 가운데 정책 변경의 역동성은 점점 쇠퇴하였는데 이는 앞서 살펴본 시나리오 검증에서 1980년대의 해당 수준이 낮게 나타난 이유이기도 하다. 주지하듯이 1970년대 후반 이후 자민당은 광범위한 이익배분형 정책을 고착화시켰다. 더불어 족의원 현상, 당내 합의 형성의 제도화, 그리고 파벌 균형형 인사 패턴 등 분권적 조직 구도와 정책 결정이 같은 시기에 정착되었다는 점에서 정책 변경의 역동성 쇠퇴와 당내 경쟁 비활성화는 무관하지 않다.

여기서 한 가지 유의할 것은, 다원주의론적 관점에 입각한 다수의 실증연구에서 나타나는 것처럼 분권적 조직 구도와 정책 결정 과정은 오랫동안 자민당의 전형으로 인식되어 왔다는 점이다. 그러나 역사적으로 볼 때 이는 자민당 정권의 일부분을 파악한 것에 불과하다. 사례 연구에서 드러난 것처럼, 자민당 정치를 동태적으로 살펴보면 거기에는 정책 결정 과정, 유권자 지지조달, 나아가 관료와의 관계 설정에 이르기까지, 이른바 자민당의 전형이라 칭해지는 특질과 괴리를 보이는 변화가 관찰되었다. 이러한 역동성이 쇠퇴하고 균형과 타협이 중요하게 작용하기 시작한 것은 압도적인 당내 다수를 형성하는 거대 파벌 다나카파가 형성되고 난 이후였다. 거대 파벌이 형성되자 이들을 배제한 주도권 획득은 사실상 어려워졌다. 그로 인해 주도권을 둘러싼 당내 그룹의 전략적 행동은 변화하였고, 경쟁과 저항의 위험 부담을 최소화하고 합의를 중시하는 방향으로 바뀌었다. 연공서열, 파벌 균형 등의 인사 방식의 제도화와 더불어, 총무회의 권한을 강화시켜 각파의 리더 또는 중견을 중심으로 한 정책 조절을 도모하는 방식으로 당내 정책 결정 과정을 관행화함으로써, 그룹 간 충돌을 최소화하는 권력자원 배분 방식의 제도화를 낳았다. 결과적으로 당내 주도권을 둘러싼 그룹 간 전략적 상호작용의 변화는 자민당이 각종 사회집단의 요구를 끌어안는 광범위한 이익배분형 정책을 낳은 근본적인 이유라 할 것이다.

(4) 비상시형 정책 변경 모델의 유효성

선행 연구의 결함은 당 내외 지지구조와 정책을 유기적으로 결합시키지 못한 데에서 찾을 수 있다. 비상시형 정책 변경 모델은 파벌을 중심으로 한 분권적 조직 구도, 다양한 유권자 집단의 조직화, 그리고 탄력적인 일반 유권자 대응이 유기적으로 설명하고 있다는 점에서 자민당 장기 집권 규명에 대한 경험적 유효성을 보여 주고 있다. 그러나 이 모델은 명확한 파벌 구조를 띠고 있는 자민당, 특히 파벌의 영향력이 강하게 작용해 온 일당우위 체제 하의 정책을 파악하기 위한 한정적인 접근법은 아니다. 선거를 통한 정권 교체가 가능하게 된 현재 일본의 정치 과정은 물론, 국가 간 비교 연구에서도 효과적인 시점을 제공할 수 있다고 여겨진다. 뮬의 연구를 통해서도 확인되듯이, 이 접근법은 캐나다, 영국, 미국, 오스트레일리아 등 정당 간 정권 교체가 나타나는 타 국가의 사례에서도 그 유효성이 검증되었기 때문이다.

지금까지 일본정치 분석에서 파벌 간 경쟁은 권력과 지위를 추구하는 폐쇄적 과정으로 규정되는 경우가 많았다. 사전 교섭과 밀실정치 등 파벌정치가 갖는 비공식적인 면이 강조되어 이론적 틀을 중시하는 정당정치 분야에서는 주된 연구 대상으로 취급되지 못하였기 때문이다. 그러나 이들의 행동을 당 내외 지지구조와 연계시켜 파악해 보면 이러한 견해는 수정을 요하게 된다. 주도권 획득을 위한 전략적 행동이 정책적 대안 제시로 이어졌을 때, 파벌 간 경쟁은 정당의 상황 대응력을 향상시켜 정책 변경의 다이너미즘을 가져 오는 핵심적 요소가 될 수 있었기 때문이다. 정당의 정책 방향이 득표 최대화 전략 또는 이데올로기 정치, 지지층과의 연계만으로 설명할 수 없을 만큼 복합적임을 고려한다면, 정책 결정의 중요한 행위자와 그들의 전략적 행동을 파악하는 것은 정치의 실태와 동태를 파악하는 중요한 관점이 아닐 수 없다. 당내 경쟁에 주목함으로써 비로소 유권자의 요구와 정책 도출 사이에 존재하는 전환 과정에 대한 논리적 접근이 가능해지기 때문이다. 당내 조직 구도와 정책과의 관련성, 정당의 정책 방향 설계와 지지층 설정의 유기성을 입체적으로 바라보는 위 모델은, 향후 정당 정책의 가변성과 다인성을 논리를 해명하는 데 유익한 관점을 제공하고 있다.

2. 정책 변경 메커니즘과 장기 집권

1) 정책 변경 메커니즘

이 책은 공간이론과 사회균열론으로 대별되는 기존 이론의 대체 모델로써 당내 경쟁 어프로치를 적용하여 분석을 추진하였다. 분석 결과 다음과 같은 정책 변경 메커니즘이 도출되었다.

(1) 당내 위기의식과 역학 구도 변동

야당의 당세 확대 및 정권에 대한 지지 철회가 나타난 시점에서 당내 위기의식은 고조되었다. 이는 당내 반대파의 저항을 격화시키고, 우월연합 내부의 응집성에 균열을 가져와 총재 교체 및 정책 변경을 촉진하였다. 주지할 것은, 야당의 선거 이니셔티브가 후임 총재를 결정하는 데 큰 영향을 미쳤다는 점이다. 자민당은 야당에 대항할 수 있는 정책 아이디어를 가진 리더를 신총재로 옹립하고 정책 변경을 단행하였다. 이케다, 다나카, 미키 세 인물이 총재가 된 것은 정권 유지 불투명이라는 위기 속에서 야당의 공격에 대응 가능한 유효한 정책 아이디어를 가진 대항마로서 부상했기 때문이다. 여기서 주목할 것은, 당내 위기의식이 유력 후보들 간 수평적 권력 게임에 파급되었다는 사실이다. 이들은 정책적 대안을 제시함으로써 자파의 당내 입지를 굳히고, 주도권 양도를 용이하게 하는 협상 전략, 또는 경쟁파의 세력 확대를 차단하는 견제 전략에 성공함으로써 우위를 차지할 수가 있었다.

(2) 총재 교체와 정책 아이디어의 유효성

내각 지지율의 상승 및 선거 승리 사례에서 보듯이, 실제 세 시기에 나타난 총재 교체에 따른 정책 변경은 유권자 지지 회복에 유효하였다. 그렇다면 각 리더들이 제시한 다양한 정책 아이디어는 어디에서 유래한 것일까?

〈그림 7-2〉에 도식화 한 것처럼 자민당 내에는 상이한 정책 성향이 존재하였으며, 그 원점은 전후 정치가 시작된 이래 각각의 보수계 정당이 내세운 정치적 아이덴티티이다. 이들의 상이한 정책 성향은 자민당 결성 후에도 사라지지 않고 당내에서 공존하였다. 그러나 환경 변화에 따른 유권자 의식 변화, 지지 철회라는 위기 상황이 도래하면, 당면과제에 대한 각자의 정책적 입장을 주장하며 대립하였다. 그 가운데 위기를 극복할 정책대안을 제시한 그룹이 부상하여 지도부를 형성하고 권력기반을 확대해 나아갔다. 이처럼 상이한 정책 지향을 지닌 그룹들 간 리더 교체를 통해, 자민당은 유권자의 요구에 상응하는 정책을 제시할 수 있었다. 여기서 주목할

그림 7-2 | 당내 그룹의 정책 성향 변천

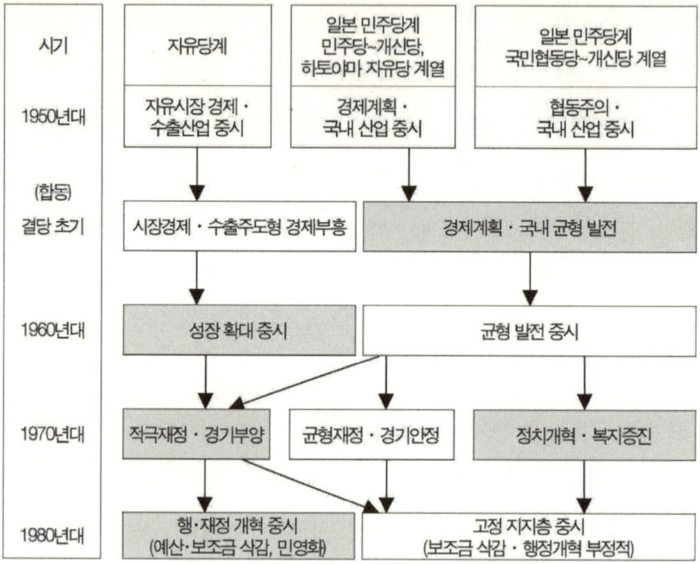

주: 회색 부분은 총재파.

것은, 당내 그룹 간 경쟁이 단순히 권력과 지위를 추구하는 폐쇄적 과정이 아니라 유권자 의식 변화와 연계되어 있다는 것, 그리고 유권자 지지조달에서 중요한 역할을 담당하고 있다. 마이어(Mair, Peter)가 지적하듯이, 정당은 사회 변화에 적응하고, 아젠다의 설정을 통해서 정치적 이슈와 갈등을 적절히 통제하는 능력을 지녀야만 존속이 가능하다(Mair 1997, 9-17). 자민당의 경우, 이러한 적응과 통제 능력은 당내 그룹 간 경쟁을 통해 발휘될 수 있었다. 즉, 자민당 내의 그룹 간 경쟁은 균형과 견제의 원리 속에서 유권자 의식 변화를 반영하는 채널이자 다양한 정책 아이디어를 제시하는 원동력으로 작용하였다.

(3) 총재파 주도형 정책 변경과 지지구조 재편

한편, 다수의 정당 연구자들이 지적하듯이 정당은 단순히 사회를 반영하기보다는 적극적으로 정치 쟁점을 설정함으로써 유권자 선호(political preferences)를 형성하는 능력을 가진다(Sartori 1990; Kitchelt 1994; Mair 1997). 배증계획, 개조론, 라이프사이클 플랜, 그리고 재정재건·행정개혁 노선에 이르기까지 정책이 도출되는 과정에서 자민당 지도부는 단순히 유권자 의식 변화 및 행동 변화를 반영하여 정책을 내세운 것이 아니라 전략적으로 정치 쟁점을 설정하고 이를 사회적 요구와 조합하는 형태로 정책 아이디어를 제시하였다.

여기서 주목할 것은 자민당의 정책 변경 사례를 보면 공통적으로 신총재가 정책 추진에 적극적으로 관여했다는 사실이다. 당 지도부는 기존 관료 집단의 역학을 적극적으로 활용하면서 정책 결정의 행위자를 재설정하여 정책 변경을 유도하는 형식으로 기존 정책 결정 구조와는 다른 양상을 보이고 있었다. 이 때 신총재들이 정책 추진에서 리더십을 발휘할 수 있었던 것은 이들이 제시하는 정책을 통해 신지지층을 확보함으로써 자민당 지지기반 확대로 이어질 것이라는 당내의 기대가 작용하고 있었기 때문이다.

정책 변경을 통해 자민당이 확보하려고 한 지지층의 대상과 범위는 다음과 같다. 우선 1955년 자민당 결성 당시에 자민당이 중핵지지층으로 설정한 것은 농업 및 중소기업 등의 국내 산업 종사자라 할 수 있다. 이후 1960년, 미·일 안보 개정 문제로 사회당이 약진하자, 자민당은 배증계획을 기축으로 한 경제성장 노선을 표방함으로써 대기업 및 재계와의 연계를 강화함과 동시에, 사회당의 지지층으로 흡수되지 않은 온건한 노동자층을 포섭하는 형태로 지지층 확대를 도모하였다. 그러나 경제성장이 둔화되고 급격한 산업화에 따른 후유증이 사회적 문제로 대두한 1970년대에 들어서자, 자민당은 다나카 정권의 등장을 효시로 공공사업 확대와 대형 건설 프로젝트를 추진하여 토목 및 건설업자를 중핵지지층으로 하는 지지구조 재설정에 착수하였다. 이는 공공사업을 통해 고정지지층의 지지를 유지하면서, 공장 이전과 경기부양을 통해 도시부 유권자의 이탈을 최소화함으로써 토목·건설, 농업, 그리고 도시부 유권자를 포괄하는 지지기반 확대 전략이라 할 수 있다. 한편, 1980년대에 들어서자 자민당은 유권자의 30% 이상을 차지하던 무당파층의 지지를 흡수하고자 이들을 잠재적인 중핵지지층으로 두고 행·재정 개혁의 방향을 조정하였다. 당시 자민당이 추진하던 재정개혁은 일반소비세의 도입이 가장 효과적이라 점쳐지고 있었으나 이에 대한 일반 유권자의 반발을 우려하여 증세의 여지를 봉인하고, 세제 및 복지 관련 정책의 수정 과정에서도 추가적 기업 복지를 통해 부담을 줄이는 등 이들의 반감을 최소화하는 정책 방향이 도출되었다. 이렇듯 세 시기의 정책들은 정치 리더들이 쟁점을 취사선택하고 이에 맞추어 정책적 비전을 제시함으로써 전략적으로 지지층을 재설정한 것이라 볼 수 있다. 즉 신정책의 수익자가 되는 유권자 집단의 대상과 범위를 재설정함으로써 지지층의 포괄 또는 새로운 지지구조를 모색하였다.

그렇다면 자민당은 왜 고정지지층이 아닌 비조직화된 신지지층을 중핵지지층으로 설정하였을까? 세 시기의 정책 방향은 신총재파의 권력기반 확대 전략과 무관하지 않다. 신총재파는 당내 역학 변동 속에서 특정 유권자 집단을 중핵지지층에 위치시키고 이를 중심으로 한 자민당 지지구조를 재편하여 자파의 권력기반 확대를 도모하였다. 자민당의 정책은 이 같은 신 총재파의 전략적 행동 속에서 변화하였으며, 신정책을 제시하는 가운데 지지층의 대상과 범위 또한 재설정되어 왔다. 즉 신정책이 유권자의 이탈을 막고 지지를 회복하기 위한 선거 전략상의 이점을 강조한다 하더라도, 정책 방향은 총재파가 우선시 하는 지지집단의 육성책에 기초하여 이를 당면 과제와 연계시키는 양상을 띠고 있다. 한편 약소 그룹의 경우에는 타파의 저항을 야기하지 않는 범위 내에서 특정 이슈를 부각시켜 유권자의 지지를 동원함으로써 이를 주도권 유지에 환원하고자 하였다. 이는 정책이 유권자의 요구에 대한 단순한 반영이 아니라, 당내 역학과 연계되어 제기, 도출, 수정되었음을 의미한다.

이처럼 각 시기의 정책 변경 방향은 다르다 할지라도 정책이 도출되는 과정 속에는 ① 경쟁 정당의 선거 이니셔티브에 대한 당내 반향, ② 당내 주도권을 둘러싼 당내 그룹 간 상호작용에 따른 정책 설정의 전략적 여지, ③ 당내 그룹의 지지기반과 연계된 정책적 수혜자 설정을 통한 지지층 재설정이라는 세 가지 공통 요소가 작용하고 있었다.

2) 자민당 장기 집권의 두 가지 역학

이상으로 자민당의 정책 변경이 정권의 위기 상황을 극복하고 권력기반을 강화를 도모하는 당내 그룹 간 상호작용의 결과임을 밝혔다. 이를 통해 자민당 정권의 존속에 대해 다음과 같은 잠정적 결론을 도출해 낼 수가 있다. 첫째, 당내 그룹 간 경쟁을 매개로 한 유권자 대응의 유효성이다. 자민당은 유권자 의식 변화가 정권에 대한 지지 철회로 이어진 경우, 이에 대한 새로운 정책 대안을 가진 그룹이 대두하여 정책 방향을 전환함으로써 지지를 회복하고자 하였다. 여기서 새로운 정책 아이디어의 '제시' 효과는 무시할 수 없다. 자민당은 정책의 우선순위를 바꾸어 특정 분야에 대한 대안을 구체화함으로써 유권자의 불만을 신정책에 대한 기대로 전환할 수 있었다. 그런 의미에서 이케다 정권의 성장 확대, 다나카 정권의 경기부흥과 지역 발전, 미키 정권의 복지 확충, 스즈키·나카소네 정권의 재정재건·행정개혁은 유권자 의식 변화에 대한 자민당의 민첩한 대응으로 볼 수 있다.

물론 이들이 제시한 정책이 유권자의 요구에 대한 단순한 반영은 아니었다 할지라도, 정책이 유권자의 지지 회복에 유효성을 보이지 않은 경우 이는 또다시 반대파의 저항에 정당성을 부여하여 총재직 박탈, 또는 정책 궤도 수정으로 이어졌다. 이러한 과정을 통해 정책 변경 이후에 분출되는 쟁점들에 대한 개별적인 해소가 진행될 수 있었다. 이것이 곧 자민당의 유동적인 권력구도와 그룹 경쟁 활성화의 역학이 불러온 자민당 존속의 핵심인 것이다.

둘째, 중의원과 참의원으로 구성된 양원제의 역학, 즉 일반 유권자와 지지층에 대한 양면 대응의 성공이다. 앞서 살펴보았듯이 신총재가 제시한 정책은 권력기반 강화를 모색하기 위한 전략적 여지를 지니고 있었다. 신정책의 추진 방향은 자파가 중시하는 특정 유권자 집단의 정치력 강화와 연계되어 있었으며, 이는 지지집단의 조직력을 주요한 집표 메커니즘으로 하는 참의원 전국구 후보자 공천을 통해서도 명확히 드러난다. 즉, 당내 역학의 변화는 새로운 정책과 더불어 자민당 지지기반의 재편을 불러왔다.

그러나 이들이 설정한 유권자 집단의 카테고리는 고정지지층의 배제와 신지지층의 구축이었다기보다는 중핵지지층을 전환하고 그 외곽에 고정지지층을 배치하는 형태의 지지층 확대, 포괄이라고 할 수 있다. 즉, 지지구조의 전면적 변경이 아닌 중핵지지층의 전환과 고정지지층의 유지를 병행한 재설정을 추진하는 가운데 자민당은 다방면에 걸친 포괄적인 지지층을 포섭하였다. 자민당은 1970년대 중반 이후 예산 편성에서 보조금과 융자 정책을 적극 활용하여 표와 이익의 교환 메커니즘을 정착시켰고, 이 구조가 행·재정 개혁을 내건 1980년대에 들어와서도 실질적으로 유지되었음을 고려한다면, 자민당 일당우위 체제의 존속은 지지층의 개척과 유지를 병행한 결과라 할 수 있다.

요컨대 자민당 정권의 존속은 일반 유권자를 대상으로 한 정책 대응과 지지층을 대상으로 한 지지기반 강화 전략이라는 두 가지의 역학 속에서 도출된 것이라 할 수 있다. 이러한 존속 메커니즘이 구축될 수 있었던 핵심에 상이한 정책 성향과 지지기반을 모색하는 당내 그룹의 전략적 행동이 자리하고 있다.

3. 자민당 일당우위 체제의 정치 과정

1) 일당우위 체제의 민의 반영 구조

논의를 확대하여 자민당 일당우위 체제의 정치 과정을 살펴보고자 한다. 당내 그룹 간 경쟁을 통해 사회적 변화에 대한 대응이 가능했다면, 일당우위 체제 하에서 나타난 정치 과정은 일반적인 대의제 민주국가의 민의 반영 구조를 어떠한 방식으로 보완해 왔을까? 이에 관해 '유사 정권 교체설'

은 몇 가지 시사점을 제공한다. 주지하듯이 이 논의는 자민당 내 파벌 간 총재 교체가 정당 간 정권 교체와 같은 효과를 가져왔다는 점에서 자민당 파벌의 효용을 평가하는 시각이다. 그러나 총재 교체에 따른 이미지 쇄신 효과만으로 일당우위 체제의 정치 과정을 설명하기에는 불충분하다.[1] 새로운 리더의 등장은 단순히 파벌 영수 간 결단에 의한 것이기보다는 유권자의 지지 하락에 대한 당 내부의 반향에 의한 것이었다. 당 내부에서는 사회적 요구에 대응 가능한 새로운 정책 아이디어를 제안하는 리더의 입지가 상승하였고, 신 리더의 주도 아래 돌발적이고 유연한 정책 변경이 이루어졌다. 즉 일당우위 체제의 존속은 리더 교체가 갖는 이미지 쇄신 효과이기보다는 당내 경쟁을 통해 수렴된 간접적인 민의 반영 구조, 즉 사회적 요구에 반응한 정책 변경에서 찾아야하기 때문이다.

그러나 자민당이 유권자의 요구를 수렴하여 유연한 정책 변경을 실현했다 할지라도, 정당 간 정권 교체에서 나타나는 정책 변경의 넓은 스펙트럼을 포괄하지는 못하였다. 이것이 바로 자민당 일당우위 체제 정치 과정의 한계, 즉 당내 경쟁을 통한 간접적 민의 반영 구조의 한계이다. 아래에서는 자민당 정권 하에서 나타난 정책 변경 진폭(振り幅)을 가지고 이를 검증할 것이다. 여기서 제시하는 정책 변경 진폭은 중의원 선거에서 자민당이 제시한 공약을 토대로 당이 어떠한 정책 방향에 중점을 두었는가를 측정한 것으로, 외정과 내정을 두 개의 축으로 하는 4사분면으로 구성되어

1_유사 정권 교체론에서는 자민당 총재 교체를 유권자의 지지 하락을 극복하기 위해 정치 엘리트가 내린 선거 전략상의 결단으로 간주하고 있다. 즉 유권자의 지지를 회복하고자 기존 리더와는 정반대의 인품, 개성, 정치 수법을 지닌 후임자를 등장시키는 이미지 쇄신 전략이 일당우위 체제를 가능하게 했다는 것이다(内田 1983, 175-178).

있다. 먼저 외정 면에서는 대미 기조 외교·안보 체제의 존중인가 재고인가를, 그리고 내정 면에서는 경제·사회에 대한 정부의 역할을 중요시 하는 큰 정부를 지향할 것인가 아니면 민간 자율성을 신뢰하는 작은 정부를 지향하는가를 대비시켜 제시하도록 하겠다.[2]

(1) 정책 변경 진폭을 통해서 본 자민당 정권의 민의 반영

〈그림 7-3〉은 네 가지 사례 연구에 해당하는 1958년, 1960년, 1972년, 그리고 1980년 중의원 선거를 대상으로 자민당의 정책 변경 진폭의 변화를 분석한 것이다. 창당 초기에 해당하는 1958년, 자민당이 제시한 정책적 초기치는 외정 면에서는 대미 기조 외교·안보 체제 존중을, 내정 면에서는 큰 정부 노선을 지향하고 있음을 알 수 있다. 또한 명확하게 정책 변경이 관찰된 이케다 정권, 그리고 다나카 정권에서 치러진 1960년 1972년 선거에서도 외정과 내정 면에서 변경 진폭은 협소했다. 따라서 자민당 정권이 지속되는 동안 대미 기조 외교·안보 체제 존중과 큰 정부를 지향하는 정책 기조에 큰 변화는 관찰되지 않았던 것으로 파악할 수 있다. 후술하듯이 스즈키 정권이 들어선 1980년에 큰 정부에서 작은 정부로 크게 이동한 것을 제외하면, 자민당은 중점 정책 분야의 우선순위 변경은 있었다 할지라도, 큰 틀에서 창당 초기의 정책기조를 유지하는 경향이 강하게 나타났다.

한편, 정책 변경 진폭이 크지 않았던 이유는 정부를 구성하고 정책을 추진하는 중요 행위자가 자민당 내에 한정되었기 때문이다. 정당의 하부

2_코딩 방식은 권말부록 Ⅳ를 참조.

그림 7-3 | 1958~80년 중의원 선거공약을 통해서 본 자민당 정책 변경 진폭 변화

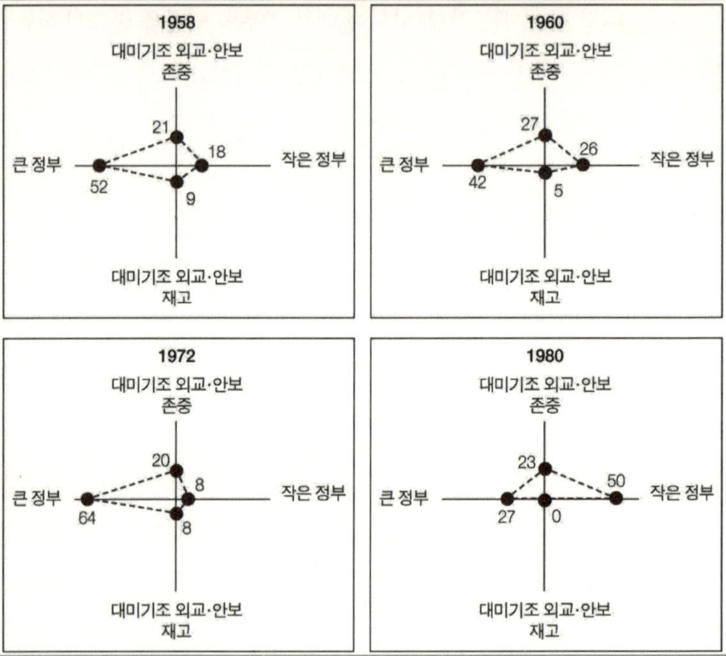

주: 선거공약 코딩 방식은 권말부록 IV를 참조.
출처: 『朝日新聞』(1958/04/26; 1960/10/25; 1972/11/19; 1980/06/03) 을 코딩화하여 필자 작성.

집단이라는 파벌의 본질상, 총재 교체에 따른 정책 변경 또한 당내 합의를 무시할 수 없다. 당내 그룹이 유권자 의식 변화를 인지하고 이에 대한 대안을 마련하는 과정에서 당내 역학의 전복과 정책 경쟁, 타협이 나타났다. 결과적으로 도출된 정책은 당내 결정 과정을 통해 합의를 끌어 낼 수 있는 범위, 즉 당내 다수의 지지를 얻어낼 수 있는 범위 내로 위축되지 않을 수 없었다. 그런 의미에서 정치 과정의 선순환이 일어났다고 볼 수는 없다. 유권자가 선거를 통해서 선택 가능한 정권 및 정책의 경우의 수는 희박했으며,

민의는 당내 그룹이 유권자 의식 변화를 살피고 이를 당내 경쟁에 끌어들이는 가운데 간접적으로 투영되고 있었기 때문이다. 이는 일당우위 체제 하에서 정치 과정의 순환 메커니즘을 보완하는 기제로써 당내 경쟁이 매우 중요한 역할을 담당했다는 것을 의미함과 동시에, 자민당 일당우위 체제의 한계, 즉 간접적 민의 반영의 구조적 한계를 보여 주고 있기도 하다. 이것이 바로 유사 정권 교체설에서 간과되었던 일당우위 체제 하 민의 반영의 문제이다.

2) 당내 경쟁 쇠퇴와 장기 집권 종식

앞서도 언급했듯이, 자민당 정권에서 유일하게 정책 변경 진폭이 크게 관찰된 것이 바로 1980년대이다. 1970년대에 걸쳐 지속적인 유권자의 지지이탈을 경험한 자민당은 내정 면에서 기존의 큰 정부 노선을 철회하고 작은 정부 노선으로 전환하는 과감한 결단을 내렸다. 당시 유권자들 사이에서는 자민당 정권 운영의 고착화로 향후 구조적인 전환이 어렵다는 인식이 나타나고 있었으나, 한편으로는 대체 정부를 구성할 정당 세력의 부재 즉, 야당의 정권 담당 능력에 대한 불신도 작용하고 있었다.[3] 이러한 가운데 자민당은 정책적 기본자세를 전환하고 큰 진폭의 정책 변경을 실현하였

3_1970년대에 들어서면서 야당 간 연합 구상이 활발해졌다. 그러나 이 연합 구상의 중추 행위자아라 할 수 있는 공명·민사 양당은 1980년대 들어 자민당과의 연합 또한 시야에 넣고 있었다. 두 정당이 자민당과의 타협을 강화하면서 야당 연합 구상을 둘러싼 사회당의 부담은 커졌으며 결과적으로 정당 간 경쟁에서 자민당이 우위를 점하였다(樋渡 1995, 84-90).

다. 이에 반응하듯 자민당에 대한 유권자의 지지가 상승한 것 또한 사실이다. 그러나 공교롭게도 1980년대 자민당의 정책 변경과 당세 회복은 결과적으로 자민당 정권의 종식을 촉진하는 중요한 요인으로 작용하였다. 자민당은 1980년대에 구축한 정책 방향을 승리 모델로 인식하고 이에 의존함으로써 유권자 의식 변화를 좇는 유연한 정책 변경을 실현하지 못하였다. 당내 그룹 간 대립을 회피하는 전략적 상호작용 속에서 유권자의 요구에 민감하게 반응해 온 당내 그룹 간 경쟁도 쇠퇴하였기 때문이다.

〈그림 7-4〉에서 나타나듯이, 1980년대 이후 일본정치의 중요한 분기점이라 할 수 있는 1996년, 2005년 그리고 2009년 선거에서 나타난 자민당의 정책 변경 진폭은 1980년의 정책기조를 계승, 심화하는 양상을 보인다. 소폭이기는 하지만 상하 좌우를 오가던 1980년대 이전의 정책 변경 진폭마저 찾아보기 어렵다. 이처럼 1980년대 이후 2000년대에 이르기까지 자민당이 제시한 정책 방향은 대미 기조의 외교·안보, 작은 정부를 기축으로 정책 변경 폭이 지속적으로 협소화되어 갔으며, 정책 분야에 대한 우선순위의 변경이 사라지고 정치체제 및 행정개혁에 집중되었다. 1993년 하야 이후 재집권에 성공한 후 처음으로 치러진 1996년 선거에서 자민당은 1980년대 중요 정책인 행정개혁에 다시금 우선순위를 부여하였다. 우정민영화 선거로 불리는 2005년 선거에서도 정치개혁과 행정개혁을 주장하는 자민당의 기본자세는 유지되었다. 그런 면에서 정책 분야의 우선순위를 바꾸고 새로운 정책적 대안을 제시하는 정책 변경의 원동력은 쇠퇴했다고 볼 수 있다. 즉 당내 그룹을 매개로 한 기존의 간접적 민의 반영 구조가 기능하지 않게 된 것이다.

자민당 정치의 구조적 전환을 도모한 고이즈미 준이치로(小泉純一郎) 정권 또한 정책 면에서는 기존 방향을 고수, 심화했다고 볼 수 있다. 2000

그림 7-4 | 1980~2009년 중의원 선거공약을 통해서 본 자민당의 정책 변경 진폭 변화

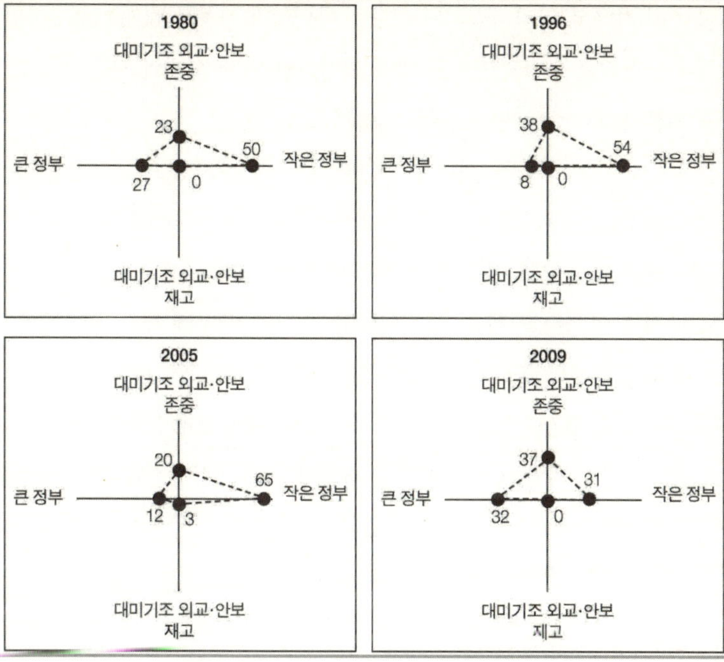

주: 선거공약 코딩 방식은 권말부록 IV를 참조.
출처: 『朝日新聞』(1980/06/03; 1996/10/10 ; 2005/08/17; 2009/08/15) 을 코딩화하여 필자 작성.

년대 초중반에 추진된 이른바 고이즈미 개혁을 통해 자민당은 무당파층을 중심으로 한 일반 유권자의 지지를 흡수한 듯 여겨졌다.[4] 그러나 이 개혁은

4_고이즈미 개혁은 파벌정치, 밀실정치의 탈각을 통한 자민당 개혁, 그리고 재정재건, 공공사업 억제, 민영화를 골자로 한 신자유주의적 구조 개혁으로 대표된다. 이를 추진하는 가운데 고이즈미는 대중적 지지 호소를 적극 활용하여 재임기간 중 높은 내각 지지율을 얻는 한편, 2005년 총선에서 자민당의 압승을 이끌어 내었다. 그러나 이 시기의 지지 상승은 고이즈미 개인의 정치 수완에 의존한 결과였으며(川人 외 2011, 217-219), 자민당에 대한 유권자의 지

이미지 전략 면의 성공이었을 뿐, 새로운 쟁점의 개발이나 자민당을 다른 대립 축의 하나로 위치시키려는 시도는 아니었다(박철희 2004, 313). 자민당 정치에서 탈피를 제창하면서도 재정 건전화와 민간 경제의 자율성을 높인다는 기본자세는 1980년대 이후 지속적으로 추진된 작은 정부 노선의 연장선상에서 이를 심화한 것에 불과하다. 더욱이 신자유주의 노선을 내건 고이즈미 정권 이후 심화된 격차 문제는 심각한 사회 문제로 대두되어, 지역 및 농촌을 중심으로 한 고정지지층의 이탈을 낳았다(野中 2008, 105-106). 이로써 정책 설정과 연계한 지지기반 유지 전략 면에서 차기 정권에게 개혁의 계승과 정책의 수정, 그 어느 쪽도 선택하기 어려운 딜레마를 안겨 주었다. 자민당은 2009년 선거에서 정치체제 및 행정개혁 노선의 비중을 줄이고 복지정책을 강하게 의식하기도 하였다. 그로 인해 전반적으로 외교·안보 면에서는 대미 기조를 견지하면서도, 경제·사회 면에서는 큰 정부로 이동하는 결과를 가져왔다(〈그림 7-4〉).

그러나 2009년에 나타난 자민당의 정책 변화는 유권자의 의식 변화를 반영한 대담한 정책 변경으로 볼 수는 없다. 당시 민주당과의 정책적 거리를 고려해 볼 경우 자민당이 복지를 중점 정책으로 위치시킨 것은 아니었다. 〈그림 7-5〉에 나타나 있듯이, 2009년 선거에서 자민당이 기존 정책 노선을 수정하고 복지를 고려했다 할지라도 이는 민주당과의 정책 대립 축 형성에서 방어적인 의미로서의 복지 이슈에 대한 언급이 된다. 민주당은 이미 2005년 선거에서부터 자민당의 작은 정부 노선에 대항하는 형태로 복지 및 약자에 대한 배려를 주장해 왔으며 이후 국정선거에서 동일한 정

지 확대로 연결되지는 못하였다(田中 2009, 8-10)

그림 7-5 | 2005년과 2009년 중의원 선거공약을 통해서 본 자민당과 민주당의 정책 변경 진폭 변화

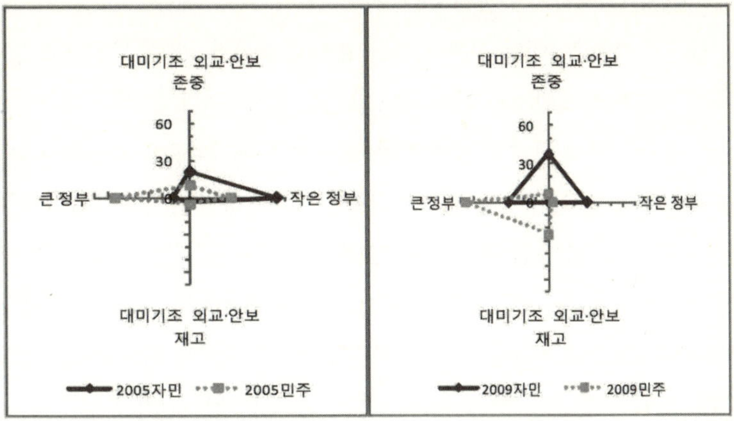

주: 선거공약 코딩 방식은 권말부록 IV를 참조.
출처: 『朝日新聞』(2005/08/17; 2009/08/15) 을 코딩화하여 필자 작성.

책기조를 강조해 왔다. 또한 2009년 선거에서 큰 정부 노선을 명확히 하면서 자민당과의 정책 대립 축을 형성하고 있었으므로, 이는 민주당과 자민당의 양당 대립구도의 핵심을 형성하는 중요 정책 분야로 부상하였다.

자민당 내부의 정책 결정으로 치환하면, 당내 그룹을 매개로 한 기존의 간접적 민의 반영 구조는 더 이상 기능하지 않았다고 볼 수 있다. 이는 1990년대 이후 자민당 정치는 지지기반 확대, 정책 아이디어의 제시를 촉진하는 기존 방식의 리더 교체와 정책 대안 제시가 이뤄지지 않았음을 방증하고 있다. 1993년까지 지속된 자민당 일당우위 체제기는 선거를 통한 유권자의 정치 선택이 불가능했다는 점에서 일반적인 대의제 민주주의 정치 과정의 완결성을 지니고 있었다고 평가할 수 없다. 즉, 민의는 당내 그룹 간 경쟁을 통해 간접적으로 반영되었으므로 이들 간 경쟁이 새로운 정

치 비전을 통한 유권자의 인식 변화에 대응하지 못할 때, 정치 과정의 순환 메커니즘은 기능하지 못하게 된다.

일본은 1990년대의 정계 재편을 계기로 소선거구제를 도입하고 정당 간 정권 교체를 실현하기 위한 제도 개편을 실시하였다. 그러나 이후의 자민당 정치 속에서 당내 경쟁을 통한 정책 변경 메커니즘은 재생하지 못하였다. 오히려 이 시기에 자민당 내부에서는 총재 리더십 강화, 정부 레벨에서는 관저 주도형 정책 추진이 중요하게 여겨지면서, 파벌의 쇠퇴 및 파벌 기능의 축소 현상이 뚜렷해졌다(Krauss & Pekkanen 2010, 138-153). 당내 경쟁과 정책 대응의 논리에서 보면, 자민당 정치의 쇠퇴는 민의 반영의 보완 기제로 작용하던 그룹 간 견제와 균형의 원리의 쇠퇴, 민의 반영 둔화, 그리고 민감한 정책적 대응의 실패로 연결된다. 즉 간접적 민의 반영 기제로 작용한 그룹 간 경쟁 쇠퇴 또한 자민당 정권의 붕괴의 중요한 요인 중의 하나로 작용하였다.[5] 그런 의미에서 민의 반영 문제는 자민당의 장기 집권과 붕괴를 잇는 일본 정치 과정의 핵심에 자리하고 있다.

4. 함의 및 일본 정치 과정의 과제

현재 일본정치는 끊임없이 변화하고 있다. 그러나 급변하는 국내외 환경 변화 속에서 이에 대응하는 새로운 체제를 구축하기 위해서는 앞으로도

5_파벌의 기능 쇠퇴와 자민당 통치 시스템의 붕괴에 관한 논의로는 野中(2008, 103-109; 239-240)을 참조.

충분한 검토가 이루어져야 한다. 이 책은 사회·경제적 관점에서 자민당 정권의 동태적 변화를 검토한 것이다. 이를 통해 자민당 일당우위 체제의 본질을 규명하고 자민당 정치의 전체 상을 조명하고자 하였다. 자민당 장기집권이 종식된 지금도 일본 정당정치의 역사 속에서 자민당 정권이 미친 영향력은 크다. 향후 일본정치를 둘러싼 논의들이 개혁해야 할 구체제가 무엇인가를 규명하고, 이에 대한 방향성을 제시하는데 있다는 점에서, 이 책은 일본 정치 과정에 대한 몇 가지 시사점을 제공한다.

(1) 자민당 일당우위 체제가 안고 있던 문제점

우선 첫 번째는 과거 자민당 일당우위 체제가 안고 있던 본질적인 문제란 무엇인가에 대해서이다. 앞서 논의한 것처럼 이 체제가 안고 있던 가장 근본적인 문제점은 선거를 통한 유권자의 정권 선택, 정책 선택이 이루어지지 못했다는 것에 기인한다. 선거와 정책이 직결되지 못한 가운데, 정책 경쟁을 통해 유권자에게 정권 선택을 요구하는 정당의 목적의식 또한 점차 불분명해졌다. 정책 중심의 정당 간 경쟁 부재, 대안 정부의 부재가 바로 일당우위 체제가 가지는 맹점이다.

그렇다면 정치 과정의 순환을 촉진하기 위해서 개혁해야 할 대상은 무엇인가. 이 문제에 대해 파벌정치 또는 분권적 조직 구도를 지적하는 이들이 적지 않다. 파벌 간 소모적인 정쟁, 일상적이고 산발적인 정책 형성, 광범위한 이익배분형 정책은 자민당 정치의 전형으로 불리며 개혁 대상으로 간주된다. 그러나 개혁해야 할 대상이 파벌 그 자체는 아닐 것이다. 문제는 자민당 내부의 권력 배분을 둘러싼 당내 조직 구도의 운용, 그리고 파벌의 행동 양식에 있다. 즉, 자민당 정권이 지속되는 가운데 정책을 형성하는 정치가 본연의 역할이 변질되어 정책을 둘러싼 내부 경쟁이 활성화되지 못함으로써, 정치 과정에서 필요로 하는 정당의 민의 집약 기능이 쇠퇴한 것이 보다 근본적인 이유이다. 여기서 상기해야 할 것은 자민당 정치가 기능 부전 상태로 전락한 시점이다. 자민당 정치는 1980년대 이후 당내에 정착해온 상생 메커니즘, 예컨대 파벌 간 충돌을 회피하기 위한 권력 배분 제도화, 총무회를 통한 당의(黨意) 구속, 그리고 각종 사회집단의 이해관계를 통합한 정책 결정이 관행화되면서 한계를 노출하였다. 즉 자민당 정치의 전형이 완성된 것과 같은 시기에 당내 결정 과정은 파벌 간 이해관계에 따라 대립을 최소화하는 방향으로 관행화되었고, 그 결과 정치의 역동성을 상실하였다. 이에 일본정치에서 정당 간 경쟁을 통한 민의 집약 기능의 활성화가 주요 과제로 부상하였다. 1993년 정계 재편과 비(非)자민 연립정권 출범, 그리고 2009년의 민주당 정권 출범은 정치의 민의 집약 기능의 중요성을 각인시키는 중요한 일례이다. 이는 정치가 레벨에서는 물론 유권자 레벨에서도 정치 과정의 민의 반영 문제에 대한 공통 인식이 나타나고 있음을 보여 주고 있다.

하지만 어떠한 방식으로 민의를 집약하고 정책을 도출할 것인가는 여전히 과제로 남아 있다. 특히 정책 결정에서 당내 구속 및 일체감을 강조하고 집행부의 권한을 강화하고자 하는 일본 정당정치의 행보 속에는 당내 논의 활성화를 저해하는 요소를 분명히 가지고 있다. 여기에는 일본정치 속에서 파벌에 대한 선입견이 작용하고 있다. 하지만 영국 및 프랑스 등 서구 유럽에서는 파벌에 대해 긍정적인 이미지를 가진 나라가 적지 않다. 파벌은 당내에 다양성을 불러와 정당 정책에 유연성을 부여하는 존재로 받아들여지고 있기 때문이다. 이러한 인식의 차이는 정당이 사회적 요구에 반응하는 가운데 파벌의 행동이 순기능을 하였는가에 대한 경험적 차이에 기인한다. 회고적으로 보아도, 자민당 정치가 기능 부전에 빠진 것은 비건설적인 파벌 간 권력 항쟁 때문은 아니었다. 오히려 유권자의 요구에 민감하게 반응하고 정책 아이디어 제시를 통해 민의를 수렴하는 역할을 담당하는 정치가 그룹이 제 역할을 하지 않은 데에서 자민당 정치는 한계를 드러냈다. 이에 당내 결정 과정에서 민의 반영 활성화 및 정책 아이디어 경쟁이 담보될 수 있는 조직 구도 운용이 절실히 필요하다.

(2) 정책 결정과 정치가의 역할

정당의 민의 집약 기능 활성화와 관련해 이 책이 제시하는 두 번째의 논점은 정책 결정 과정에서 필요한 정치가의 역할이다. 정치가는 유권자의 권리를 위임받아 정책을 도출하고 그에 대한 책임을 지는 것이 대의제 민주주의의 기본이다. 그런데 일본에서는 정책 결정의 중요 행위자가 관료라는 인식이 강하다. 자민당 정권이 장기간 지속되는 가운데 정치가들은 정책 지식이 풍부한 관료에게 의존을 강화하고 그들이 설정한 방향에 따라 정책을 추진함으로써 사실상 정책 결정을 관료에게 위임하였다. 그러나 각 분야에 걸친 관료 집단의 이해관계가 반영됨으로써 결과적으로 자민당은 관행적이고 산발적인 정책을 양산하였다. 이렇듯 정치가의 역할이 변질되어 관료에게 정책 결정을 위임한 결과, 환경 변화에 대한 유연한 대응이 어려워지고 정책의 우선순위 조정을 통한 중요 과제 설정이 난항을 겪게 되었다.

1990년대 이후 국내외 정세가 급변하는 가운데 정책 결정 과정에 대한 구조적인 재검토가 필요하다는 인식이 강해진 점, 현행 일본정치 속에서 정치 지도자의 리더십 강화가 주목되는 것도 이러한 이유이다. 2000년대 이후 일본의 정당 간 경쟁 속에서 매니페스토에 기초한 정책 경쟁이 활발해졌으며, 정당이 제시한 정책을 토대로 정권을 선택하고자 하는 유권자의 인식 또한 높아지고 있다. 더불어 매니페스토 선거를 정착시켜 정권 교체를 실현한 장본인이자, 정권을 담당하는 동안 공약 이행의 어려움 속에 비현실적 이상주의적 공약의 한계로 여론의 거센 비난을 받고 재집권에 실패한 민주당의 사례를 경험하는 가운데, 정책 아이디어의 제시와 추진 과정에서 그 권한과 책임 소재를 정치가에게 요구하는 유권자의 인식은 한층 강화되었다. 정책 결정 과정에는 싱크 탱크, 지식 브레인, 관료 집단, 그리고 경제단체 등 다양한 행위자가 관여할 수 있다. 이들이 제안하는 다양한 선택지 가운데 공공의 목표를 중심에 두고 정책적 수렴을 추구하는 것이 바로 정치가이며, 각 행위자들과의 관계를 설정하는 것 또한 정치가의 역할이다. 정치가의 고유 역할인 민의 집약을 통한 정책 아이디어 제시와 추진이 요구된다.

(3) 정책 변경의 제도적 조건에 대한 고려

정책 결정 과정에서 정치가의 리더십이 발휘되려면 이들의 행동을 활성화시키는 제도적 기반이 조성되어야 한다. 여기서 정치가 중심의 정책 변경을 유도하는 제도적 조건에 대한 검토를 세 번째 논점으로 제시하고자 한다. 앞서 당내 그룹을 둘러싼 정치 환경(외인)의 차이가 이들의 경쟁을 활성화(또는 비활성화) 시키는 중요한 요인임을 확인하였다. 그러나 이 책에서 다룬 외인뿐만 아니라 정책 결정 과정을 규정하는 제도적 조건 또한 정치가의 자율성에 영향을 미치는 중요한 요소가 된다. 특히 ① 수상의 권한, ② 관료제의 강도, ③ 선거제도 등은 정치가의 행동을 규정하는 대표적인 제도적 조건이다. 아래에서는 오늘날 일본정치 속에서 위 세 가지 제도적 조건의 동향을 간단히 살펴보고 정책 결정에서 정치가의 행동을 활성화할 수 있는 방향에 대해 논의해 보고자 한다.

첫째, 수상의 권한에 관해서이다. 의원내각제에서 수상 권한이 강한 중앙집권적 의사 결정 구조를 띠는 경우, 정책 결정 과정에서 수상의 자율성이 발휘되기 쉽다. 또한 정책의 책임과 권한이 수상에게 집중되므로 당내 리더 선출 과정에서도 외부(유권자)의 지지구조를 강하게 의식한 경쟁구도가 형성될 수 있다. 주지하듯이 1990년대 이후 하시모토, 오부치 게이조(小淵恵三), 그리고 고이즈미 세 정권을 거치는 동안 내각 및 수상의 권한 확대를 위한 제도 마련이 이루어졌다. 특히 고이즈미는 앞선 두 정권에서 마련한 제도적 틀을 충분히 활용하는 가운데 강한 리더십을 가진 수상 주도형 정권 운영을 구축하였다. 고이즈미는 취임 이후 파벌 간 이해관계를 반영하는 기존의 관행을 배제하고 총리 전권으로 내각을 구성하였다. 또한 정책 결정에서도 경제재정 자문회의를 도입하여 당내 사전 조율에서 벗어난 수상 주도형 정권 운영을 보여 주었다. 더불어 당내 지지기반이 강하지 않았음에도 불구하고 정치개혁에 대한 일반 유권자의 지지를 당내에 끌어들임으로써 재선에 성공하였다. 이에 조직 구도의 운용에서도 파벌의 영향력을 제약하는 중요한 전기를 마련하였다. 그러나 그가 단행한 수상 주도형 정권 운영은 고이즈미 개인의 정치 수완에 의존한 결과로써 정책 결정에서 정치가의 역할 증대를 구조화해 내지는 못하였다. 정치가의 역할 증대의 구조화를 담보할 수 있는 제도적 토대 마련은 여전히 일본의 정당정치의 중요 과제로 남아 있다.

둘째, 관료제의 강도이다. 일반적으로 정책 결정에서 관료의 영향력이 강한 경우 정책에 대한 정치가의 자율성은 제약된다. 문제는 정치가가 어떠한 방식으로 관료와의 관계를 설정하고 이들의 정책 지식을 활용하는가이다. 앞서 살펴본 수상 리더십 강화 움직임에서도 나타나듯이 일본은 정치가의 역할 증대를 추구하는 과정에서 관료와의 관계 설정에 부심하고 있다. 그러나 한편으로 정치 주도를 내걸고 정책 결정에서 관료를 배제하는 경향이 강해지면서 오히려 정책 전반에 대한 정치가의 몰이해와 관료의 무책임을 양산하기도 하였다. 정책 결정에서 정치가의 역할 강화는 지금도 진행 중인 과제이지만, 한 가지 확실한 것은 현재 일본 정치세력에게 변화에 민감하게 대응할 수 있는 구조적 개혁에 대한 압력이 작용하고 있다는 사실이다. 이러한 상황은 정치가가 정책에 적극적으로 관여하려는 동기를 부여한다. 향후 정책의 형성과 조합, 추진 과정에서 정치가는 기존의 중요 행위자인 관료 집단과 어떠한 관계를 구축하고 권한을 활용해 나갈 수 있는지 지켜보아야 할 것이다 .

셋째, 선거제도이다. 일본에서는 1994년 중의원 선거에서 소선거구 비례대표 병립제를 도입하여 실시하고 있다. 일본의 선거제도는 정당이 중위 투표자의 지지를 차지하기 위해 경쟁하는 성질이 강해졌다. 선거제도 변화와 더불어 주요 정당이 표방하는 정책에도 근본적인 변화가 나타났다. 소선거구 제도는 광범위한 유권자를 대상으로 효율적인 지지 호소가 가능하다. 이에 선거운동은 보다 정책 중심, 정당 본위의 성향이 짙어지고 있다. 더불어 정당의 정책에 대한 유권자의 영향력도 증대되었다. 즉 민의가 선거에 직결됨으로써 정당이 정책을 설정하는 데 선거 유인이 강하게 작용하고 있다. 선거제도가 반드시 정당 간 경쟁을 규정하는 것은 아닐지라도, 다수 의견이 대표되는 소선거구제의 특성상, 정권 획득을 목표로 하는 제 정당은 일반 유권자의 선호에 민감하게 반응하지 않을 수 없다.

그러나 한 가지 간과해서는 안 될 것은, 양원제의 역학이다. 도시형 선거구가 중대한 중의원과 달리 중선거구제에 기초한 지역구와 비례구 제도

가 적용되는 참의원에서는 계속 농촌의 비중이 높은 현에서 선출되는 의원이 상대적으로 다수를 차지하고 있다. 즉 중의원 선거에서 도시형 선거구 증대에 대처하는 경향이 강해졌다 할지라도, 농촌에 편중된 선거구형 구조를 가지는 참의원의 역학을 고려할 때, 기존 자민당 정치의 집표 메커니즘, 즉 지역 개발 정책 및 지지단체의 이해관계 조절에 바탕을 두는 지지기반 강화 유인을 배제하기는 어렵다. 더욱이 중의원과 참의원에서 정당 간 세력배치가 상이한 가운데 정책 입안을 통한 국정 운영을 추진해 나아가야 하는 이른바 트위스트 국회(ねじれ国会), 즉 분할 정부 형태는 증세 및 복지 등 현안 과제에 대한 정당 간 협력 방식, 또는 정당 간 정책 대립 축의 유동성을 가져 올 수 있다.

이처럼 현재 일본은 입법-행정 구조 및 선거제도 등 제도적 조건을 재설정하는 가운데 정책 결정에서 정치가의 행동을 활성화하는 유인은 전반적으로 강해졌다. 그런 의미에서 정책을 중심으로 한 유권자-정당 간 관계 설정이 강화되었다. 그러나 제도적 조건은 일본 정치 과정을 규정하는 결정적 요인은 아니다. 중요한 것은 정치-사회적 역학이 어떻게 작용하는가이다. 정치 행위자가 어떠한 방식으로 관계를 설정하고 정치적 효과를 행사하느냐에 따라 유권자-정당 관계는 유동적이기 때문이다. 그 점에서 정책 결정 과정에서 정치가의 주도적 역할, 정책적 다양성과 경쟁을 중심으로 한 당내 논의 활성화 여부가 일본 정당정치의 정치적 대표성을 가늠하는 중요한 기제로 작용하게 될 것이다.

정치가의 대표성, 민의의 반영 정도는 대의제 민주주의의 운용을 평가하는 기축이 된다. 정치가의 정책 아이디어는 무엇에 기초하는가, 정책 결정 과정에서 정치가는 다양한 민의를 어떠한 방식으로 선택·취합하는가, 그 결과 정치는 사회를 얼마만큼 반영하고 있는가라는 정치적 대표성의 문제는 민주주의 핵심 과제이기 때문이다. 정치 과정의 선순환이 이루어지기 위해서는 정당정치가 민의 집약과 정책 추진의 주체가 되어야 한다. 그러나 민의 집약은 사회집단의 이익에 대한 병렬적 조합을 통해 선거 승리를 지향하는 선거지상주의를 의미하지는 않는다. 정치는 사회의 다양한 의견과 요구를 흡수하고 그것을 집약하는 이념을 제시함으로써 사회 구성원에게 유의미한 삶을 제공하는 역할을 한다. 이러한 정치 본연의 자세를 추구함으로써 정치 이념이 관통하는 일관된 정치, 책임 있는 정치가 실현될 수 있다.

오늘날 일본에서는 정치의 대응력 향상과 정치가의 역할 강화를 둘러싼 논의가 활발하게 전개되고 있다. 이 책은 자민당 일당우위 체제를 재검토함으로써 개혁해야 할 구체제는 과연 무엇인가라는 논의의 원점을 되짚어 보게 한다. 급변하는 국내외 환경 변화 속에서 일본정치는 어떤 방향으로 나아가고 있는가. 이 책이 정당-유권자 관계의 유동성과 일본의 정치적 대표성에 대한 재고의 기회가 되기를 바란다. 더불어 향후 일본 정당정치의 동향, 나아가서는 국가 간 비교 분석을 통해서 정치적 대표성에 관한 논의들이 더욱 활성화될 수 있기를 기대한다.

참고문헌

| 국문 자료 |

권순미. 2003. "일본사회당의 실패와 조직노동과의 관계." 『한국정치학회보』 제37집 3호. 311-332.

박철희. 2006. "일본 야당세력의 재편과 정당경쟁체제." 『한국정치학회보』 제40집 5호. 279-299.

박철희. 2011. 『자민당 정권과 전후 체제의 변용』. 서울: 서울대학교출판문화원.

손열. 2007. "55년체제." 현대일본학회. 『일본정치론』. 서울: 논형. 104-129.

이기완. 2002. "노동정치의 변용과 일본사회당." 『일본연구』 제17호. 35-87.

이이범. 2008. "일본의 참의원 선거와 수상의 역할." 『일본연구논총』 제28호. 57-82.

이정환. 2010. "고이즈미 정권 하의 지역개발정책개혁의 이중구조." 『한국정치학회보』 제45집 1호. 187-208.

이주경. 2012. "일본 자민당의 비상시형 정책 변경: 일반 유권자 대응과 지지층 대응을 중심으로." 『한국정치학회보』 제46집 1호. 283-308.

전영수. 2010. "일본의 신자유주의 도입과정과 그 특징 -경제적 관점을 중심으로-." 일본연구논총』 제32호. 1-34.

한의석. 2011. "고이즈미의 등장과 자민당의 정책변화." 『한국정치학회보』 제45집 4권. 265-291.

현대일본학회. 2007. 『일본정치론』. 서울: 논형.

한상일·김영작 외. 2005. 『일본형 시스템 - 위기와 변화』. 서울: 일조각.

| 영문 자료 |

Adams, James, Michael Clark, Lawrence Ezrow, and Garrett Glasgow. 2006. "Are Niche Parties Fundamentally Different from Mainstream Parties? The Causes and the Electoral Consequences of Western European Parties' Policy Shifts, 1976–1998." *American Journal of Political Science*, Vol. 50(3). 513-529.

Adams, James, Lawrence Ezrow, and Zeynep Somer-Topcu. 2011. "Is Anybody Listening Evidence That Voters Do Not Respond to European Parties' Policy

Statements During Elections." *American Journal of Political Science,* Vol. 55(2). 370-382.

Ansolabehere, Stephen, Snyder, Jr., James M., and Charles Stewart III. 2001. "Candidate Positioning in U.S. House Elections." *American Journal of Political Science,* Vol. 45(1). 136-159.

Barrilleaux, Charles. 2000. "Party Strength, Party Change and Policy - Making in the American States." *Party Politics,* Vol. 6(1). 61-73.

Boucek, Françoise. 2009. "Rethinking Factionalism: Typologies, Intra-Party Dynamics and Three Faces of Factionalism." *Party Politics,* Vol. 15(4). 455-485.

Budge, Ian. eds. 1987. *Ideology, Strategy and Party Change: Spatial Analyses of Post-war election Programs in 19 democracies.* Cambridge: Cambridge University Press.

Calder, Kent. 1988. *Crisis and Compensation: Public Policy and Political Stability in Japan 1949~86.* Princeton: Princeton University Press.(=ケント·カルダー著·淑子·カルダー訳. 1989.『自民党長期政権の研究 -危機と補助金-』. 東京: 文藝春秋.)

Cox, Gary W., Frances M. Rosenbluth, and Michael F. Thies. 1999. "Electoral Reform and the Fate of Factions: The Case of Japan's Liberal Democratic Party." *British Journal of Political Science.* Vol. 29(1). 33-56.

Cox, Gary W. eds. 2000. "Electoral Rules, Career Ambitions, and Party Structure: Comparing in Japan's Upper and Lower Houses." *American Journal of Political Science.* Vol. 44(1). 115-122.

Curtis, Gerald. 1988. *The Japanese way of politics.* New York: Columbia University Press.(=ジェラルド· カーティス著·山岡清訳. 1987.『日本型政治の本質 - 自民党支配の民主主義』. 東京: TBSブリタニカ.)

Curtis, Gerald L. 1999. *The logic of Japanese politics : leaders, institutions, and the limits of change.* New York: Columbia University Press.(=ジェラルド·カーティス著·野口やおい訳. 2001.『永田町の興亡』. 東京: 新潮社.)

Ezrow, Lawrence, Catherine De Vries, Marco Steenbergen, and Erica Edwards Ezrow. 2011. "Mean voter represetation and partisan consituency represetation: Do parties respond to the mean voter position or to their supporters?" *Party Politics,* Vol. 17(3). 275-301.

Estevez-Abe, Margarita. 2008. *Welfare and Capitalism in Postwar Japan: Party, Bureaucracy, and Business.* New York: Cambridge University Press.

Downs, Anthony. 1957. *An Economic Theory of Democracy.* New York: Harper & Row.

Flemming, J. Christiansen. 2012. "Organizational de-integration of political parties and interest groups in Denmark." *Party Politics*. Vol. 18(1). 27-43.

Krauss, Ellis & Robert Pekkanen. 2010. *The Rise and Fall of Japan's LDP*. New York: Cornell University Press.

Kitschelt, Herbert and Lange Peter. 1994. *The Transformation of European Social Democracy*. Cambridge: Cambridge University Press.

Kitschelt, Herbert. 2000. "Linkages between Citizens and Politicians in Democratic Polities." *Comparative Political Studies*, Vol. 33(6). 845-879.

Kitschelt, Herbert and Steven I. Wilkinson. 2007. *Patrons, Clients and Policies: Patterns of Democratic Accountability and Political Competition*. Cambridge: Cambridge University Press.

Laver, Michael & Kenneth A. Shepsle. 1996. *Making and Breaking Governments: Cabinets and Legislatures in Parliamentary Democracies*. New york & London: Cambridge University Press.

Laver, Michael & W. Ben Hunt. 1992. *Policy and Party Competition*, New York & London: Routledge.

Lipset, Seymour, and Stein Rokkan. 1967. *Party Systems, and Voter Alignments: Cross-National Perspectives*. New York: Free Press.

Loxbo, Karl.(forth coming). "The fate of intra-party democracy: Leadership autonomy and activist influence in the mass party and the cartel party." *Party Politics*.

Mair, Peter. 1987. *The Changing Irish Party System: Organization, Ideology and Electoral Competition*. London: Frances Pinter Publishers.

Mair, Peter. 1997. *Party System Change: Approaches and Interpretations*. Oxford: Clarendon Press.

Mule, Rosa. 2001. *Political Parties, Games and Redistribution*. Cambridge: Cambridge University Press.

Narud, H. M. 1996. "Electoral Competition and Coalition Bargaining in Multi Party Systems," *Journal of Theoretical Politics*. Vol. 8. 499-525.

Park, ChulHee. 2008. "A Comparative Institutional Analysis of Korean and Japanese Clientelism." *Asian journal of political science*. Vol. 16(2). 111-129.

Pedersen, M. N. 1983. "Changing Patterns of Electoral Volatility in European Party Systems. 1948~1977; Explorations in Explanations." In Daalder, H. & P. Mair. eds. *Western Party Systems: Continuity and Change*. London: Sage. 29-66.

Pempel, T. J. 2010. "Between Pork and Productivity: The Collapse of the Liberal Democratic Party." *The Journal of Japanese studies*. Vol. 36(2). 227-254.

Powell, G. Bingham Jr. 2004. "Political Representation in Comparative Politics." *Annual Review of Political Science*, Vol. 7(1). 273-296.

Rosenbluth, Frances M. and Michael F. Thies. 2010. *Japan Transformed :Political Change and Economic Restructuring.* Princeton University Press.

Ramseyer, J. Mark & McCall Frances Rosenbluth. 1993. *Japan's Political Marketplace.* Cambridge: Harvard University Press.(=ラムザイヤー & ローゼンブルース著・加藤寛訳. 1995.『日本政治の経済学: 政権政党の合理的選択』. 東京: 弘文堂.)

Sartori, G. 1976. *Parties and Party Systems*, Cambridge: Cambridge University Press.

Sartori, G. 1990. "The Sociology of Parties: A Critical Review." In Peter Mair. ed. *Western European Party Systems.* Oxford: Oxford University Press. 150-182.

Sundquist, James L. 1983. *Dynamics of the Party System: Alignment and Realignment of Political Parties in the United States.* Washington D. C. : Brookings Institution.

Scheiner, Ethan. 2006. *Democracy Without Competitions in Japan: Opposition Failure in a One-Party Dominant State.* Cambridge: Cambridge University Press.

Ware, Alan. 1996. *Political Parties and Party Systems.* Oxford: Oxford University Press.

| 일문 자료 |

A. Panebianco著・村上信一郎 訳. 2005.『政党: 組織と権力』. 東京: ミネルヴァ書房.

飽戸弘他. 2000.『ソーシャル・ネットワークと投票行動』. 東京: 木鐸社.

浅野正彦. 2007.『市民社会における制度改革—選挙制度と候補者リクルート』. 東京: 慶應大学出版会.

飯尾潤. 2007.『日本の統治構造』. 東京: 中公新書.

飯尾潤. 2008.『日本の現代 3: 政局から政策へ - 日本政治の成熟と転換』. 東京: NTT出版.

五十嵐仁. 1989. "中曽根首相におけるリーダーシップの研究."『レヴァイアサン』5号. 167-183.

石川眞澄・広瀬道貞. 1989.『自民党 - 長期支配の構造』. 東京: 岩波書店.

石川眞澄. 1978.『戦後政治構造史』. 東京: 日本評論社.

石川真澄. 1997.『人物戦後政治』. 東京: 岩波書店.

李杜卿. 2011. "自民党政権の終焉をめぐって -選挙公約からみた自民党の政策変化を手がかりに-."『日本研究論叢』第33号. 66-93.

李杜卿. 2012. "結党初期にみる自民党の政策形成 -党内力学と支持層・支援団体の設定を手がかりに-."『法学志林: Review of Law and Political Science』第109巻 3号.

151-176.
池田謙一・西澤由隆. 1988. "政治的アクターとしての政党 - 89年参議院選挙分析と通じて."『レヴァイアサン』2号. 109-121.
井出嘉憲. 1977. "保守長期政権下の統治." 日本政治学会編.『55年体制の形成と崩壊』東京: 岩波書店. 5-62.
井芹浩文. 1988.『派閥再編成: 自民党政治の表と裏』. 東京: 中央公論社.
伊藤隆. 1979. "戦後政党の形成過程." 中村隆英編.『占領期日本の経済と政治』. 東京: 東京大学出版.
犬童一男他. 1988.『戦後デモクラシーの成立』. 東京: 岩波書店.
猪木武徳. 2000.『経済成長の果実1955~1972』. 東京: 中央公論新社.
猪口孝・岩井奉信. 1987.『族議員の研究』. 東京: 日本経済新聞社.
猪口孝. 1980.『現代日本官僚制の分析』. 東京: 東京大学出版会.
猪口孝. 1983.『現代日本経済の構図 -政府と市場-』. 東京: 東洋経済新報社.
今村奈良臣他. 1987.『日本農業年報 第35集 農業改革』. 東京: 御茶の水書房.
今村奈良臣・犬塚昭治編. 1991.『政府と農民: その政治力学を世界に見る』. 東京: 農山漁村文化協会.
居安正. 1983.『政党派閥の社会学: 大衆民主制の日本的展開』. 東京: 世界思想社.
岩井奉信. 1990.『政治資金の研究: 利益誘導の日本的政治風土』. 東京: 日本経済新聞社.
内田健三. 1969.『戦後日本の保守政治』. 東京: 岩波書店.
内田健三. 1983.『派閥』. 東京: 講談社.
内田健三他. 1988.『税制改革をめぐる政治力学: 自民優位下の政治過程』. 東京: 中央公論社.
内田健三他. 1990.『日本議会史録 4-6』. 東京: 第一法規.
内田公三. 1996.『経団連と日本経済の50年』. 東京: 日本経済新聞社.
内田満. 1980.『政治の変動』. 東京: 朝倉書店.
内田満. 2000.『政党・圧力団体・議会』. 東京: 早稲田大学出版部.
内山融. 2007.『小泉政権』. 東京: 中央公論新社.
岡沢憲芙. 1988.『政党』. 東京: 東京大学出版会.
岡義武他. 1958.『現代日本の政治過程』. 東京: 岩波書店.
大川公一. 1987. "第二臨調と行政改革政策の形成 - 臨調と政府・自民党."『東京都立大学法学会雑誌』28巻 1号. 433-479.
大川千寿. 2009. "現代日本の政党政治 - 議員意識調査からみる変容の持続."『国家学会雑誌』122巻 11・12号. 148-210.
大嶽秀夫. 1979.『現代日本の政治権力経済権力』. 東京: 三一書房.
大嶽秀夫他.『政界再編の研究 - 新選挙制度による総選挙』. 東京: 有斐閣.
大嶽秀夫. 1999.『日本政治の対立軸 - 93年以降の政界再編の中で』. 東京: 中公新書

大嶽秀夫. 2006.『小泉純一郎ポピュリズムの研究 - その戦略と手法』. 東京: 東洋経済新報社
大橋富彦・平井文三. 2003. "中曾根行政改革と政党." 北村公彦他.『現代日本政党史録 第3巻』. 東京: 第一法規. 307-376.
大村華子. 2012.『日本のマクロ政体 - 現代日本における政治代表の動態分析』. 東京: 木鐸社.
奥健太郎. 2007. "第二回参議院選挙と自由党 -参議院政党化の分析-." 日本政治学会編.『年報政治学』2006-2号. 226-250.
奥健太郎. 2009. "参議院全国区選挙と利益団体 - 日本遺族会の事例研究-."『選挙研究』第25巻 2号. 67-82.
小野耕二. 1998.『日本政治の転換点』. 東京: 青木書店.
加藤一郎・阪本楠彦編. 1967.『日本農政の展開過程』. 東京: 東京大学出版会.
加藤淳子 .1997.『税制改革と官僚制』. 東京: 東京大学出版会 .
加藤淳子. 1995. "政策知識と政官関係 -一九八〇年代の公的年金制度改革・医療保険制度改革・税制改革をめぐって-." 日本政治学会編.『現代日本政官関係の形成過程』. 東京: 岩波書店. 107-134.
加藤淳子・マイケル・レイヴァー. 1998. "政権形成の理論と96年日本の総選挙."『レヴァイアサン』22号. 80-105.
加藤 淳子 ・マイケル・レイヴァー(杉之原 真子 訳). 2003. "2000年総選挙後の日本における政策と政党間競争."『レヴァイアサン』33号. 130-142.
蒲島郁夫. 1988.『政治参加』. 東京: 東京大学出版会.
蒲島郁夫・竹中佳彦. 1996.『現代日本人のイデオロギー』. 東京: 東京大学出版会.
蒲島郁夫. 2004.『戦後政治の軌跡: 自民党システムの形成と変容』. 東京: 岩波書店.
上神貴佳・提英敬. 2011.『民主党の組織と政策』. 東京: 東洋経済新報社.
川人貞史. 2004.『選挙制度と政党システム』. 東京: 木鐸社.
川人貞史・吉野孝・平野浩・加藤淳子. 2011.『新版 現代の政党と選挙』. 東京: 有斐閣.
川上忠雄・増田寿男他. 1989.『新保守主義の経済社会政策 - レーガン・サッチャー・中曽根三政権の比較研究』. 東京: 法政大学学出版局.
北岡伸一. 1995.『自民党 政権党の38年』. 東京: 読売新聞社.
北村公彦他. 2003~2004.『現代日本政党史録 第2巻 ~ 第6巻』. 東京: 第一法規.
河野康子. 1988. "戦後日本の外交政策をめぐる諸問題 - 内政との関連を中心に."『年報近代日本研究』10号. 352-365.
河野康子. 1993. "輸出振興と政党政治 -昭和28年度予算修正をめぐる政治過程-."『年報近代日本研究』15号. 43-68.
河野康子. 2002.『日本の歴史 第24巻 戦後と高度成長の終焉』. 東京: 講談社.
久米郁男. 1997. "鳩山・岸路線と戦後政治経済体制."『レヴァイアサン』20号. 151-172.
後藤幹夫・内田健三・石川眞澄. 1982.『戦後政治の軌跡』. 東京: 岩波書店.

小林良彰. 1990.『現代日本の選挙』. 東京: 東京大学出版会.
小林良彰. 1997.『現代日本の政治過程 - 日本型民主主義の計量分析』. 東京: 東京大学出版会.
小林良彰他. 2005.『日本における有権者意識の動態』. 東京: 慶応義塾大学出版社.
小宮京. 2010.『自由民主党の誕生: 総裁公選と組織政党論』. 東京: 木鐸社.
小宮京. 2010.“保守党における派閥の一考察　1920－60年代.”『選挙研究』第26巻1号. 5-13.
斉藤淳. 2010.『自民党長期政権の政治経済学 - 利益受動方政治の自己矛盾』. 東京: 勁草書房.
坂野潤治他. 1994.『日本近現代史4 戦後改革と現代社会の形成』. 東京: 岩波書店.
佐藤誠三郎·松崎哲久. 1986.『自民党政権』. 東京: 中央公論社.
品田裕. 1998.“選挙公約政策データについて.”『神戸法学雑誌』第48号. 572-541.
清水唯一朗. 2011.“政治主導と官僚主導: その歴史的組成と構造変化.”『レヴァイアサン』48号. 8-37.
新川敏光. 1993.『日本型福祉の政治経済学』. 東京: 三一書房.
新川敏光. 1995.“理念と世論による政治”渡邉昭夫他.『戦後日本の宰相たち』. 東京: 中央公論社. 239-260.
新川敏光. 1999.『戦後日本政治と社会民主主義 - 社会党·総評ブロックの興亡』. 東京: 法律文化社.
菅原琢. 2010.『世論の曲折: なぜ自民党は大敗したのか』. 東京: 光文社.
芹川洋一. 2003.“権力の二重構造—日本政治のひとつの型—.”北村公彦他.『現代日本政党史録 弟4巻 55年体制後期の政党政治』. 東京: 第一法規. 423-468.
品田裕. 1998.“選挙公約政策データについて.”『神戸法学雑誌』第48号. 572-541.
品田裕. 2000.“90年代日本の選挙公約.”水口憲人·北原鉄也·久米郁夫編.『変化をどう説明するか:政治編』. 東京: 木鐸社. 147-171.
杣正夫他. 1977.『国政選挙と政党政治』. 東京: 政治広報センター.
杣正夫他. 1985.『日本の総選挙1983年: 田中判決批判選挙の総合分析』. 東京: 九州大学出版会.
杣正夫他. 1987.『日本の総選挙1986年: 同日選挙, 自民党300時代の登場』. 東京: 九州大学出版会.
空井護. 1993.“自民党一党支配体制形成過程としての石橋·岸内閣(1957~1960).”『国家学会雑誌』第106巻 1·2号. 107-160.
竹中治堅. 2005.“日本型分割政治と参議院の役割.”日本政治学会編『オーラル·ヒストリー』. 東京: 岩波書店. 99-125.
竹中治堅. 2006.『首相支配 - 日本政治の変貌』. 東京: 中央公論新社.
竹中治堅. 2010.『参議院とは何か』. 東京: 中公叢書.
竹中佳彦. 1998.“戦後日本の協同主義政党 -協同主義の通俗化と分化-.”日本政治学会編.『年報政治学』. 169-194.

竹中佳彦. 2010. "国会議員の政策争点態度とイデオロギー."『公共政策研究』第9号. 35-47.
建林正彦. 1997. "中小企業政策と選挙制度." 日本政治学会編『危機の日本外交－70年代』. 東京: 岩波書店. 177-196.
建林正彦. 2004.『議員行動の政治経済学: 自民党支配の制度分析』. 東京: 有斐閣.
立花隆. 1980.『農協:巨大な挑戦』. 東京: 朝日新聞社.
谷勝宏. 1995.『現代日本の立法過程 -一党優位体制議会の実証研究-』. 東京: 信山社.
田中愛治. 1995. "五五年体制の崩壊とシステム・サポートの継続 - 有権者と国会議員の意識構造の乖離."『レヴァイアサン』17号. 52-83.
田中愛治. 1996. "政党支持なし層の意識構造 -政党支持概念再検討の試論-."『レヴァイアサン』20号. 101-129.
田中愛治. 2004. "日本の政党システムの変容 -一九八〇~九〇年代の変化と無党派層の増大-." 曽根泰教・崔章集偏著.『日韓協同研究叢書6 変動期の日韓政治比較』. 東京: 慶應大学出版会(=최장집 저. 2004.『변동기의 한일정치 비교』. 서울: 아연출판부). 189-218.
田中愛治他. 2009.『2009年なぜ政権交代だったのか』. 東京: 勁草書房.
田中善一郎. 1981.『自民党体制の政治指導』. 東京: 第一法規.
田中善一郎. 1986.『自民党のドラマツルギー - 総裁選出と派閥』. 東京: 東京大学出版会.
田中善一郎. 1988a. "自民党総裁選出に見る権力と手続 -中曽根任期延長問題を事例にして-上."『東京工業大学人文論叢』. 14号. 89-99.
田中善一郎. 1988b. "自民党総裁選出に見る権力と手続 -中曽根任期延長問題を事例にして-下."『東京工業大学人文論叢』. 15号. 181-190.
田中善一郎. 1995. "鈴木善幸: 権力が求めた政治家." 渡邉昭夫他.『戦後日本の宰相たち』. 東京: 中央公論社. 315-326.
田中善一郎. 2004.『日本の総選挙』. 東京: 東京大学出版会.
谷聖美. 1990. "五五年体制確立過程における社会党の役割と影響力."『レヴァイアサン』臨時増刊号. 123-141.
寺島聡史. 2001. "参議院自民党における閣僚ポスト配分ルールの形成."『選挙研究』16号. 67-77.
辻清明. 1969.『新版 日本官僚制の研究』. 東京: 東京大学出版会.
辻中豊. 1988.『利益団体』. 東京: 東京大学出版会.
辻中豊編. 2002.『現代日本の市民社会・利益団体』. 東京: 東京大学出版会.
東大法・第5期 蒲島郁夫ゼミ編. 2004.『参議院の研究 第1巻 選挙編』. 東京: 木鐸社.
東大法・第5期 蒲島郁夫ゼミ編. 2005.『参議院の研究 第2巻 議員・国会編』. 東京: 木鐸社.
東京大学社会科学研究所編. 1991.『現代日本社会 第5巻 構造』. 東京: 東京大学出版会.
冨森叡児. 2006.『戦後保守党史』. 東京: 岩波書店.
中北浩爾. 2002.『1955年体制の成立』. 東京: 東京大学出版会.

中北浩爾. 2012.『現代日本の政党デモクラシー』. 東京: 東京大学出版会.
中野実. 1986.『日本型政策決定の変容』. 東京: 東洋経済新報社.
中村隆英. 2002.『新版 現代日本経済史』. 東京: 有斐閣.
西川知一·河田潤一編. 1996.『政党派閥 -比較政治学的研究-』. 東京: ミネルヴァ書房.
日本政治学会編. 1960.『日本の圧力団体』. 東京: 岩波書店.
日本政治学会編. 1977.『55年体制の形成と崩壊』. 東京: 岩波書店.
日本政治学会編. 1985.『現代日本の政治手続き』. 東京: 岩波書店.
日本政治学会編. 1995.『現代日本政官関係の形成過程』. 東京: 岩波書店.
野口悠紀雄. 1980.『財政危機の構造』. 東京: 東洋経済新報社.
野口悠紀雄. 1988. "土地問題に関する"政治の失敗."『レヴァイアサン』2号. 71-83.
野中尚人. 1995.『自民党政権下の政治エリート: 新制度論による日仏比較』. 東京: 東京大学出版会.
野中尚人. 2008.『自民党政治の終わり』. 東京: ちくま新書.
間登志夫. 1991.『政党組織の比較研究』. 東京: 世界思想社.
橋本信之. 1984. "戦後の農業政策とその形成過程." 日本政治学会編.『年報政治学』. 247-263.
橋本信之. 1981~1982. "行政機関と政策転換 -高度経済成長期における農業政策- (1)~(4)."『法と政治』第32巻 1号 ~ 第33巻 1号.
林健久. 1985. "福祉国家の財政構造 -戦後日本の場合-." 東京大学社会科学研究所編『日本の経済と福祉 福祉国家 第5巻』. 東京: 東京大学出版会. 49-108.
平野浩. 1993. "日本の投票行動における業績評価の役割."『レヴァイアサン』13号. 147-167.
平野浩. 2004. "政治的対立軸の認知構造と政党 - 有権者関係."『レヴァイアサン』43号. 86-104.
平野浩. 2007.『変容する日本の社会党投票行動』. 東京: 木鐸社.
広瀬道貞. 1981.『補助金と政権党』. 東京: 朝日新聞社.
樋渡展洋. 1991.『戦後日本の市場と経済』. 東京: 東京大学出版社.
樋渡展洋. 1993. "戦後日本の社会·政治政策レジームと与野党競合 - 自民党政権持続の比較政治経済的分析."『年報近代日本研究』15号. 126-170.
樋渡展洋. 1995. "『五五年』政党制変容の政官関係." 日本政治学会編.『現代日本政官関係の形成過程』. 東京: 岩波書店. 77-106.
樋渡由美. 1990.『戦後政治と日米関係』. 東京: 東京大学出版会.
福井治弘. 1969.『自由民主党と政策決定』. 東京: 福村出版.
福元健太郎. 2000.『日本の国会政治 - 全政府立法の分析』. 東京: 東京大学出版会.
堀幸雄. 1999.『公明党』. 東京: 南窓社.
牧原出. 2003.『内閣政治と大蔵省支配: 政治主導の条件』. 中公叢書.
牧原出. 2011. "自民党「長期政権」の形成."『レヴァイアサン』48号. 38-64.

升味準之輔. 1983.『戦後政治: 1945~55年 上・下 』. 東京: 東京大学出版会.
升味準之助. 1988.『日本政治史4 占領改革・自民党支配』. 東京: 東京大学出版会.
松浦正孝. 2002.『財界の政治経済史 - 井上準之助・郷誠之介・池田成彬の時代』. 東京: 東京大学出版会.
松下圭一. 2004.『戦後政党の発想と文脈』. 東京: 東京大学出版会.
村松岐夫. 1981.『戦後日本の官僚制』. 東京: 東洋経済新聞社.
松村岐夫・伊藤光利・辻中豊. 1986.『戦後日本の圧力団体』. 東京: 東洋経済新報社.
村松岐夫. 1987. "中曽根政権の政策と政治."『レヴァイアサン』1号. 11-30.
村松岐夫. 1988. "民営化・規制緩和と再規制の構造 - 電気通信政策の変化."『レヴァイアサン』2号. 118-140.
松村岐夫・久米郁男他. 2006.『日本の政治変動の30年: 政治家・官僚・団体調査にみる構造変容』. 東京: 東洋経済新報社.
村松岐夫. 2010.『政官スクラム型リーダーシップの崩壊』. 東京: 東洋経済新報社.
的場敏博. 2003.『現代政党システムの変容 :90年代における危機の深化』. 東京: 有斐閣.
真渕勝. 1994.『大蔵省統制の政治経済学』. 東京: 中央公論社.
真淵勝. 2004. "官僚制の変容 -萎縮する官僚-."『レヴァイアサン』35号. 20-38.
真淵勝. 2008. "日本における中央省庁再編の効果."『レヴァイアサン』43号. 7-21.
御厨貴. 1988. "日本政治における地方利益論の再検討."『レヴァイアサン』2号. 141-174.
御厨貴. 1995. "国土計画と開発政治 -日本列島改造と高度成長の時代-" 日本政治学会編.『現代日本政官関係の形成過程』. 東京: 岩波書店. 57-76.
御厨貴編. 2009.『変容する日本政治 - 90年代以後の"変革の時代"を読みとく』. 東京: 勁草書房.
御厨貴編. 2009.『政治の終り政治の始まり - ポスト小泉から政権交代まで』. 東京: 藤原書店.
三宅一郎. 1985.『政党支持の分析』. 東京: 創文社.
三宅一郎・山口定・村松岐夫・進藤栄一. 1985.『日本政治の座標: 戦後四〇年のあゆみ』. 東京: 有斐閣.
三宅一郎. 1987. "地元利益志向と保守化."『レヴァイアサン』1号. 31-46.
三宅一郎. 1989.『投票行動』. 東京: 東京大学出版会.
三宅一郎・西澤由隆・河野勝. 2001.『55年体制下の政治と経済: 時事世論調査データの分析』. 東京: 木鐸社.
宮崎勇. 2005.『証言 戦後日本経済』. 東京: 岩波書店.
村川一郎. 1989.『自民党の政策決定システム』. 東京: 教育社.
森裕城. 2001.『日本社会党の研究 - 路線転換の政治過程』. 東京: 木鐸社.
山本健太郎. 2010.『政党間移動と政党システム』. 木鐸社.
山口二郎. 2009.『ポスト戦後政治の対抗軸』. 東京:岩波書店

山口二郎編. 2010.『民主党政権は何をなすべきか - 政治学からの提言』. 東京: 岩波書店.
山本健太郎. 2010.『政党間移動と政党システム』. 東京: 木鐸社.
結城康博. 2004. "戦後日本の医療と政治:診療報酬体系における技術料評価の歴史的考察." 法政大学大学院社会科学研究科博士論文.
吉野孝他. 2001.『誰が政治家になるのか』. 東京: 早稲田大学出版部.
渡辺治. 1988.『現代日本の支配構造分析 - 基軸と周辺』. 東京: 花伝社.
渡辺治他. 2004.『日本の時代史 第27巻 高度成長と企業社会』. 東京: 吉川弘文館.
渡辺浩・二宮厚美・岡田知弘・後藤道夫. 2009.『新自由主義か新福祉国家か: 民主党政権下の日本の行方』. 東京: 旬報社.
渡辺恒雄. 1961.『党首と政党』. 東京: 弘文堂.
綿貫譲治他. 1986.『日本人の選挙行動』. 東京: 東京大学出版会.
綿貫譲治・三宅一郎他. 1997.『環境変動と態度変容』. 東京: 木鐸社.
渡邉昭夫他. 1995.『戦後日本の宰相たち』. 東京: 中央公論社.

| 정부간행물 및 기관 자료 |

大蔵省財政史室編. 1990.『昭和財政史 - 昭和27~48年 第14巻 資料(2)予算』. 東京: 東洋経済新聞社.
大蔵省財政史室編. 1994.『昭和財政史 - 昭和27~48年 第3巻 予算(1)(2)』. 東京: 東洋経済新聞社.
大蔵省主計局調査課編. 1962~1989.『財政統計』. 東京: 大蔵省主計局調査課.
大蔵省主計局監修・財政調査会編. 1965~1982.『補助金便覧』. 東京: 計友協会.
経済企画庁総合計画局編. 1960.『図説 所得倍増計画』. 東京: 至誠堂.
経済企画庁総合計画局編. 1986.『規制緩和の経済的効果: 規制緩和研究会報告書』. 東京: 大蔵省印刷局.
財務省財務総合政策研究所財政史室編. 2004.『昭和財政史: 昭和49－63年 第2巻 予算』. 東京: 東洋経済新聞社.
財務省主計局調査課編. 1990~2007.『財政統計』. 東京: 財務省主計局調査課.
総合研究開発機構編. 2006.『戦後国土政策の検証 上・下』. 東京: 総合研究開発機構.
総務庁統計局編. 1955~1990. 『労働力調査年報』. 東京: 総務庁統計局.
臨時行政調査会事務局編. 1981.『臨調緊急提言』. 東京: 行政管理研究センター.
自由民主党編. 1956~1973.『政策月報』. 東京: 自由民主党.
自由民主党編. 1974~2010.『月刊 自由民主』. 自由民主党.
自由民主党編. 1967~1998.『自由新報』. 東京:自由民主党.

自由民主党編. 1999~2010.『自由民主』. 東京: 自由民主党.
自由民主党編. 1966.『自由民主党十年の歩み』. 東京: 自由民主党.
自由民主党編. 1975.『自由民主党二十年の歩み』. 東京: 自由民主党.
自由民主党編. 1987.『自由民主党史 』. 東京: 自由民主党.
自由民主党編. 1987.『自由民主党史 資料編』. 東京: 自由民主党.
自由民主党編. 2006.『自由民主党五十年史 上·下巻』. 東京: 自由民主党.
自由民主党編. 2006.『自由民主党五十年史 資料編』. 東京: 自由民主党.
経済団体連合会編. 1956.『経団連の十年』. 東京: 経済団体連合会.
経済団体連合会編. 1969.『経団連合の二十年』. 東京: 経済団体連合会.
経済団体連合会編. 1978.『経団連合の三十年』. 東京: 経済団体連合会.
日本経営者団体連盟編. 1998.『日経連五十年史』. 東京: 日本経営者団体連盟.
日本建設業団体連合会編. 1978.『日建連十年小史』. 東京: 日本建設業団体連合会.
日本建設業団体連合会編. 1987.『日建連二十年小史』. 東京: 日本建設業団体連合会.
日本中小企業政治連盟. 1966.『中政連運動十年史』. 東京: 中小企業政治連盟.
日本中小企業団体連盟. 1979.『社団法人日本中小企業団体連盟三十年史』. 東京: 日本中小企業団体連盟.

| 선거결과 및 여론조사 자료 |

NHK放送文化研究所編. 1991~2010.『現代日本人の意識構造 第1版~第7版』. 東京: NHKブックス.
明るい選挙推進協会編. 1979~2009.『衆議院議員総選挙の実態』. 東京: 明るい選挙推進協会.
明るい選挙推進協会編. 1983~2008.『参議院議員通常選挙の実態』. 東京: 明るい選挙推進協会.
朝日新聞社世論調査室編. 1976.『日本人の政治意識:朝日新聞世論調査の30年』. 東京: 朝日新聞社.
時事通信社中央調査社編. 1992.『日本の政党と内閣1981~89年 -時事世論調査により分析-』.東京: 時事通信社.
自治省選挙部編. 1990.『参議院議員通常選挙の実績(1回~15回)』. 東京: 自治省選挙部.
自治省選挙部編. 1990.『衆議院議員選挙の実績 第2巻(21回~39回)』. 東京: 自治省選挙部.
自治省選挙部編. 1993.『衆議院議員総選挙最高裁判所裁判官国民審査結果調』. 東京: 自治省選挙部.
水崎節文·森裕城. 2004.『JED-M衆議院議員総選挙データ』. 東京: エル·デー·ビー.
時事通信社中央調査社編. 1992.『日本の政党と内閣1981~89年 -時事世論調査による分析-』.

東京: 時事通信社.
自治省選挙部編. 1990.『参議院議員通常選挙の実績(1回~15回)』. 東京: 自治省選挙部.
自治省選挙部編. 1990.『衆議院議員選挙の実績 第2巻(21回~39回)』. 東京: 自治省選挙部.
自治省選挙部編. 1993.『衆議院議員総選挙最高裁判所裁判官国民審査結果調』. 東京: 自治省.
選挙部.
水崎節文・森裕城. 2004.『JED-M衆議院議員総選挙データ』. 東京: エル・デー・ビー.

| 자전·평전·회고록 |

石橋湛山. 1970.『石橋湛山全集 第14巻』. 東京: 東洋経済新報社.
伊藤昌哉. 1985.『池田勇人とその時代』. 東京: 朝日新聞社.
大江可之編著. 1987.『元総理 三木武夫 議員五十年史』. 東京: 日本国体研究院.
宇治敏彦. 1983.『鈴木政権・863日』. 東京: 行政問題研究所出版局.
岸信介・矢次一夫・伊藤隆. 1981.『岸信介の回想』. 東京: 文藝春秋.
河野一郎. 1965.『河野一郎自伝』. 東京: 徳間書店.
河野一郎伝記刊行委員会編. 1966.『河野先生を偲ぶ』. 東京: 春秋社.
小林正雄編. 1985.『宰相中曽根康弘 -内閣総理大臣への足跡-』. 東京: 伊勢新聞社.
佐藤栄作. 1998.『佐藤栄作日記 第一巻』. 東京: 朝日新聞社..
進藤栄一編. 1986.『芦田均日記 第五巻』. 東京: 岩波書店.
立花隆. 1976.『田中角栄研究: 全記録 上・下』. 東京: 講談社.
鳩山一郎. 1957.『鳩山一郎回顧録』. 東京: 文芸春秋新社.
原彬久. 2005.『吉田茂 -尊皇の政治家-』. 東京: 岩波書店.
原彬久. 1995.『岸信介 -権勢の政治家-』. 東京: 岩波書店.
福田武夫. 1995.『回顧九十年』. 東京: 岩波書店.
福永文夫. 2008.『大平正芳 - "戦後保守"とはなにか』. 東京: 中古新書.

| 기타 |

『朝日新聞』,『日本経済新聞』,『毎日新聞』,『読売新聞』.
『国会便覧』.
日外アソシエーツ編. 2005.『新訂 現代政治家人名事典』. 東京: 日外アソシエーツ.
衆議院・参議院編. 1990.『議会制度百年史 貴族院・参議院議員名鑑』. 東京: 大蔵省印刷局.
日本政経新聞社編. 1976.『別冊国会便覧 第2集 国会議員写真略歴編』. 東京: 日本政経新聞出

版部.
村川一郎編. 1989.『日本政党史辞典 上·下』. 東京: 国書刊行会.

| 인터넷 자료 |

明るい選挙推進協会.『選挙の意識調査』
http://www.akaruisenkyo.or.jp/066search
財務省.『毎年度の予算決算 平成8年~平成23年』
http://www.mof.go.jp/budget/budger_workflow/index.html.
総務省.『選挙関連資料 第21回参議院議員通常選挙結果調』
http://www.soumu.go.jp/senkyo/senkyo_s/data/sangiin21/index.html.
総務省.『選挙関連資料 第22回参議院議員通常選挙結果調』
http://www.soumu.go.jp/senkyo/senkyo_s/data/sangiin22/index_1.html.
総務省.『選挙関連資料 第23回参議院議員通常選挙結果調』
http://www.soumu.go.jp/senkyo/senkyo_s/data/sangiin23/index_1.html.
総務省.『選挙関連資料 平成17年9月11日執行 衆議院議員総選挙·最高裁判所裁判官国民審査結果調』
http://www.soumu.go.jp/senkyo/senkyo_s/data/shugiin44/index.html.
総務省.『選挙関連資料 平成21年8月30日執行 衆議院議員総選挙·最高裁判所裁判官国民審査結果調』
http://www.soumu.go.jp/senkyo/senkyo_s/data/shugiin45/index.html.
総務省.『選挙関連資料 平成25年12月16日執行 衆議院議員総選挙·最高裁判所裁判官国民審査結果調』
http://www.soumu.go.jp/senkyo/senkyo_s/data/shugiin46/index.html.

The LDP's Policy Change Mechanism

: The Dynamics of Reaction to Voters and Support Groups

Lee, Jukyung

This book aimed to analyze the continuance mechanism of the Liberal Democratic Party(LDP) regime, by focusing on instability of the predominant system and plurality of social constituencies. Based on the whole political process regarding election, party and policy, it examined to figure out the dynamics of the LDP regime.

Considering the limits of existing perspectives in explaining Japanese parties and policy making, this book suggested 'extraordinary types of policy making model' that is focusing on correlation between intraparty competitions and policy outcomes. Through four policy change scenarios based on the model, it illustrated the structure of the LDP's policy change.

There are three key factors worked in the LDP's policy change: ① internal repercussions against the opposite party's electoral initiatives, ② strategic interactions among factions, ③ the diversity of partisan-voter linkages. It means that the LDP's policy change arose from interdependent strategic actions among factions that faced the changes of its relations with voters and support groups. Polices were set in initiative strategies among factions. Also, boundaries of social groups were revised by new leaders who aimed to strengthen leadership. Varies support groups were placed in core constituencies as the leader's power reinforcement strategy. The LDP adjusted the interest of support groups in policy enforcement, while they put more value on the average voter in policy setting stage. The LDP provided policy benefits to support groups, as well as maintained the candidate nomination strategy, using supporter's vote collecting capabilities in the proportional representation constituency of Upper House election.

This book calls for great attention to Japanese party politics. First, the LDP regime was available in two dynamics to utilize voters and support groups due to its bicameralism. Second, intra-party competition was the key factor guiding the LDP predominant system. It offers a logical explanation on the continuance and fall of the LDP regime. Finally, this book indicates the importance of dynamic representation to analyze macro-polity. It needs to be considered the future tasks in Japanese party politics, multi-country comparative analysis as well.

| 권말부록 |

이 책에 수록된 권말부록은 아래와 같은 데이터와 가공방식을 토대로 작성한 것이다.

권말부록 I 중의원 선거결과(1958~2009년)

① 제22회~40회 중의원 선거(1958~1993년):

自治省選挙部編. 1990.『衆議院議員選挙の実績 第2巻(21回~39回)』. 東京: 自治省選挙部.

自治省選挙部編. 1993.『第40回衆議院議員総選挙最高裁判所裁判官国民審査結果調』. 東京: 自治省選挙部.

② 제41회~46회 중의원 선거(1996~2012년):

総務省選挙関連資料

http://www.soumu.go.jp/senkyo/senkyo_s/data/index.html#chapter2

권말부록 II 참의원 선거결과(1956~2013년)

① 제1회~15회 참의원 선거(1956~1990년):

自治省選挙部編. 1990.『参議院議員通常選挙の実績(1回~15回)』. 東京: 自治省選挙部.

② 제16·17회 참의원 선거(1993·96년):

自由民主党編. 2006.『自由民主党五十年史 資料編』. 東京: 自由民主党.

③제18회~23회 참의원 선거(1998~2013년):

総務省選挙関連資料

http://www.soumu.go.jp/senkyo/senkyo_s/data/index.html#chapter2

권말부록 Ⅲ 자민당 지지단체 일람

자민당기관지『自由民主』第2215号(2006/01/24)

권말부록 Ⅳ 선거공약 코딩

① 이 책에서 사용한 선거공약 데이터는 ECPR(European Consortium for Political Research)이 고안한 국제비교 코딩 방식을 이용한 것이다. 코딩방법의 구체적인 예로는 Budge(1987) 및 Mair(1987)의 연구가 대표적이다. 이 책에서 제시한 ECPR 기준은 Mair(1987, 148-155)를 참고로 작성한 것이다.
② 정당의 선거공약 베이스 데이터는『朝日新聞』선거특보 '우리 당의 공약'에 기초한다.[1] 해당 기사는 다음과 같다.『朝日新聞』(1958/04/26; 1960/10/25; 1972/11/19; 1980/06/03; 1996/10/10 ; 2005/08/17; 2009/08/15)

1_일본의 선거공약 자료는 크게 두 가지가 있다. 하나는 각 정당이 독자적으로 작성한 선거공보를 각 도도부현(都道府県) 선거관리위원회가 수집하여 발행하는 선거홍보이며, 다른 하나는 각 정당의 정무심사 사무국이 작성하여 선거일 공시 이후 신문사의 특보 형태로 게재하는 선거공약 사항 목록이다. 전자의 경우 정부기관에서 수집한 자료이므로 객관성을 담보할 수 있지만, 모든 정책 영역에 걸쳐 총화적이고 추상적인 공약을 열거하는 경향이 강하여 각 정당의 정책적 특성 및 중점 정책이 불분명하다. 후자의 경우 신문사의 방침이 반영될 수 있다는 우려도 존재하지만(品田 1998, 568), 한정된 지면 내에 서면 응답 형식을 채용하므로, 정당이 어떠한 정책에 중점을 두고 있는지를 파악하기에 용이하다(谷 1995, 168). 이에 이 책의 선거공약 분석 목적에 부합하는 후자의 데이터를 활용하고자 한다.

【득표율】

◇ 중선거구제도(1958~1993년)

회	선거일	자민	사회	공산	민사	공명	신자유 클럽	사민련	일본 신당	신생	사키 가케	기타	무소속
28회	1958.05.22	57.8	32.9	2.6	-	-	-	-	-	-	-	0.7	6.0
29회	1960.11.20	57.6	27.6	2.9	8.8	-	-	-	-	-	-	0.4	2.8
30회	1963.11.21	54.7	29.0	4.0	7.4	-	-	-	-	-	-	0.2	4.8
31회	1967.01.29	48.8	27.9	4.8	7.4	5.4	-	-	-	-	-	0.2	5.6
32회	1969.01.29	47.6	21.4	6.8	7.7	10.9	-	-	-	-	-	0.2	5.3
33회	1972.12.10	46.9	21.9	10.5	7.0	8.5	-	-	-	-	-	0.3	5.1
34회	1976.12.05	41.8	20.7	10.4	6.3	10.9	4.2	-	-	-	-	0.1	5.7
35회	1979.10.07	44.6	19.7	10.4	6.8	9.8	3.0	0.7	-	-	-	0.1	4.9
36회	1980.06.22	47.9	19.3	9.8	6.6	9.0	3.0	0.7	-	-	-	0.2	3.5
37회	1983.12.18	45.8	19.5	9.3	7.3	10.1	2.4	0.7	-	-	-	0.1	4.9
38회	1986.07.06	49.4	17.2	8.8	6.4	9.4	1.8	0.8	-	-	-	0.2	5.8
39회	1990.02.18	46.1	24.4	8.0	4.8	8.0	-	0.7	-	-	-	0.5	7.3
40회	1993.07.18	36.6	15.4	7.7	3.5	8.1	-	0.7	8.05	10.10	2.64	0.2	6.9

◇ 소선거구 비례대표제도(1996~2012년)

회·선거일	선거구	자민	민주	공산	공명	사민	신진	사키 가케	자유	보수	국민 신당	신당 일본	민나	기타	무소속
41회	소선거구	38.6	10.6	12.6	-	2.2	28.0	1.3	-	-	-	-	-	2.3	4.4
1996.10.20	비례구	32.8	16.1	13.1	-	6.4	28.0	1.0	-	-	-	-	-	2.6	0
42회	소선거구	41.0	27.6	12.1	2.0	3.8	-	-	3.4	2.0	-	-	-	3.3	4.9
2000.6.25	비례구	28.3	25.2	11.2	13.0	9.4	-	-	11.0	0.0	-	-	-	1.6	0
43회	소선거구	43.9	36.7	8.1	1.5	2.9	-	-	-	2.0	-	-	-	0.3	4.6
2003.11.16	비례구	35.0	37.4	14.8	7.8	5.1	-	-	-	0.4	-	-	-	0.0	0
44회	소선거구	47.8	36.4	7.3	1.4	1.5	-	-	-	-	0.6	0.2	-	0.0	4.8
2005.9.11	비례구	38.2	31.0	7.3	13.3	5.5	-	-	-	-	1.7	2.4	-	0.6	0
45회	소선거구	38.7	47.4	4.2	1.1	1	-	-	-	-	1	0.3	0.9	2.6	2.9
2009.8.30	비례구	26.7	42.4	7	11.5	4.3	-	-	-	-	1.7	0.1	4.3	2.1	0

회·선거일	선거구	자민	민주	일본 유신회	공명	민나	일본 미래	공산	사민	신당 대지	국민 신당	신당 개혁	행복 실현	기타	무소속
46회	소선거구	43.0	22.8	11.6	1.5	4.7	5.0	7.9	0.8	0.5	0.2	-	-	0.3	1.7
2012.12.16	비례구	27.6	16.0	20.4	11.8	8.7	5.7	6.1	2.4	0.6	0.1	0.2	0.4	0	-

【의석수】

◇ 중선거구제도(1958~1993년)

회	선거일	자민	사회	공산	민사	공명	신자유클럽	사민련	일본신당	신생	사키가케	기타	무소속	합계
28회	1958.05.22	287	166	1	-	-	-	-	-	-	-	1	12	467
29회	1960.11.20	296	145	3	17	-	-	-	-	-	-	1	5	467
30회	1963.11.21	283	144	5	23	-	-	-	-	-	-	0	12	467
31회	1967.01.29	277	140	9	30	25	-	-	-	-	-	0	9	486
32회	1969.01.29	288	90	14	31	47	-	-	-	-	-	0	16	486
33회	1972.12.10	271	118	38	19	29	-	-	-	-	-	2	14	491
34회	1976.12.05	249	123	17	29	55	17	-	-	-	-	0	21	511
35회	1979.10.07	248	107	39	35	57	4	2	-	-	-	0	19	511
36회	1980.06.22	268	107	29	32	33	12	3	-	-	-	0	11	511
37회	1983.12.18	250	112	26	38	58	8	3	-	-	-	0	16	511
38회	1986.07.06	300	85	26	26	56	6	4	-	-	-	0	9	512
39회	1990.02.18	275	136	16	14	45	-	4	-	-	-	1	21	512
40회	1993.07.18	223	70	15	15	51	-	4	35	55	13	0	30	511

◇ 소선거구비례대표제도(1996~2012년)

회	선거일	자민	민주	공산	공명	사민	신진	사키가케	자유	보수	국민신당	신당개혁	민나	기타	무소속	합계
41회	1996.10.20	239	52	26	0	15	156	2	-	-	-	-	-	1	9	500
42회	2000.06.25	233	127	20	31	19	-	-	22	7	-			6	15	400
43회	2003.11.16	237	177	9	34	6	-	-	-	4	-	-	-	2	11	480
44회	2005.09.11	296	113	9	31	7	-	-	-	-	4	1	-	1	18	480
45회	2009.08.30	119	308	9	21	7	-	-	-	-	3	1	5	1	6	480

회	선거일	자민	민주	일본유신회	공명	민나	일본미래	공산	사민	신당대지	국민신당	신당개혁	행복실현	기타	무소속	합계
46회	2012.12.16	294	57	54	31	18	9	8	2	1	1	0	0	0	5	480

【득표율】

◇지역구·전국구제도(1956~1980년)

회·선거일	선거구	자민	사회	녹풍회	공산	민사	공명	신자유클럽	사민련	기타	무소속
4회	지역구	48.4	37.6	2.2	3.9	-	-	-	-	0.8	7.2
1956.7.8	전국구	39.7	29.9	10.1	2.1	-	-	-	-	2.8	15.5
5회	지역구	52.0	34.1	2.4	3.3	-	-	-	-	0.5	7.7
1959.6.2	전국구	41.2	26.5	8.1	1.9	-	-	-	-	2.6	19.8
6회	지역구	47.1	32.8	-	4.9	7.3	2.6	-	-	0.5	4.8
1962.7.1	전국구	46.4	24.2	-	3.1	5.3	11.5	-	-	5.5	3.9
7회	지역구	44.2	32.8	-	6.9	6.1	5.1	-	-	0.5	4.4
1965.7.4	전국구	47.2	23.4	-	4.4	5.9	13.7	-	-	0.8	4.6
8회	지역구	44.9	29.2	-	8.3	7.0	6.1	-	-	0.3	4.4
1968.7.7	전국구	46.7	19.8	-	5.0	6.0	15.5	-	-	0.4	6.7
9회	지역구	44.3	31.2	-	12.1	4.8	3.5	-	-	0.2	3.9
1971.6.22	전국구	44.5	21.3	-	8.1	6.1	14.1	-	-	0.1	5.9
10회	지역구	39.5	26.0	-	12.0	4.4	12.6	-	-	0.6	4.9
1974.7.7	전국구	44.3	15.2	-	9.4	5.9	12.1	-	-	0.1	13.0
11회	지역구	39.5	25.9	-	10.0	4.5	6.2	5.7	-	3.5	4.8
1977.7.10	전국구	35.8	17.4	-	8.4	6.7	14.2	3.9	-	6.3	7.4
12회	지역구	43.3	22.4	-	11.7	5.1	5.0	0.6		1.1	10.7
1980.6.22	전국구	42.5	13.1	-	7.3	6.0	11.9	0.6	1.1	3.0	14.4

◇선거구·비례구제도(1983~2013년)

회·선거일	선거구	자민	사회	공산	민사	공명	이원클럽	사민련	연합	일본신당	신진	사키가케	기타	무소속
13회	선거구	43.2	24.3	10.5	5.7	7.8	-	-	-	-	-	-	4.6	3.8
1983.6.26	비례구	35.3	16.3	9.0	8.4	15.7	2.5	-	-	-	-	-	12.9	-
14회	선거구	45.1	21.5	11.4	4.6	4.4	-	-	-	-	-	-	2.6	10.4
1986.7.6	비례구	38.6	17.2	9.5	6.9	13.0	2.5	-	-	-	-	-	12.3	-
15회	선거구	30.7	26.4	8.8	3.6	5.1	-	-	6.8	-	-	-	5.6	12.9
1989.7.23	비례구	27.3	35.1	7.0	4.9	10.9	2.2	-	-	-	-	-	12.5	-
16회	선거구	43.4	12.9	10.6	2.3	7.8	-	-	9.7	-	-	-	3.5	9.8
1992.7.26	비례구	33.3	17.8	7.9	5.0	14.3	2.9	1.5	-	8.1	-	-	9.3	-
17회	선거구	25.4	11.9	10.4	-	-		-	-	-	26.5	2.6	8.6	14.7
1995.7.23	비례구	27.3	16.9	9.5	-	-	3.2	-	-	-	30.8	3.6	8.8	-

회·선거일	선거구	자민	민주	공산	사민	공명	이원클럽	자유연합	사키가케	자유	보수	국민신	일본신	민나	기타	무소속
18회	선거구	30.5	16.2	15.7	4.3	3.3	-	2.5	-	1.8	-	-		-	2.8	23.1
1998.7.12	비례구	25.2	21.8	14.6	7.8	13.8	1.0	0.9	1.4	9.3	-	-		-	4.3	-
19회	선거구	41.0	18.5	9.9	3.5	6.4		2.3		5.5	-	-		-	2.5	10.4
2001.7.29	비례구	38.6	16.4	7.9	6.6	15.0	1.2	1.4	-	7.7	2.3	-		-	2.5	-
20회	선거구	35.1	39.1	9.8	1.8	3.9	-	-	-	-	-	-		-	0.2	10.2
2004.7.11	비례구	30.0	37.8	7.8	5.4	15.4	-	-	-	-	-	-		-	3.6	-
21회	선거구	31.4	40.5	8.7	2.3	6.0	-	-	-	-	-	1.9	-	-	0.9	8.6
2007.7.29	비례구	28.1	39.5	7.5	4.5	13.2	-	-	-	-	-	2.2	3.0	-	2.3	-
22회	선거구	24.1	31.6	6.1	3.9	13.1	-	-	-	-	-	1.7	-	13.6	6.1	0
2010.7.11	비례구	33.4	39.0	7.3	1.0	3.9	-	-	-	-	-	0.3	-	10.2	5.0	-

회·선거일	선거구	자민	민주	일본유신회	공명	민나	생활	공산	사민	미도리노카제	신당대지	녹색당	행복실현	기타	무소속
23회	선거구	42.7	16.3	7.3	5.1	7.8	1.2	10.6	0.5	1.2	0.8	0.1	1.1	1.3	4.0
2013.7.21	비례구	34.7	13.4	11.9	14.2	8.9	1.8	9.7	2.4	0.8	1.0	0.9	0.4	0	-

【의석수】

◇지역구·전국구제도(1956~1980년)

회·선거일	구분		자민	사회	녹풍회	공산	미사	공명	신자유클럽	사민련	이원클럽	기타	무소속	합계
4회 1956.7.8	개선	선거구	42	28	0	1	-	-	-	-	-	0	4	75
		전국구	19	21	5	1	-	-	-	-	-	1	5	52
	개선+비개선		122	80	31	2	-	-	-	-	-	1	14	250
5회 1959.6.2	개선	선거구	49	21	2	0	-	-	-	-	-	0	3	75
		전국구	22	17	4	1	-	-	-	-	-	1	7	52
	개선+비개선		132	85	11	3	-	-	-	-	-	1	18	250
6회 1962.7.1	개선	선거구	48	22	-	1	1	2	-	-	-	0	2	76
		전국구	21	15	-	2	3	7	-	-	-	2	1	51
	개선+비개선		142	66	-	4	11	15	-	-	-	9	3	250
7회 1965.7.4	개선	선거구	46	24	-	1	1	2	-	-	-	0	1	75
		전국구	25	12	-	2	2	9	-	-	-	0	2	52
	개선+비개선		140	73	-	4	7	20	-	-	-		5	249
8회 1968.7.7	개선	선거구	48	16	-	1	3	4	-	-	-	0	3	75
		전국구	21	12	-	3	4	9	-	-	-	0	2	51
	개선+비개선		137	65	-	7	10	24	-	-	-	0	7	250
9회 1971.6.22	개선	선거구	42	28	-	1	2	2	-	-	-	0	1	76
		전국구	21	11	-	5	4	8	-	-	-	0	1	50
	개선+비개선		135	66	-	10	13	23	-	-	-	0	5	252

10회 1974.7.7	개선	선거구	43	18	-	5	1	5	-	-	-	1	3	76
		전국구	19	10	-	8	4	9	-	-	-	0	4	54
	개선+비개선		126	62	-	20	10	24	-	-	-	2	8	252
11회 1977.7.10	개선	선거구	45	17	-	2	2	5	2	-	-	1	2	76
		전국구	18	10	-	3	4	9	1	-	-	2	3	50
	개선+비개선		124	56	-	16	11	28	4	-	-	7	5	251
12회 1980.6.22	개선	선거구	48	13	-	4	2	3	0	0	0	1	5	76
		전국구	21	9	-	3	3	9	0	1	0	1	3	50
	개선+비개선		136	47	-	12	11	26	2	3	2	3	9	251

◇선거구·비례구제도(1983~2013년)

회·선거일	구분		자민	사회	공산	민사	공명	이원클럽	사민련	연합	일본신당	신진	사키가케	기타	무소속	합계
13회 1983.6.26	개선	선거구	49	13	2	2	6	0	-	-	-	-	-	3	1	76
		비례구	19	9	5	4	8	1	-	-	-	-	-	4	-	50
	개선+비개선		137	44	14	12	27	2	-	-	-	-	-	9	4	249
14회 1986.7.6	개선	선거구	50	11	4	2	3	0	0	-	-	-	-	0	6	76
		비례구	22	9	5	3	7	1		-	-	-	-	3	-	50
	개선+비개선		140	41	16	12	24	2	1	-	-	-	-	8	7	251
15회 1989.7.23	개선	선거구	21	26	1	1	4	0	0	11	-	-	-	2	10	76
		비례구	15	20	4	2	6	1	0	-	-	-	-	2	-	50
	개선+비개선		109	67	14	8	21	2	0	12	-	-	-	6	13	252
16회 1992.7.26	개선	선거구	49	12	2	1	6	0	0	0	0	-	-	2	5	77
		비례구	19	10	4	3	8	1	0	0	4	-	-	1	-	50
	개선+비개선		107	72	11	8	24	2	0	12	4	-	-	5	7	252
17회 1995.7.23	개선	선거구	31	7	3	-	-	0	-	-	-	22	1	2	9	75
		비례구	15	9	5	-	-	1	-	-	-	18	2	0	-	50
	개선+비개선		107	38	14	-	-	2	-	-	-	67	3	6	15	252

회·선거일	구분		자민	민주	공산	사민	공명	이원클럽	자유연합	사키가케	자유	보수	국민신당	일본신당	민나	기타	무소속	합계
18회 1998.7.12	개선	선거구	30	15	7	1	2	0	0	0	1	-	-		-	0	20	76
		비례구	14	12	8	4	7	0	0	0	5	-	-		-	0	-	50
	개선+비개선		102	47	23	13	22	1		3	12	-	-		-	3	26	252
19회 2001.7.29	개선	선거구	44	18	1	0	5	0	0	0	2	0	-		-	0	3	73
		비례구	20	8	4	3	8	0	0	0	4	1	-		-	0	-	48
	개선+비개선		110	59	20	8	23	1	0	1	8	5	-		-	4	8	247
20회 2004.7.11	개선	선거구	34	31	0	0	3	-	-	-	-	-	-		-	0	5	73
		비례구	15	19	4	2	8	-	-	-	-	-	-		-	0	-	48
	개선+비개선		114	82	9	5	24	-	-	-	-	-	-		-	0	8	242
21회 2007.7.29	개선	선거구	23	40	0	0	2	-	-	-	-	-	1	-	-	0	7	73
		비례구	14	20	3	2	7	-	-	-	-	-	1	1	-	0	-	48
	개선+비개선		86	110	7	4	20	-	-	-	-	-	2	1	-	0	12	242

22회 2010.7.11	개선	선거구	39	28	0	0	3	-	-	-	-	-	0		3	0	-	73
		비례구	12	16	3	2	6	-	-	-	-	-	0		7	2	-	48
	개선+비개선		84	106	6	4	19	-	-	-	-	-	3	1	11	8	-	242

회·선거일	구분		자민	민주	일본유신회	공명	민나	생활	공산	사민	미도리노카제	신당개혁	신당대지	녹색당	행복실현	기타	무소속	합계
23회 2013.7.21	개선	선거구	47	10	2	4	4	0	3	0	0	0	0	0	0	1	2	73
		비례구	18	7	6	7	4	0	5	1	0	0	0	0	0	0	0	48
	개선+비개선		115	59	9	20	18	2	11	3	0	1	0	0	0	1	3	242

업계 구분	지지단체명
군·유족 관계	일본유족정치연맹, 군은(軍恩)연맹전국연락회, 일본상이군인회, 연금결격자연맹, 일본향우연맹, 일본수렵회
농업계	관동토지개량정치연맹, 도호쿠(東北)토지개량정치연맹, 호쿠리쿠(北陸)토지개량건설교회, 전국농업경영자협회, 전국농업자농정운동조직협의회(농협의 정치단체), 21전국농정추진동지회, 일본원예농협협동조합연합회, 전일본개척자연맹, 일본농촌정보시스템협회, 일본농업법인 협회, 일본수의사회, 일본낙농정치연맹, 일본양계협회, 전국축산정치연맹, 일본양돈협회, 전국청과도매시장협회, 일본임업협회, 전국목재노조연합회, 전국임업정치연맹, 전국어항어장조합, 일본견유어업(鰹鮪漁業)협동조합연합회, 일본포경협회, 일본수산회
상공·중소기업계	전국상공정치연맹, 일본상공연맹, 전국중소기업정치협회, 전국상점가정치연맹, 일본스포츠용품협동조합연합회, 전국스시상업생활위생동업조합연합회, 전국클리닝생활위생동업조합연합회, 일본조경조합연합회, 전국마작(麻雀)업협회총연합, 일본조사업회
건설업계	전국건설업협회, 일본건설업단체연합회, 일본토목공업협회, 건축업협회, 일본건설업경영협회, 전국중소건설업협회, 일본도로건설업협회, 건설컨설턴트협회, 건설산업전문단체연합회, 일본지기공업연합회, 일본건축판금협회, 일본적(鳶)건설업협회, 전국철근공사협회, 전국건설산업단체합회, 전국측량설계업협회연합회, 전국지질조사업협회연합회, 전국착정(鑿井)협회, 건설전기기술협회, 하천펌프시설기술협회, 전국도로표지판표시업협회, 전국철구공업협회, 일본건설골조공사업단체연합회, 일본페인트공업회, 부동산협회, 주택생산단체연합회, 일본주택건설산업협회, 전국부동산정치연맹, 전일본부동산정치연맹, 전국건물관리회사정치연맹, 토카이(東海)농업토목사업협회, 큐슈(九州)농업토목사업협회, 일본항만공항건설교회연합회
운수·통신업계	일본자동차공업회, 일본자동차판매협회연합회, 일본중고자동차판매협회연합회, 일본석유정치연맹, 전국LP가스정치연맹, 일본자동차정비진흥회연합회, 전트럭협회, 일본민영철도협회, 일본창고협회, 전국운전대행협회, 서일본토키와회, 21텔레콤회의, 전신전화공사협회, 체신퇴직자 연맹
의료·복지업계	일본의사연맹, 일본치과의사연맹, 일본약제사연맹, 일본간호연맹, 일본치과기공사연맹, 일본 보육추진연맹, 일본유도정복사협회, 일본제약단체연합회, 일본재택간호협회, 전국간호정치연맹
종교계	신도정치연맹, 재단법인전일본불교회, 천태종, 고야산진언종(高野山真言宗), 진언종지산파(真言宗智山派), 진언종풍산파(真言宗豊山派), 정토진종본원사파(浄土真宗本願寺派), 진종오다니파(真宗大谷派), 임제종묘심사파(臨済宗妙心寺派), 조동종(曹洞宗), 니치렌슈(日蓮宗), ICC영묘회, MOA인터내셔널, 숭교마사미츠, 신생불교교단, 쇼로크신도야마토야마(松緑神道大和山) 묘치카이회교단(妙智会會教団), 불교호념회교단, 렛세이교성회(立正佼成会)

법무관계	일본공인회계사정치연맹, 일본세무사정치연맹, 전국청색신고회총연합, TKC전국정경연구회, 일본행정사정치연맹, 일본사법서사정치연맹, 일본사회보험노무사정치연맹, 전국토지가옥조사사정치연맹
교육관계	전사학연합회, 전일본사립유치원연합회, 전국사립초중고등학교학부모모임연락협의회, 일본사립중학고등학교연합회, 전국전문학교각종학교총연합회, 전일본교직원연맹(전일교연합),전국교육문제협의회, 전국주산교육보급정치연맹
식품업계	식품산업센터, 일본주조조합연합회, 일본증류주주조조합, 맥주주조조합, 일본양주주조조합, 전국도매주판조합중앙회, 전국담배판매정치연맹

출처: 자민당기관지『自由民主』第2215号 (2006/01/24)에 게재된 표창우호단체(表彰友好団体)를 토대로 필자 작성.

1. 이슈 코딩 방식

이슈 코딩은 내용 분석(content analysis) 방식에 해당한다. 분석 단위는 기록 단위인가 맥락 단위인가에 따라 단어, 문장, 문단을 적용하는데, 이 책에서 제시하는 선거 공약 분석은 맥락 파악이 중요하므로 문장을 분석 단위로 선택하였다. 분석의 일관성을 유지하기 위해 다음과 같은 기준을 정해 두고 코딩 작업을 추진하였다. 구체적인 가공 기준은 다음과 같다.

① 한 문장을 단위로 해당 이슈에 적용시키며, 이를 도수 1로 처리한다.
② 한 문장 속에 복수의 이슈가 포함된 경우에는 도수 0.5로 처리한다.
③ 해당 이슈에 포함되지 않는 내용, 이슈 분별이 명확하지 않아 처리자의 판단이 필요한 문장은 대상에서 제외한다.
④ 선거 시기 및 정당 간 도출된 도수의 총합이 다르므로 시기별·정당별 비교 분석이 필요한 경우에는 전체도수를 100으로 통일하고 해당 이슈에 할당된 도수를 변환하여 배정한다. 이 때 할당된 도수는 변환도수로 표기한다.

2. 정책 변경 코딩

선거 시기별로 정당이 어떠한 정책 분야에 우선순위를 부여했는가를 판별하는 데에 적용하였다. ECPR 코딩 방식에 기초하되, 일본의 정치 상황을 고려하여 조정 작업을 부가하였다. ECPR에서는 54개 이슈를 설정하고 7가지 정책 분야로 구분하고 있으나, 이 책에서는 아래와 같은 삭제, 통합, 치환 작업을 통해 47개 이슈와 4가지 정책 분야로 재분류하였다.

◇ 정책 분야

<table>
<tr><th colspan="2">ECPR</th><th colspan="2">수정 후</th></tr>
<tr><th>정책 분야</th><th>이슈</th><th>정책 분야</th><th>이슈</th></tr>
<tr><td>1. 외교관계</td><td>10개</td><td>1. 외교·안보</td><td>12개</td></tr>
<tr><td>2. 민주화</td><td>4개</td><td rowspan="3">2. 정치체제·행정개혁</td><td rowspan="3">13개</td></tr>
<tr><td>3. 정치체제</td><td>5개</td></tr>
<tr><td>4. 사회구조</td><td>7개</td></tr>
<tr><td>5. 경제관계</td><td>12개</td><td>3. 경제문제</td><td>10개</td></tr>
<tr><td>6. 사회복지</td><td>6개</td><td rowspan="2">4.복지·집단</td><td rowspan="2">12개</td></tr>
<tr><td>7. 사회집단</td><td>6개</td></tr>
</table>

◇ 이슈 조정

① 이슈 삭제: 일본에서 선거공약으로 제시된 사례가 없는 5개 이슈는 삭제하였다.

해당이슈) ◆ 탈식민 전통 중시 +/−,

◆ 카톨릭 중시 +/−,

◆ 소수 집단

② 중복이슈 통합: 유사한 내용이 포함된 6개의 이슈는 3개의 이슈로 통합하였다.

해당이슈) ◆자유·인권, 민주주의 ➔ 민주주의

◆시장규제, 시장보호 + ➔ 시장보호 +

◆경제목표, 경제계획 ➔ 경제계획

③ 이슈 치환: 일본에서 선거공약으로 자주 등장하는 이슈 중 ECPR 방식에서 적합한 영역이 없는 경우, 유사한 내용이라고 판단되는 14개 이슈를 대상으로 일본의 정치 상황에 맞게 치환하였다.

해당 이슈

ECPR	수정 후
EC +/−	아시아 중시
	영토문제 해결
	중러 관계 중시 +/−
	국제지원·개발도상국과의 관계
국가주의 +	정권 안정
국가주의 −	정권 교체
코뮤니즘	보·혁 대립 강조
정치 권위	정치개혁(선거제도·정치자금)
국영화	세제 +
전통경제	세제 −
국가개입	물가·지가의 조절
노동계급 +/−	고용·소득 보장 +/−
그 외 경제집단	도시 정책·도시민 생활

정책 변경 코딩 - 영역과 이슈(47개 이슈· 4가지 정책 분야)

외교·안보	정치체제·행정개혁	경제문제	사회복지·집단보호
대미관계 +	민주주의	자유경제	환경
대미관계 −	헌법 개정 −	중소기업 보호	문화
기지·방위 +	헌법 개정 +	시장 보호 +	분배·평등
기지·방위 −	지방분권·지방자치	시장 보호 −	복지 증진 +
평화	중앙집권	경제계획 설정	복지 증진 −
국제주의: UN참가 +	정부·행정의 효율화	물가·지가의 조절	교육 +
국제주의: UN참가 −	정치 부패	생산성	교육 −
아시아 중시 +	정치개혁 (선거제도·정치자금)	과학 증진	고용·소득 보장 +
영토문제 해결	정권 안정	세제+	고용·소득 보장 −
중·러 관계 중시 +	정권 교체	세제−	농림어업자 장려·보호
중·러 관계 중시 −	치안 강화		도시정책·도시민 생활
국제지원· 개발도상국과의 관계	국내 융화		고령자·여성·아동 배려
	보·혁 대립 강조		

3. 정책 변경 진폭 코딩

정당의 정책 위치 변화를 측정하기 위해 ECPR 이슈를 선별하여 필자가 고안한 방식이다. 정책이 어떤 방향으로 얼마나 변화했는가를 측정하기 위한 방식으로 정책 변경 진폭으로 칭하고자 한다. 코딩 방식은 앞서 제시한 방법과 동일하며, 정책 분야를 외정과 내정의 두 가지 축으로 나누고 각각 대치되는 두 가지 정책 대립 축을 상정하였다. 외정은 대미관계를 기조에 둔 외교·안보 체제의 존중인가 재고인가를, 내정은 경제·사회에 대한 정부의 역할을 큰 정부, 작은 정부를 양극으로 하는 4사분면으로 구성한다. 전체 25개 이슈와 2가지 정책 대립축으로 구성되며, 포함된 이슈 항목은 아래와 같다.

정책 변경 진폭 코딩-영역과 이슈(25개 이슈·2가지 정책 대립축)

대미 기조 외교·안보 존중	대미 기조 외교·안보 재고	작은 정부	큰 정부
대미관계 +	대미관계 −	지방분권·지방자치	중소기업 보호
기지·방위 +	기지·방위 −	정부·행정의 효율화	시장 보호 +
국제주의: UN참가 +	국제주의: UN참가 −	자유경제	경제계획 설정
영토 문제 해결	아시아 중시	시장보호 −	복지 증진 +
헌법 개정 +	헌법 개정 −	생산성	고용·소득 보장
정권 안정	중·러 관계 중시	세제 −	농림어업자 장려·보호
		공공복지 증진 −	고령자·여성·아동 배려

| 찾아보기 |

【사 항】

【인 물】

ARI Monograph Series 15
The LDP's Policy Change Mechanism:
The Dynamics of Reaction to Voters and Support Groups

First Published 2014
by The Asiatic Research Institute at Korea University
145 Anam-ro, Seongbuk-gu, Seoul 136-701, Korea
www.asiaticresearch.org

아연동북아총서 15
자민당 정권의 정책 변경 메커니즘
일반 유권자와 지지층 대응의 두 가지 역학

1판1쇄 | 2014년 4월 15일

지은이 | 이주경
펴낸이 | 이종화
펴낸 곳 | 아연출판부
등록 | 2000년 5월 24일 제6-376호
주소 | 서울시 성북구 안암로 145 고려대학교 아세아문제연구소(136-701)
전화 | 02-3290-1600 팩스 | 02-923-4661
홈페이지 | www.asiaticresearch.org

값 12,000원

ISBN 978-89-90769-48-0 94300
ISBN 978-89-90769-29-9 (세트)

이 도서의 국립중앙도서관 출판시도서목록(CIP)은 e-CIP 홈페이지(http://www.nl.go.kr/ecip)에서
이용하실 수 있습니다(CIP제어번호: CIP2014011182).